姜正成 ◎ 著

历史人物传奇系列

后妃故事

大清

DAQING
HOUFEI GUSHI

中国文史出版社
CHINA CULTURAL AND HISTORICAL PRESS

图书在版编目（CIP）数据

大清后妃故事 / 姜正成著 . -- 北京：中国文史出版社，
2020.2
ISBN 978-7-5205-1961-8

Ⅰ.①大… Ⅱ.①姜… Ⅲ.①后妃—生平事迹—中国
—清代 Ⅳ.① K828.5

中国版本图书馆 CIP 数据核字（2020）第 010989 号

责任编辑：殷旭

出版发行：中国文史出版社
网　　址：www.wenshipress.com
社　　址：北京市海淀区西八里庄路 69 号　邮编：100142
电　　话：010-81136606　81136602（发行部）
传　　真：010-81136666
录　　排：智子文化
印　　装：廊坊市海涛印刷有限公司
经　　销：全国新华书店
印　　张：16　字数：205 千字
版　　次：2020 年 8 月北京第 1 版
印　　次：2020 年 8 月第 1 次印刷
定　　价：52.00

前　言

　　皇帝身边的女人，安享着荣华富贵，接受着众人的膜拜，又可以光宗耀祖，护佑自己的家族，因此是古代女性羡慕的对象。可是，后宫这个地方，也是一个战场，这里虽没有刀光剑影，却经常掀起血雨腥风。

　　从中国历史上看，宫廷斗争一直是残酷的。龙椅只有一把，有实力的男人都想争夺；同样，凤冠也只有一顶，宫中的女人哪个不向往？后宫的女人，没有完整的爱情，没有健康的家庭，更谈不上自己的事业。她们进宫，不是入了龙门，而是跳入了火坑。在古代社会，女人几乎没有选择自己婚姻的自由，很多女性是经过选秀入宫的，家人还渴望通过她改变家族的命运呢。还有的婚姻完全是政治交易，这个女人的背后是一个强大的利益集团，她像个木偶一样被扯来扯去。这些女人生活在后宫的夹缝之中，成为宫廷斗争的牺牲品。

　　清朝离当代较近，因而最为人们所熟悉。又由于宫廷剧的关系，人们对清朝后妃投去更多关注的目光。很多清朝后妃的大名对于读者而言也是如雷贯耳：被逼为努尔哈赤殉葬的大妃阿巴亥，曾经辅佐三代帝王、被称为"大清国母"的孝庄太后，顺治皇帝挚爱一生、甚至因为她的仙逝而要舍身出家的董鄂妃，貌若天仙、体有异香、身世传奇的西域女子香妃，统治中国半个世纪、生前死后都饱受争议的慈禧太后，备受光绪皇帝宠爱、最终却葬身井底的珍妃……她们的故事惊心动魄，她们的身世让人们扼腕叹息。

清代著名的后妃很多，我们精选了其中13位，以后妃的命运为切入点，展现大清王朝三百年兴衰治乱的宏大画卷。同时，她们曲折复杂的人生经历也给我们以启迪。这些接近权力极限的女性，在情感世界、家庭生活中都是极不正常的，在高处不胜寒的同时，还有如临深渊的惶恐，被皇家礼法扭曲的心灵使得她们对痛苦既敏感又近乎麻木，在七情六欲与等级森严、骨肉亲情与政坛风波的冲突中去寻求平衡，因而也就导致了她们迥然有别的人生归宿。

　　以慈禧太后为例，作为一个女人，慈禧既是幸运的，又是不幸的。她的幸运在于她获得了那个时代女人难以达到的地位。慈禧并非出身于世代簪缨、钟鸣鼎食的显贵之家，她不过是当时一个中级旗籍官员的女儿。若不是在她17岁的时候凭着选秀的偶然机遇，进入紫禁城，从而为她搭建了扭转乾坤的政治平台，她的命运与千千万万普通女孩子又能有多大差别？慈禧靠着一步步的钻营，从贵人到嫔，又幸运地生下了咸丰皇帝唯一的皇子，从而"母以子贵"，被晋封为妃、贵妃，直到皇太后，并借此垂帘听政半个世纪。

　　慈禧又是不幸的，她的不幸在于作为妻子和母亲，她青年丧夫，中年丧子。虽然她拥有至上的权力，使无数王公大臣匍匐在脚下顶礼膜拜，却无法得到一个普通女人所能得到的男欢女爱，也无法获取一个正常的母亲所拥有的儿女绕膝、含饴弄孙的幸福。唯一的儿子载淳生活在她的威严之下，与她并不亲近，且染病早死，令她伤心不已。我们很难想象她是如何在深宫高墙之内孤独地度过那漫长的日日夜夜的。慈禧一生争强好胜，不肯服输。可是以她的有限见识，无论怎么努力，也难挽大清的颓势。

　　历史离我们很远，又离我们很近。清代后妃的故事，也能折射出人生的道理，因为人性是亘古不变的。

目 录

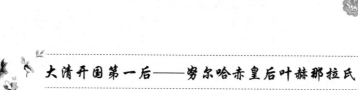

目

录

目
录

洞庭深院一点红——光绪皇帝珍妃

何苦嫁入帝王家——末代皇后婉容

勇敢追求新生活——宣统皇妃文绣

目 录

大清后妃故事

大清开国第一后

——努尔哈赤皇后叶赫那拉氏

　　她是爱新觉罗的第一位皇后，她的家族却与爱新觉罗家族有着不共戴天之仇。她的堂兄死于与努尔哈赤的对战之中，尸体被努尔哈赤劈成两半；她的一位胞兄战败后郁郁而终，另一位胞兄战败后自焚而死。她死前，想见母亲一面而不得；她死后，家族最终被努尔哈赤所灭。那句"灭建州者叶赫"的预言到底和她有着怎样的关系？

"灭建州者叶赫"

在明朝末年，女真族的叶赫那拉家族与建州女真的爱新觉罗家族有不共戴天之仇，当时流传着"灭建州者叶赫"的说法。巧的是，清朝的第一个皇后和最后一个下诏接受共和结束帝制的皇后都是叶赫那拉氏，真是一语成谶。这究竟是天意，还是人意？

我们还是从头说起吧。

叶赫部分布于叶赫河（今吉林省梨树县境内）一带，是肃慎（女真）最古老的氏族部落之一。叶赫分为同姓叶赫和异姓叶赫两支。同姓叶赫号称叶赫那拉部，分布于南起长白山、东至滨海的地带，清朝第一位皇后孟古格格就出于此支。异姓叶赫与同姓叶赫不同，其祖上本是蒙古族土默特氏，后来才入赘到叶赫，著名的慈禧太后就出于叶赫部的这一支。女真在明朝时分为三部：建州女真、野人女真和海西女真。海西女真又分为叶赫、哈达、乌拉、辉发四部。海西女真四部中的叶赫，与明朝关系密切。由于明朝在当地所设的马市镇北关与叶赫部相邻，所以明朝人也把叶赫部称为"北关"。

明正统七年（1422年），明政府把建州女真分为建州卫、建州左卫和建州右卫三部。历史悠久、姓氏尊贵的爱新觉罗家族就属于建州左卫。从永乐十年（1412年）明成祖封努尔哈赤的六世祖猛哥帖木儿为建州左卫指挥使开始，直到努尔哈赤的祖父觉昌安，这个家族一直承袭着建州左卫指挥使之职。在长达两百年的时间里，几经兴衰的爱新觉罗家族，经过数次迁徙，最终定居在赫图阿拉（今辽宁省新宾县境内）。

元末明初，叶赫那拉氏族与爱新觉罗氏族之间发生了一场战争。据说，当时为了使叶赫那拉氏族顺服，爱新觉罗氏的头领指着大地说："我们的姓氏是大地上最尊贵的金子（爱新觉罗是满语金子的意思）！"叶赫那拉氏的头领哈哈大笑，指着太阳说："我们的姓氏是天上的太阳（叶赫那拉是满语太阳的意思）！"这场战争最后以爱新觉罗氏族的失败告终。之后，叶赫那拉氏族就成为当时女真族最大的部落，而叶赫那拉氏族与爱新觉罗氏族之间也因此结下了仇恨。

不过世界上没有永远的敌人或朋友。为了各自的利益，叶赫那拉氏族和爱新觉罗氏族几百年来一直徘徊在敌人与朋友之间。迫于形势的不断变化，两个氏族有时会连年征战，有时又会结亲联姻。

孟古格格是海西女真叶赫部贝勒杨吉砮的女儿。孟古格格出身名门，她的家族是叶赫世代传承的贵族，而当时的叶赫又是海西女真中最强大的部落之一，所以，孟古格格是名副其实的金枝玉叶。跟家世显赫的孟古格格相比，努尔哈赤显然要逊色得多：虽然努尔哈赤家族祖上都在明朝为官，但是到了努尔哈赤的祖父和父亲这一代，家族已经非常衰败，只是一个小小的部落酋长，管辖的范围仅仅相当于现在北方的一个乡镇。据史料记载，孟古格格的父亲杨吉砮曾率领1000多人到抚顺马市贸易，而同样来此贸易的努尔哈赤的祖父觉昌安则只带了40人。由此可见，当时孟古格格所属的部族与努尔哈赤所属的部族势力相差之悬殊。

明万历十一年（1583年），辽东总兵李成梁奉命发兵围剿反叛明朝的建州右卫都指挥使王杲及其儿子阿台，双方在古勒寨展开了激烈的战斗。混战中，努尔哈赤的祖父觉昌安和父亲塔克世不幸被李成梁误杀。努尔哈赤非常愤怒，发誓要为父报仇。他将明朝为了安抚他而送来的30匹马、30道敕书丢在一边，拒不接受明朝授予他的建州左卫指挥使一职。同年，他又在赫图阿拉招募了一支军队，向明朝发起攻击。

叶赫部的首领杨吉砮偶然见到了努尔哈赤，认为努尔哈赤年轻有为，将来必成大事，便决定把小女儿嫁给他。他对努尔哈赤说："我想把我的小女儿孟古格格嫁给你，让她一生侍奉在你身边。只是她现在还小，希望你能耐心地等她长大成人。"与强大的叶赫部联姻，对努尔哈赤来说是天大的好事，于是他立即对杨吉砮说："不必等孟古格格长大，如果您确实有诚意联姻，我愿意娶已到婚龄的姐姐。"杨吉砮对努尔哈赤说："我的大女儿虽然已经长大，但相貌和资质都很平庸，配不上你；小女儿虽然还未长大，但是品貌出众，与你十分相配，我这样做实际上是一番好意。"努尔哈赤听了非常高兴，一口答应下来。缘分这个东西真是妙不可言，努尔哈赤的姓氏爱新觉罗是满语金子的意思，而孟古格格的名字正是满语银子的意思。也许，这就是传说中的天作之合吧。

不久之后，叶赫部与哈达部发生了一场战争，叶赫部击败了哈达贝勒孟格布禄，取得了胜利。明朝害怕日益强大的叶赫部最终会威胁到自己的统治，就于明万历十二年（1584年）以赏赐为名，把叶赫部贝勒杨吉砮及其兄清佳砮骗到中固城杀害，这就是著名的"市圈计"。之后，杨吉砮的儿子纳林布禄和清佳砮的儿子布斋分别继承了贝勒之位。他们秉承父亲的遗志，继续发兵攻打哈达，想要统一海西女真，但被前来讨伐的明军打败。这些接连不断的战争主要发生在叶赫、哈达和明朝之间，因此，孟古格格和努尔哈赤这桩早就定下的亲事并没有受到影响。不过，努尔哈赤借着明朝对叶赫用兵的机会，率领自己的军队南征北讨，基本统一了建州女真各部，并在建州费阿拉城自立为王。

明万历十六年（1588年），14岁的孟古格格由哥哥做主，嫁给了努尔哈赤。努尔哈赤在建州费阿拉城举行了最隆重的仪式将孟古格格迎娶回家。当时的女真族实行一夫多妻制，在迎娶孟古格格之前，努尔哈赤已经先后娶了五位妻子。孟古格格面如满月，体态丰腴，为人宽厚善良，善解人意，温柔体贴，听到谄媚的话不会扬扬自得，听到恶毒的话也不会显出生气的样子。孟古格格从不恶语中伤他人，不偏听偏信，也不亲近花言巧语、趋炎附势的小人。基于这些原因，孟古格格深受努尔哈赤的喜爱。1592年，孟古格格生下了她一生唯一的一个孩子。这个孩子就是后来将国号由"金"改为"清"，并率领军队入侵中原，为清初实现大一统奠定了基础的皇帝——大名鼎鼎的清太宗皇太极。

两家交恶

孟古格格初嫁之时，叶赫、爱新觉罗两家的关系还算融洽，孟古格格的生活也算是无忧无虑。然而，努尔哈赤不断膨胀的野心最终导致了两家交恶。此前，努尔哈赤就已趁明朝攻打叶赫之机而基本统一了建州诸部，称王以后他更是四处攻城掠寨，势力范围越来越大。孟古格格的娘家叶赫部落实实在在地感受到了努尔哈赤的威胁，孟古格格的生活也不可避免地受到了影响。

明万历十九年（1591年）春，面对随时被吞并的危险，叶赫贝勒纳林布禄和布斋决定对努尔哈赤的扩张进行遏制。他们派使者去费阿拉城拜见努尔哈赤，向他索要领土。一位使者对努尔哈赤说："我们扈伦四部（即海西女真四部）与你们建州女真使用的是同一种语言，就像是一个国家。现在你的势力范围比我们大、土地比我们广，既然我们是一家人，能不能请你将额尔敏、扎库木两地中的一处，让给我们呢？"努尔哈赤严肃地说："你在扈伦、我在建州，你有你的属地、我有我的属地。我不会因为你的属地大就去抢夺，你也不应该因为我的属地大就想分去。更何况，土地又不是像牛马一样的东西，怎么分呢？"这位使者被努尔哈赤问得张口结舌，无话可答，只好两手空空地回叶赫去了。

纳林布禄认为，自己索要领土的要求被拒绝，是因为叶赫一部势单力孤，无法与努尔哈赤相抗衡。只有联合其他部落，共同向努尔哈赤施压，才能起到威慑作用，迫使其就范。于是，纳林布禄与哈达、辉发两部商议共同派使者去见努尔哈赤。努尔哈赤见三部一起遣使到来，知道他们不怀好意，但仍然对他们以礼相待。酒席上，一位叶赫的使者狂妄地说："以前，我主派使者来请求您分给我们一块土地，您没有答应。现在，如果打起仗来，我们三部共同出兵，一定能攻入建州境内，你建州兵少将寡，能攻入我们的领土吗？"这番狂妄自大的话激怒了努尔哈赤，他抽出佩刀，一下子就将面前的桌子砍为两段，厉声对叶赫的使臣说："你们这些叶赫的贵族，平时养尊处优，有哪一个真正上过战场打过仗？居然敢用战争来恐吓我！对于我来说，入侵你们的领土是易如反掌的事，不论是白天还是夜晚，只要我想踏入你们的领土，就没人能拦得住我，你又能奈我何？以前，明军误杀了我的祖父和父亲，我向他们问罪，明政府为了平息我的怒气，下敕书安慰我，又送马匹给我，让我继承父职，不久又任命我为建州卫左都督，接着又将我封为龙虎将军。你们叶赫的祖先也曾被明军杀害，但是你们连他们的尸骨都没能收回来，你们有什么资格在我面前说出如此狂妄自大的话？"努尔哈赤的一番话说得几位使臣哑口无言。

虽然两次遣使向努尔哈赤索要土地都以失败告终，但纳林布禄依然不死心，他决定出兵攻打建州，用武力强行夺取努尔哈赤的属地。他先后两次突袭努尔哈赤的营寨，但都没有成功。于是，他决定全面展开战斗，与努尔哈赤一决雌雄。明万历二十一年（1593年）九月，叶赫部联合了扈伦四部的其他三部、长白山二部和蒙古三部，组成部落联军，共3万余人，兵分三路，浩浩荡荡地杀奔建州，一时间，旌旗蔽日，硝烟滚滚，辽东大地遭受了空前的浩劫。

当时，建州的军队只有将近1万人，仅是敌军的三分之一。努尔哈赤派出去打探敌情的探子回来后，脸色苍白地向努尔哈赤禀报说，九部联军已经过了浑河，正在安营做饭。他们人多势众，点燃的灶火就像天上的星星一样多。面对三倍于己的九部联军，努尔哈赤并没有惊慌失措。他非常镇静地说："他们果然已经来了。现在已经是深夜，这个时候发兵会惊扰到百姓。传我的命令，明天一早我们再发兵。"说完，就回卧室去睡觉了。努尔哈赤的大妃富察氏心中惴惴不安，不能入睡，就把努尔哈赤叫醒，对他说："你是不是吓糊涂了？以前九部没来攻打建州的时候，你每天都睡不安稳，现在九部联军压境，你怎么反倒睡得这么香？"努尔哈赤笑着说："人只有在害怕的时候才会睡不着。我早就料到叶赫会联合其他八部来攻打我们，只是不知道他们什么时候会来，所以睡不安稳。现在他们已经来了，也就去除了我的一块心病，我当然睡得好了。而且，现在不是我做了对不起叶赫的事，而是叶赫等九部为了抢夺我的属地而来攻打我。我是顺天应人，他们却是倒行逆施，我相信上天一定会帮我的，所以我有什么好害怕的？"说完继续倒头大睡。

第二天早晨临出征前，努尔哈赤带领手下的将士对天祈祷，祈求神明的庇佑。努尔哈赤祈告道："皇天在上，我努尔哈赤顺应天命，统一

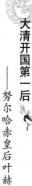

了建州各部，之后，我一直安守自己的疆土，不曾侵犯过叶赫等九部。但是现在他们却联合在一起，要来抢夺我的土地，欺凌我的人民。我现在在这里祈祷，希望公正无私的苍天和神灵能够保佑我们这些无辜的人们杀退敌军，旗开得胜。"祈告完，他又对自己的将士们说："让我们摘去沉重的盔甲，脱掉束缚我们行动的护具，施展出我们全部的本领，爆发出我们所有的力量，与敌人殊死一搏！虽然我们的将士也一定会有伤亡，但是最后的胜利必然属于我们！"努尔哈赤还分析了目前的局势，对将士们说："敌军远道而来，必然兵困马乏，精神不振；而我军以逸待劳，兵强马壮，士气高昂，足以以一敌三。而且，敌军虽然人多势众，但各部首领之间都有矛盾，每个人都各怀心事，互相猜忌，战斗时一定会互相观望，不肯尽全力。再加上他们的军队不过是一群乌合之众，根本没有什么杀伤力，所以只要我们同心协力，奋勇杀敌，一定能以少胜多，将敌军杀个片甲不留！"

随后，努尔哈赤便率领大军向前线进发。

第三天，努尔哈赤率领军队登上了古勒山，在险要的地方排开阵势，又派人把山上的树都砍倒，只留下树桩，最后派额亦都率领百名骑兵向正在攻打黑济格城的九部联军挑战。叶赫贝勒布斋见额亦都带人来攻，立即停止攻城，率军迎击额亦都。额亦都佯装失败，边打边退，引布斋来追赶。布斋求胜心切，在后面紧追不舍，不久，就被额亦都引入了努尔哈赤事先布置好的埋伏圈里。

由于自己的马突然被树桩绊倒，措手不及的布斋从马上跌了下来，被建州的一个士兵赶上来杀死了。纳林布禄眼见哥哥惨死，哇的一声大哭起来，登时就晕过去了。蒙古贝勒见大势已去，立刻调转马头逃跑了。九部联军顿时乱了阵脚，被努尔哈赤的军队杀了个落花流水。

之后，努尔哈赤又亲手将布斋的尸体一刀劈成两半，一半自己留下，另一半交给了前来索要兄长尸体的纳林布禄。受此侮辱，纳林布禄又气又恨，却又无可奈何，只得领着布斋的半具尸体回家。布斋死后，他的儿子布扬古继贝勒之位。

自己的兄长和丈夫反目成仇，兵戎相见，最后还惨死于丈夫之手，这是一个女人最不愿见到的事情。虽然史书对此时的孟古格格没有任何相关的描述，但经历过这些事情，她的内心一定是非常痛苦的。

抱恨归天

九部大战之后叶赫与建州已经势成水火，然而另一个叶赫女人的出现，又使得两家的矛盾进一步升级，从而让孟古格格最后的日子变得格外凄凉。她就是历史上赫赫有名的"叶赫老女"，名布喜娅玛拉，她更为人熟知的名字是东哥——尽管这个名字很有可能是被张冠李戴了，但我们先不作过多考证，权且这样称呼她。

经九部大战一役，叶赫部元气大伤，无力再与努尔哈赤抗衡。因此，在此战结束之后不久，纳林布禄和布扬古等人便派使者向努尔哈赤求和，并同意缔结婚姻关系，促成两家友好往来。纳林布禄的弟弟金台石请求将女儿嫁给代善，而布扬古则答应将妹妹东哥许配给努尔哈赤。努尔哈赤早就听说东哥是女真族第一美女，非常高兴，马上下了聘礼，并跟布扬古歃血为盟。

东哥是孟古格格的侄女，从小就异常美丽。有部落巫师曾断言，东

哥"可兴天下，可亡天下"。东哥性情刚烈，对杀父仇人努尔哈赤恨之入骨。她激烈地反对这桩婚事，发誓说如果让她嫁给努尔哈赤，她就去死，并承诺谁杀了努尔哈赤，她就嫁给谁。于是，布扬古撕毁了跟努尔哈赤的盟约，并以杀死努尔哈赤为条件，公开为东哥向海西各部征婚。

其实，在这次悔婚之前，东哥已经悔过两次婚了。明万历十九年（1591年），哈达部贝勒歹商爱上了9岁的东哥，向叶赫求婚。与歹商素有嫌隙的叶赫贝勒布斋和纳林布禄假意答应，并让歹商亲自来迎娶。歹商欣然前往，不料途中被叶赫伏兵所杀。后来，叶赫为了让乌拉部参加九部联军，又把东哥许配给了乌拉部的布占泰。不过布占泰在战争中为努尔哈赤所俘，婚事又一次不了了之。

东哥第三次毁婚之后不久，就又被哥哥布扬古作为政治交易的筹码，许嫁他人。明万历二十七年（1599年），纳林布禄和布扬古趁哈达部发生内讧之时，率兵攻打哈达。哈达部贝勒孟格布禄连忙向努尔哈赤求援，并承诺自己愿与努尔哈赤结盟，为了表示诚心，他还表示愿意将自己的三个儿子作为质子交给努尔哈赤。消息传到了叶赫，纳林布禄和布扬古非常害怕，于是他们想出了一招借刀杀人之计。纳林布禄写信给哈达贝勒孟格布禄，表示愿意跟他重修旧好，并承诺把东哥许配给他。作为交换，孟格布禄必须承诺不向建州送人质，还要抓住建州派来的统兵将领、杀死建州士兵。孟格布禄对东哥的美貌垂涎已久，欣然应允，并约叶赫贝勒到开原共商大计。努尔哈赤听说了这件事，认为夺取哈达的时机已到。他借口孟格布禄背信弃义和抢夺自己已下聘的妻子，于同年九月率军攻打哈达部。经过六天六夜的激烈争战，努尔哈赤的军队大败哈达部，掠夺了大量的牲畜和人口，满载而归。

明万历二十九年（1601年），努尔哈赤彻底吞并了哈达部。

明万历三十一年（1603年）九月，孟古格格突然身染重病，卧床不起，她非常想念自己的母亲，提出要与生母见最后一面。为满足孟古格格的心愿，努尔哈赤立即派人快马加鞭赶到叶赫，去请孟古格格的母亲，可是却遭到了纳林布禄的拒绝。纳林布禄认为，叶赫与建州是敌非友，努尔哈赤又凶狠狡诈，九部大战时，连兄长布斋的尸体都不肯归还，万一母亲到了建州，被努尔哈赤扣作人质怎么办？于是，纳林布禄只派了孟古格格乳母的丈夫南泰，带了些家乡的特产去探望孟古格格。

努尔哈赤对此非常愤怒，他对南泰说："我把你叶赫当亲戚，你叶赫却把我当仇人！先是联合九部一起来攻打我，失败后许诺跟我联姻通好，歃血为盟，却又背信弃义，把我已下聘的女子转配他人。现在我的妻子已病入膏肓，临终前想见自己母亲最后一面，你们居然又百般阻挠，这是决心要跟我一刀两断了！从此以后你我两部就是不共戴天的仇敌！为了孟古格格，我要踏平你们的土地，杀光你们的亲族，灭了你们的国家！你马上给我滚回叶赫去！"就这样，孟古格格最终也没能与老母亲见上一面，只能带着对母亲的无尽思念郁郁而终，年仅29岁。

孟古格格的死，令努尔哈赤非常伤心。为了表达对孟古格格的哀思，努尔哈赤下令让服侍过孟古格格的4个侍女生殉，作为孟古格格的陪葬；又用100只牛羊来祭奠孟古格格；还将孟古格格的遗骨葬在自己居住的院子里长达3年之久。后来，努尔哈赤又将孟古格格的遗骨迁葬于尼亚满山冈。天命九年（1624年），努尔哈赤迁都辽阳东京城，又将孟古格格的遗骨迁至东京陵。

战火愈烈

　　孟古格格死后，叶赫与爱新觉罗两家的战争远没有结束。东哥，这个"可兴天下，可亡天下"的叶赫女人，最终成就了努尔哈赤消灭海西女真、称霸辽东的大业。

　　明万历三十五年（1607年），辉发部贝勒王机努病死。其孙拜音达礼将自己的七个叔叔杀死，篡夺了贝勒之位。他的许多部属由于不满他的行为，纷纷叛离他，投向了叶赫。拜音达礼不敢向叶赫索要，只好求助于努尔哈赤。努尔哈赤于是帮他收复了叛离的辉发村寨。见到这种情况，叶赫部首领便故伎重演，对拜音达礼说愿把东哥嫁给他。喜出望外的拜音达礼欣然同意，并立即与努尔哈赤绝交。然而，叶赫部首领不但没有履行诺言，还率军攻打辉发。无奈之下，拜音达礼只好再次向努尔哈赤求援。努尔哈赤并没有因为他的毁约而怪罪他，不但答应再次出兵帮他，还要把自己的女儿嫁给他。于是，叶赫部首领又打出了东哥这张牌，许诺把东哥嫁给拜音达礼，条件是他必须与努尔哈赤断交。色迷心窍的拜音达礼居然真的同意了，又一次背弃了与努尔哈赤的盟约。这次，努尔哈赤终于被激怒了，他率军攻占了辉发部，杀死了拜音达礼父子。辉发部灭亡。

　　辉发灭亡以后，海西女真仅剩乌拉与叶赫二部。叶赫担心曾多次与努尔哈赤联姻的乌拉部对自己不利，就想利用东哥来离间乌拉与建州之间的关系。乌拉贝勒布占泰曾经与东哥有过婚约，后来在九部之战中被努尔

大清后妃故事

哈赤俘获。努尔哈赤将他留在了建州，并招他为额驸。三年后，布占泰回到乌拉，成为了乌拉贝勒。为了巩固同建州的关系，布占泰请求跟建州联姻，向努尔哈赤的亲生女儿求婚，许诺从此永远依附于建州。而当叶赫部首领向布占泰提出履行当年的婚约后，布占泰大喜过望，立即应允，把自己与努尔哈赤六度联姻、七度盟誓的事情忘了个一干二净。愤怒的努尔哈赤于是在明万历四十年（1612年）九月亲自率领大军攻打乌拉，用了4个月左右的时间将乌拉攻下。从此，乌拉部灭亡。逃亡到叶赫部的布占泰要求东哥履行婚约，却遭到了拒绝，不久即抑郁而终。

海西四部已亡三部，为了寻找靠山，明万历四十三年（1615年）五月，叶赫贝勒布扬古想要将东哥许配给蒙古暖兔部（喀尔喀五部之一）首领暖兔贝勒的儿子吉赛，但被东哥拒绝。吉赛觉得自己被羞辱了，于是扬言要攻打叶赫。布扬古一方面担心吉赛真的来攻打叶赫，另一方面又觉得东哥的婚事不宜再拖（当时的东哥已经是三十多岁的老女人了，在当时的正常情况下，已经做了祖母了），于是在取得了东哥的同意后，最终决定将东哥嫁给喀尔喀部达尔汗贝勒的儿子——莽古尔岱。

据说，东哥出嫁的消息传到建州后，努尔哈赤非常生气，想半路把东哥抢走。叶赫知道了努尔哈赤的打算，向明朝求援。明朝也担心努尔哈赤势力过大对自己构成威胁，于是就派兵沿途护送东哥到蒙古。出于对明朝的忌惮，努尔哈赤最终没有出兵。但他预言说："无论这个女子嫁给谁，都不会得到善终。她本就是上天派来在女真各部之间制造争端的。现在，她已经挑起了足够多的战争，令许多部落因她而亡，也就完成了她的使命，她的死期也就快要到了。"令人意想不到的是，努尔哈赤的预言竟然真的应验了。东哥出嫁一年之后，一病不起，客死异乡，终年34岁。虽然东哥已经死去，但是以东哥为名发动的战争却并没有结束。

明万历四十四年（1616年），也就是东哥去世的那一年，努尔哈赤割据辽东，自立为汗王，定国号为金，史称后金。后金天命三年（明万历四十六年，1618年）四月十三日，努尔哈赤对外公布对明朝的"七大恨"，宣布与明王朝断绝关系。"七大恨"中的第四恨，说的就是明朝帮助叶赫将自己已聘之妻东哥转配他人的事："明朝越过国境派兵帮助叶赫将我已经下聘的女子转而嫁到了蒙古，这就是我对明朝的第四恨。"第二年，萨尔浒大战爆发，叶赫作为明朝的盟友，也加入了战争，被努尔哈赤打败。

萨尔浒大战之后，努尔哈赤又以东哥改嫁为借口，集中兵力攻打叶赫。努尔哈赤还发誓："不克叶赫，誓不回师！"金台石（此时纳林布禄已死，叶赫由金台石做主）、布扬古分别固守叶赫东、西二城。努尔哈赤见久攻不下，就命令兵士挖城墙下面的地基，挖倒了城墙，努尔哈赤率军攻入东城。金台石宁死不降，自焚而亡。布扬古见东城已被攻陷，想要投降。努尔哈赤与布扬古定下盟约，约定布扬古投降之后努尔哈赤不能杀他。于是，布扬古出城投降。然而，努尔哈赤为了防止叶赫死灰复燃，背弃了自己的誓言，杀死了布扬古。至此，叶赫灭亡。努尔哈赤让叶赫的百姓迁到建州，将他们编入旗籍，变成了自己的百姓。

据说，叶赫贝勒布扬古临死前对天发誓说："我叶赫一定会灭了建州女真。哪怕我叶赫只剩下一个女人！"叶赫那拉孟古格格是爱新觉罗的第一位皇后，而叶赫那拉东哥似乎又是专为给努尔哈赤制造统一女真、挑战中原王朝的借口而降生的，加之颁布诏书结束清王朝统治的隆裕太后也姓叶赫那拉，所以这个传说就多了几分真实，后世也就有了"兴也叶赫，亡也叶赫"的说法。

身后尊荣

　　努尔哈赤共有妻妾16位，其中三位曾登上过大妃之位，但孟古格格是唯一一位正式拥有皇后头衔的。孟古格格生前虽然比较受宠，但是也不足以使她在死后享受如此荣光。可以说，孟古格格的身后富贵得益于她所生之子皇太极的继位，原因有以下几点：

　　第一，孟古格格从嫁给努尔哈赤到被封为孝慈皇后，所用的时间相对比较漫长。明万历十六年（1588年）孟古格格出嫁时，富察氏是努尔哈赤的大妃。明万历二十四年（1596年），富察氏为努尔哈赤生下皇十子德格类时，依然是大妃。也就是说，孟古格格在入宫八年并育有一子的情况下，依然没有取代富察氏成为大妃。而第三位大妃阿巴亥，入宫仅两年且尚未生子，就登上了大妃之位。

　　第二，孟古格格并未受到努尔哈赤的专宠。在娶了孟古格格之后，努尔哈赤又相继娶了哈达部万汗的孙女阿敏格格、庶妃嘉穆瑚觉罗氏和乌拉部阿巴亥。而且在这段时间里，其他几位妃子也分别为努尔哈赤生下了皇七子阿巴泰，皇九子巴布泰，皇四、皇五、皇六女和皇十子德格类。值得注意的是，在孟古格格于明万历二十年（1592年）十月生皇太极之后，仅仅相隔了一个月，庶妃嘉穆瑚觉罗氏就生了巴布泰，这足以证明孟古格格没有受到专宠。

　　第三，孟古格格的儿子皇太极从来不曾被立为太子。而努尔哈赤的原

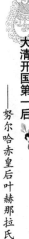

大清开国第一后
——努尔哈赤皇后叶赫那拉氏

15

配妻子佟佳氏所生的儿子褚英和代善都曾做过储君。第三位大妃阿巴亥的儿子多尔衮被努尔哈赤赏给全旗并被立为和硕贝勒，而多尔衮更是曾经说过汗位是皇太极从其手中夺走之类的话。这一切都说明，皇太极从来没有被努尔哈赤列入继承汗位的人选中。

第四，生殉的第三位大妃阿巴亥的地位一定优越于孟古格格。努尔哈赤驾崩时，阿巴亥是大妃。虽然当孟古格格于崇德元年（1636年）被皇太极尊为孝慈武皇后时，阿巴亥没有得到任何皇后的名分，但是从阿巴亥生殉后与太祖同柩葬在沈阳城西北角长达三年这一事实来看，阿巴亥的地位绝对高于孟古格格。

综上所述，孟古格格之所以能够在死后享受尊荣，完全得益于其子皇太极，是真真正正的母凭子贵。

天聪三年（1629年），皇太极将生母孟古格格与父汗努尔哈赤合葬在盛京（今沈阳）福陵，改国号为大清，自称"宽温仁圣"皇帝，并追谥母亲孟古格格为"孝慈昭宪纯德真顺承天育圣武皇后"。此时，孟古格格的族人已经被努尔哈赤和皇太极父子诛杀殆尽，只剩下她一个人头顶着大清第一后的尊号永留青史。

宫廷斗争牺牲品

——努尔哈赤大妃阿巴亥

在努尔哈赤崛起创业、建邦开国的过程中都直接或间接地留下了乌拉那拉氏的印记。在权力之争中她被送上祭坛，但她生命的活力、刚烈的个性、过人的聪睿则在她儿子身上得到延续。轰轰烈烈的清军入关、定鼎中原就是在她的儿子多尔衮的指挥下进行的……乌拉那拉氏是努尔哈赤的第三任妻子，在努尔哈赤称汗以后是皇宫内地位最高的大福晋，但在清代的后妃中她也是最苦命的一个，不仅被送上牺牲的祭坛，还没得到皇后的名分……

改嫁联姻

大妃乌拉那拉氏，是乌拉部贝勒满泰的女儿，名叫阿巴亥。

明万历二十九年（1601年），12岁的阿巴亥被她的叔叔布占泰嫁给了建州部的首领——43岁的努尔哈赤。嫁给一个比自己大31岁的人，而且此人还妻妾成群，他的第二位大妃（满洲老档中称之为大福晋）——继妃富察氏依旧健在。

富察氏虽然是带着孩子改嫁的，但她既漂亮又聪明，很是得宠，为努尔哈赤生下第五子莽古尔泰、第十子德格类、第三女莽古济。因而当努尔哈赤的发妻——生育了长子褚英、次子代善、长女东果的佟氏去世后，她就从福晋升为大福晋。更为难得的是，在努尔哈赤统一女真部的战争中，富察氏同丈夫患难与共，明万历二十一年（1593年）在抵御海西等部入犯的战争中，富察氏夜不能寐，时刻提防敌人的突然袭击。

造就阿巴亥同努尔哈赤婚姻的最根本原因就是建州部同海西四部彼此势力的消长，以及努尔哈赤在女真政治舞台上的初露锋芒。

阿巴亥所在的乌拉部与叶赫部、哈达部、辉发部同属海西四部。海西四部虽然都姓"那拉"，但乌拉、哈达、辉发属于女真族，而叶赫部的祖先却是蒙古人。在哈达部首领万汗（亦称王忠）统治时期，该部曾一度控制海西四部。然而在万汗叔叔旺济外兰（又称王台）当政时，曾经配合明军攻打叶赫部，致使叶赫首领褚孔格被杀。尽管万汗执政后，很想化解同叶赫部的旧仇，并娶褚孔格之女为妾，但褚孔格之子（一说是孙）杨吉始终对哈达部怀恨在心，并借万汗年老、其长子扈尔干性格残暴不能负重之机，鼓动乌拉、辉发脱离了哈达，海西四部的联盟随之解体，已是风烛残年的万汗在明万历十年（1582年）忧愤而亡。

明万历十七年（1589年）努尔哈赤完成对女真建州部的统一，建州女真部的统一自然引起海西四部的关注与恐惧。

在哈达部削弱后，叶赫逐渐成为海西四部的首领，为了遏制建州势力的发展，叶赫贝勒纳林布禄向努尔哈赤提出领土要求：把额勒敏、扎库穆两地中的一个割让给叶赫。在遭到努尔哈赤拒绝后，叶赫部遂于明万历二十一年（1593年）五月纠合海西四部向努尔哈赤发动进攻，但被击退。

同年八月，海西四部又联络蒙古的科尔沁部、锡伯部、卦勒察部以及长白山的珠舍里部、讷殷部以九部联军的名义对努尔哈赤宣战。努尔哈赤不仅击退了九部联军，还在古勒山一战中把乌拉部贝勒满泰的弟弟布占泰生擒活捉。在当时的海西四部中乌拉部的实力仅次于叶赫，考虑到分化海西四部，努尔哈赤不仅没有杀布占泰，反而把他留在身边，以期能在乌拉部的上层人物中培养自己的盟友。

布占泰在努尔哈赤的身边生活了三年，一件突发的事变彻底改变了他的命运——明万历二十四年（1596年）乌拉贝勒满泰和儿子突然被杀。据史料记载：他们在外出时因奸淫部落妇女，激起民愤，被当地人杀死。而另据《那拉氏宗谱》的记载，满泰及其儿子是被试图夺权的满泰的叔叔杀死在行宫的。

不管哪一种说法是真实的，满泰死后只留下年仅7岁的阿巴亥却是千真万确的。从自身的实力来看，努尔哈赤还不具备吞并乌拉部的实力。为了避免叶赫、哈达、辉发三部利用乌拉内乱的局面侵吞该部的土地，对建

宫廷斗争牺牲品
——努尔哈赤大妃阿巴亥

19

州构成更大的威胁，努尔哈赤当机立断派人护送布占泰返回乌拉部继兄而立，担任该部贝勒。努尔哈赤希望利用布占泰牵制叶赫，而在动荡局势中当上贝勒的布占泰也需要从努尔哈赤那里得到支持，以巩固自己的统治，因而联姻成为双方在政治上加强联盟的重要手段。

在布占泰当上贝勒的第二年（明万历二十五年，1597年），努尔哈赤把侄女嫁给布占泰为妻，两年后（1599年）又把另一个侄女嫁给布占泰；作为回报，布占泰把自己的侄女阿巴亥在1601年嫁给了努尔哈赤。

把阿巴亥嫁到努尔哈赤的身边，也同哈达部的衰落乃至灭亡有更加密切的关系。在这一年，努尔哈赤正式吞并了因受叶赫攻击而向自己求援、并在摆脱危机后又试图脱离建州部的哈达部。哈达的灭亡，让布占泰感到来自建州部的威胁日益严重，他既要设法加强同努尔哈赤的联盟，又要提防这位雄图大略的老丈人，阿巴亥一生的命运也就这样被决定了。

在阿巴亥出嫁前，叶赫部首领杨吉砮为了同哈达部抗衡，一方面同蒙古联姻，另一方面同刚刚以父祖13副遗甲起兵、发动复仇之役（1583年，明万历十一年）的努尔哈赤联姻，把幼女许给努尔哈赤。

杨吉砮之子纳林布禄于明万历十六年（1588年）把14岁的妹妹送到建州部同努尔哈赤完婚，叶赫那拉氏在四年后同努尔哈赤生下了皇太极。因而当阿巴亥嫁过来时不仅有精明的大福晋富察氏，还有一位年轻可人的叶赫那拉氏，对只有12岁的乌拉那拉氏来说，要应付如此复杂的家庭关系绝非一件容易的事。

地位上升

天性聪慧的乌拉那拉氏很快就得到努尔哈赤的爱怜，尤其是随着叶赫贝勒纳林布禄同努尔哈赤关系的日益紧张，杨吉砮之女——叶赫那拉氏也就不那么得宠了，夹在娘家与夫家矛盾中的叶赫那拉氏郁悒成疾，在1603年——也就是阿巴亥嫁过来两年后撒手人寰，时年29岁。

叶赫那拉氏的去世愈发使得努尔哈赤把全部情感倾注在乌拉那拉氏的身上，老夫少妻恩爱有加。得到宠爱的乌拉那拉氏，在1605年——17岁时生下阿济格（第十二子），1612年生下多尔衮（第十四子），1614年生下多铎（第十五子）。

乌拉那拉氏的婚姻也受到他叔叔布占泰同努尔哈赤交恶的影响，在她生下阿济格不久，乌拉同建州开战。

其实乌拉那拉氏同叔叔之间并无太多的亲情，她4岁时叔叔被俘，等3年后叔叔回来时，她已经成为没人疼的孤女，至于她的婚姻也完全是叔叔布占泰在同建州部的关系中所布下的一个棋子。尽管如此，由于彼此交恶，她在好几年的时间里受到丈夫的冷落。好在她在乌拉部已经是无父、无母、无兄、无弟，不像叶赫那拉氏还有母亲、兄长需要牵挂，以致叶赫那拉氏在去世前想见母亲一面，都因丈夫与兄长关系紧张未能如愿，堪称是死不瞑目。

实际上，当乌拉那拉氏一踏上建州的土地，就像一个过了河的小卒，有进无退了，她必须把自己的命运完全寄托在丈夫的身上。尽管这是个比她大31岁的男人，但平心而论她的丈夫努尔哈赤的谋略胆识、在战争中的运筹帷幄以及在战争结束后对敌人的分化瓦解等在女真人中都是出类拔萃的，叶赫贝勒纳林布禄、乌拉贝勒布占泰、辉发贝勒拜音达礼全都望尘莫及。

明万历三十五年（1607年）也就是阿济格出生后两年，努尔哈赤出兵吞并了辉发。辉发地处叶赫与建州部之间，也摇摆于两者之间。在受到叶赫威胁时向努尔哈赤求援，而当危机解除后又试图摆脱努尔哈赤的控制，企图凭借牢固的城防来自保。

努尔哈赤当然不会放过这个力量最弱而又摇摆不定的近邻，突然发动袭击杀死拜音达礼及其子，辉发遂灭亡。辉发的灭亡对布占泰来说是个更严重的刺激，虽然他想摆脱努尔哈赤，又很怕成为下一个被吞并的目标。因而在军事较量失败后，就又回到联姻的轨道，一再向努尔哈赤表示：对方如果能把女儿嫁给自己，就再也不心存二意、滋衅闹事、燃起狼烟。在布占泰的一再请求下，努尔哈赤将第四女13岁的穆库什在明万历三十六年（1608年）嫁给布占泰。

随着乌拉同建州关系的缓和，被忽略了数年的乌拉那拉氏又重新引起丈夫的瞩目，于是她又生下了第二个孩子多尔衮。政治结盟一向难以预料，既没有永恒的朋友，也没有永恒的敌人，翻手为云覆手为雨实在是司空见惯。

就在多尔衮出生的那一年，曾经信誓旦旦的布占泰，却在叶赫部的诱惑下背信弃义，要背叛努尔哈赤而同叶赫部联手。毕竟他们都是海西部的子孙，都姓那拉，都曾联合攻打过努尔哈赤，都面临被建州部吞并的威胁，都为了能迎娶刚刚继任叶赫部贝勒的布斋（纳林布禄的堂弟，纳林布禄死于1612年）之女，表明同叶赫结盟的诚意，布占泰竟然残忍地用鸣镝射向穆库什。不要说当父亲的震怒了，就连乌拉那拉氏——这个同穆库什并无血缘关系的母亲也怒不可遏了，她是看着穆库什长大的，当年她刚嫁过来时穆库什还是个一脸稚气的女孩，几年后出落得楚楚动人。

难道是穆库什命中就注定该有此一劫？到了该出阁的时候，偏偏又碰上布占泰一再向努尔哈赤求婚，为了巩固建州部同乌拉部的联盟，这位建州部首领不可能有其他的安排，只能把穆库什嫁到乌拉。

乌拉那拉氏理所当然能体会到穆库什在乌拉部的孤苦无助，更能体会到被丈夫冷落的辛酸，但她实在想不出当带响的箭射过来时的情景……她仿佛看到穆库什满脸的惊恐与愤怒，看到潸然而落的泪水与涔涔渗出的血水……直至此时乌拉那拉氏才真正感到自己是个幸运的女人，她比青春早逝的叶赫那拉氏幸运，更比被当成箭靶子的穆库什幸运……尽管她的叔叔几次挑起争端，尽管乌拉同建州有时也兵戎相见，但努尔哈赤从来没有迁怒于她……努尔哈赤同布占泰之间的战争不可避免地发生了，颇通兵贵神速的努尔哈赤要乘乌拉部同叶赫部的联盟还未牢固，以迅雷不及掩耳之势攻入乌拉，讨伐背信弃义的、残忍地以鸣镝射向自己的女儿并以此来凌辱自己的布占泰。

面对建州势如破竹的进攻，所谓叶赫的救援实际是远水不解近渴，援军还未出发，乌拉已经溃不成军，成为孤家寡人的布占泰仓皇逃亡叶赫，乌拉部不复存在，努尔哈赤在统一女真各部的过程中更向前推进一步。

布占泰的出逃、乌拉的灭亡，令乌拉那拉氏如释重负，她终于从建州部同乌拉部时而交好时而冲突的尴尬境地中解脱了出来，影响丈夫对她情绪波动的因素永远地消除了。

此时，她在夫家的地位仅次于富察氏。

宫廷斗争牺牲品——努尔哈赤大妃阿巴亥

继位中宫

在乌拉那拉氏生下第三个儿子多铎之后两年——明万历四十四年（1616年），经过35年征战的努尔哈赤基本完成了对女真各部的统一，只有叶赫凭借明政府的庇护尚能苟延残喘，因而在这一年努尔哈赤在赫图阿拉（即兴七京，今新宾县）建立政权，国号金（史称后金），建元天命。

努尔哈赤成为后金的第一位汗，而毗邻的蒙古人则在10年前就已经尊称他为"昆都伦汗"（神武皇帝）。努尔哈赤以他骄人的业绩崛起于关外，并成为可以同庞大的明王朝分庭抗礼的一方诸侯。

天命五年（1620年，明万历四十八年）无论对于乌拉那拉氏在后金宫内的地位还是对于她丈夫蒸蒸日上的事业都是极其关键的一年。

她的丈夫一年前在萨尔浒一战中打出了声威，只有6万人的八旗劲旅以少胜多，大败援助叶赫的明朝十几万大军，并最终灭亡了叶赫。努尔哈赤乘大获全胜之势接连从明军手中夺取开原、铁岭，而且还为席卷辽沈、把势力拓展到整个辽东做了充分的准备。

在这一年乌拉那拉氏在宫中的地位，也发生了巨大的变化，被晋升为大福晋。

乌拉那拉氏虽然羡慕大福晋的名分，却从未刻意追求过，只是由于富察氏的失误以及富察氏之子莽古尔泰的绝情才使得大福晋的桂冠落在她的头上，这才是踏破铁鞋无觅处，得来全不费工夫。富察氏作为大福晋已经将近30年，早已是人老珠黄。在孤独中度过一年又一年的富察氏唯恐连这种夫妻的名义也保不住，被抛弃的恐惧时时袭上心头，而且随着时间的推移与日俱增。也许是考虑到无依无靠的可悲处境，富察氏开始把自己多年的积蓄从宫中转移出去。世上没有不透风的墙，富察氏因转移财产被告发，甚至还诬陷她同代善有染，谁都知道代善比莽古尔泰只大4岁。尽管努尔哈赤并不相信富察氏同代善有私情的传言，但对其转移财产依然龙颜大怒。一阵雷鸣之后，努尔哈赤还是动了恻隐之心，毕竟是多年的患难夫妻，因而依然保全了富察氏大福晋的名号。

努尔哈赤虽然宽容了富察氏，但作为富察氏亲生儿子的莽古尔泰却怒火难平。他固执地认为母亲的荒唐之举会断送自己的前程。努尔哈赤在称汗后曾任命代善、阿敏、莽古尔泰、皇太极为四大贝勒，协助处理政务。莽古尔泰凭直觉感到，汗位的继承人将在四大贝勒中产生。在四大贝勒中，莽古尔泰名列第三，但由于阿敏是努尔哈赤的侄子，不可能在将来继承汗位，实际上他已经名列第二。谨慎有余、魄力不足的代善，虽然名列第一，未必能竞争得过自己，更何况自己的母亲多年来一直是大福晋。

一心要讨好父亲的莽古尔泰，竟然把屠刀对准了自己的生身之母……在富察氏死后，乌拉那拉氏就顺理成章被晋升为大福晋，用汉族的话说就是"正位中宫，母仪天下"。这一年她已经31岁，是位既成熟干练又风韵犹存的少妇，步入人生之巅的得意之情就在心中悄然萌发。

也有一种观点认为乌拉那拉氏在明万历三十一年（1603年）叶赫那拉氏去世后就被立为大福晋。

宫廷斗争牺牲品
——努尔哈赤大妃阿巴亥

福祸相倚

伴随着努尔哈赤对明辽东重镇辽阳、沈阳的攻克以及对辽东广袤大地的占领，后金的政治中心也从赫图阿拉迁到了辽阳，时称东京。东京依山傍水，东西宽约280丈，南北长约263丈，3.6丈高的城墙屏蔽着八角宫殿、楼台殿阁。

从天命五年之后，乌拉那拉氏堪称是春风得意，大福晋的位置已经使得她成为后金境内最令人羡慕的女人，在新建成的东京后宫她住进最显赫的宫殿……在一夫多妻的社会，一个富有的或有权势的男人对于占有年轻漂亮的女性往往是乐此不疲，也许在他们自己看来这也是成功人生的一个标志。

伴随着努尔哈赤事业上的如日中天，一个个年轻的女性被选进了后宫。步入中年的大福晋，感到自己对丈夫的吸引力已经是明日黄花……但从丈夫对富察氏的安置中，可以看出在他的心目中妻与妾、后与妃的界限是非常明晰的，他虽然喜新却不厌旧，不会因为宠小福晋而使得大福晋丧失在后宫的地位，更何况她自己还没衰老到不堪入目的程度，只要能对丈夫移情别恋年轻福晋保持一颗平常心，她就不会失去眼前的一切……对大福晋来说，她的三个儿子更是她在后宫地位的有力保证，这三个儿子或能征善战，或异常聪睿，或人小志气大。

身体强壮的阿济格，十余岁就跟随父兄征战。多尔衮虽然比较瘦弱，但他不仅颇通韬略，而且兼通满、汉两种语言文字，虽说满洲人崇尚武功，实际上最缺少的还是识文断字的人，打天下靠的是武功，等到坐天下时就需要有文墨。至于老儿子多铎更是一向要强，从来都要跟哥哥们比文韬武略……因而她的三个儿子自然得到父汗的赏识。

当1615年组建八旗时，阿济格的三哥阿拜、四哥汤古岱、六哥塔拜、七哥阿巴泰、九哥巴布泰、十哥德格类、十一哥巴布海连半个旗都未能分到，但阿济格却成为正白旗的旗主。并不是所有那些兄长都不擅长征战，像阿巴泰、德格类都身经百战，但他们就是不能得到父亲的重视。更令这些兄长惊诧的是，多铎还不到三岁也分到镶白旗，尽管由父亲代管，但一个乳臭未干的孩子也是名义上的旗主。至于自幼体弱的多尔衮几乎没打过仗，努尔哈赤却一再表示他自己领的旗将来要拨给多尔衮。

努尔哈赤对阿济格、多尔衮、多铎的重视不仅引起那些没有得到旗主身份儿子的嫉妒，也引起旗主们——特别是四大贝勒的恐惧。大福晋乌拉那拉氏的儿子已经统领两个旗，将来再拨给多尔衮一个旗，那还了得？尤其是对汗位觊觎已久的莽古尔泰、皇太极更不能对乌拉那拉氏三个儿子的扶摇而上坐视不管，既然这三个弟弟是"子以母贵"，那他们就来个釜底抽薪，把他们的母亲搞得声名狼藉。

这可真应了汉人的那句老话，福兮祸之所伏……

遭人中伤

沉浸在幸福中的乌拉那拉氏并没想到危险在一步步向她逼来。在诬陷

宫廷斗争牺牲品
——努尔哈赤大妃阿巴亥

富察氏同代善有染之后，政治对手们又把矛头指向了乌拉那拉氏，如果说前一个谎言编织得不那么完美，但这次编得很容易令人相信，至少也会半信半疑，毕竟乌拉那拉氏要比代善小7岁。

努尔哈赤的庶妃阿济根、塔因查告发大福晋乌拉那拉氏同代善来往密切，诸如"大福晋两次备饭送给大贝勒"、"大福晋一天就两三次派人去大贝勒家，大概有什么共同商议的事"、"大福晋本人有两三次黑夜出院去"。努尔哈赤遂出面解释道："我曾言，待我死后，要将我的幼子等以及大福晋，托大阿哥（即指大贝勒代善）照顾抚养。已有此言，大福晋倾心于大贝勒"，以期平息阿济根、塔因查所掀起的轩然大波。

然而皇太极、阿敏、莽古尔泰却不肯善罢甘休，一口咬定大福晋同代善有染："每当大臣于汗屋聚筵会议时，大福晋即以金、珠妆身，献媚于大贝勒。"

长期得到汗王宠爱的大福晋乌拉那拉氏已经成为众矢之的，同代善有私情的风波刚刚平息，又有人告发"大福晋偷盗了许多缎子、蟒缎、金银、财物"并藏到了阿济格家。已经满怀狐疑的努尔哈赤便把从阿济格家中搜出的绸缎作为证据，恶狠狠地斥责道："我以金、珠装饰你的身体，使你不胜其用，以人所未见的好绸缎使你穿用，加以恩养。而你不爱为汗的丈夫，背着我的眼睛，将我放置一旁，越过我而去看视别人……"真可谓众口铄金！乌拉那拉氏原以为自己20多年的婚姻酿出的是醇正香甜的美酒，可到头来依旧是充满涩味的苦酒，她只能和着泪水一同咽下去，用时间来证明自己是无辜的，用真诚去抚平汗王那颗被激怒的心。

被伤害的不仅是大福晋，代善的继承人地位也一并被摧毁。

努尔哈赤受到汉族中央集权体制的影响，试图废除满族固有的推举制、册立继承人。

他所选择的第一个继承人，是长子褚英。

1598年（明万历二十六年），18岁的褚英在努尔哈赤开基创业的战事中大显身手，被赐号"洪巴图鲁"（凶猛的勇士）。此后在同强大的乌拉部首领布占泰的战事中，又因作战勇猛被赐予"阿尔哈图门"的称号，翻译成汉语就是"广略"（颇具韬略）。褚英因英勇善战、战功累累而得到努尔哈赤的器重，被立为继承人，并让他参与处理朝政。在负责分配战利品时，由于褚英改变各旗均分的传统，引起旗主们的强烈不满。阿敏、莽古尔泰、皇太极、代善纷纷向努尔哈赤告发褚英"不恤诸弟"、多占财物。兄弟们的一再控告，不仅导致褚英失去继承人的资格，还造成褚英在建国前的一年被父亲处死。

努尔哈赤所选择的第二个继承人是次子代善。

代善比褚英小三岁，也是位洋溢着尚武精神的青年。1607年当他奉命去接应前来归附的东海瓦尔喀部众时，遭到乌拉部首领布占泰的截击，代善奋不顾身，迎战布占泰，不仅击退了乌拉部，而且使得瓦尔喀部众顺利抵达努尔哈赤的辖区。因战功赫赫，代善被赐予"古英巴图鲁"（无畏的勇士）的称号。

1613年，在同乌拉部的关键一战中，代善亦因不畏强敌、作战勇敢而得到努尔哈赤的赏识。在褚英失去继承人的资格后，代善则被努尔哈赤定为继承人。因而当1616年努尔哈赤称汗建国时，代善便位居四大贝勒之首。尽管努尔哈赤不想让代善成为第二个褚英，但皇太极、阿敏、莽古尔泰等人颇具蛊惑的言辞，已经动摇了代善在父汗心中的地位。此后不久，莽古尔泰又借代善第二子硕托企图叛逃一案，大讲"我辈诸弟、诸子及国内大臣都怕兄嫂"，以至努尔哈赤认为代善"因为妻的唆使便想除掉亲子与诸弟"，取消了次子将来"当一国之君"的"资格"。

宫廷斗争牺牲品
——努尔哈赤大妃阿巴亥

皇太极、阿敏、莽古尔泰同庶妃阿济根、塔因查是否串通一气，已经无从考证。

但她们的告发却带来了两个相关联的后果——代善丧失了继承人的资格；乌拉那拉氏的大福晋地位虽未因此丧失，但阿济根、塔因查在宫内的地位却提高到可以和努尔哈赤同桌吃饭；乌拉那拉氏已经身不由己地卷入了权力之争的旋涡。

努尔哈赤还活着尚且如此，想到未来，乌拉那拉氏不禁一身冷汗……

为夫殉葬

与努尔哈赤事业蓬勃向上成为鲜明对照的就是他与日俱增的衰老，这后一点是大福晋乌拉那拉氏最不愿见到的，她以及她的两个未成年的儿子多尔衮、多铎还都要仰仗后金汗的庇护。

可努尔哈赤似乎并未意识到老之已至，在占领辽东后又雄心勃勃地渡过了辽河，向辽西挺进，并在该年正月攻克广宁及其周围的40多座城堡，辽西明军像溃堤的河水冲向山海关。按照努尔哈赤的风格，从来都是乘胜追击，不给敌人喘息之机，但这一次他未选择连续作战，而是班师回朝了，他自己也需要喘口气了。

努尔哈赤虽然讳言老，但他很清楚自己的精力、体力远非昔日，特别是那些当年一起统一建州女真的老臣们的相继去世，已经让他感觉到死亡的威胁在一步步逼近。他在何和礼去世后曾万分伤感地说道："天何不遣一人送朕老耶！"不服老的努尔哈赤在天命十一年（1626年）初又踏上了征程，早已经被后金军队吓破胆的明军统帅高第命令所有驻守关外的明军撤至山海关。

但却有一个人拒绝执行撤退的命令，此人就是驻扎在宁远的袁崇焕，努尔哈赤遇到了他命中的克星。虽然袁崇焕孤立无援，虽然宁远被围得水泄不通，但袁崇焕凭借在宁远配备的大炮，不仅以少胜多、击退了后金军队的进攻，还使得这位战无不胜攻无不克的女真统治者被炮火击伤。努尔哈赤无限愤慨地说道："朕用兵以来，未有抗颜行者，袁崇焕何人，乃能尔耶！"身体上的伤痛以及出征受阻所造成的心灵上的郁闷，终于把68岁的后金汗击垮，不得不到清河温泉静心疗养。

自25岁起兵，43年的鞍马劳顿、风餐露宿已经耗尽了他生命中的元气。当他自知大限将到之时，立即派人去沈阳接大福晋乌拉那拉氏，安排后事：立15岁的多尔衮为继承人，以代善辅政。

天命十一年（1626年）八月十一日下午，大福晋头上的天塌了，努尔哈赤在返回沈阳的途中去世，乌拉那拉氏护送丈夫的遗体急行20公里连夜赶回沈阳，等待她的竟是已经策划好的宫廷政变。

虽然她宣布了努尔哈赤临终前的圣谕，但根本不可能粉碎策划好的阴谋。第二天一早，四大贝勒向她摊牌了，拿出一份炮制好的命令大福晋乌拉那拉氏殉葬的所谓遗诏。

大福晋虽然全力抗争，但由于21岁的阿济格势孤力单，13岁的多铎更不可能统领一个旗的力量去与那些成年的兄长抗衡。自从父亲满泰去世之后，不管处境多难，乌拉那拉氏都挺了过来，此时，积累了30年的泪水如泉涌堤决一般夺眶而出，但苦涩的泪水在无情的权力面前显得那样的无奈。

已经被绯闻磨得全无棱角的大贝勒代善自然退避三舍，既不会遵循父亲遗命辅佐幼弟多尔衮即位，更不会出来保护一个毫无依靠的弱女子；三贝勒莽古尔泰早就认为汗位非己莫属，他不仅掌握一个旗，还有同母弟德格类鼎力相助，对于小小年纪就已经各自掌握一个旗的阿济格、多铎早已心生嫌隙，只要乌拉那拉氏活着，他莽古尔泰就不可能如愿以偿；至于含而不露的四贝勒皇太极，已经从代善的儿子岳托、萨哈廉那里得到支持即位的承诺，更是心里有底，但要推翻父汗令多尔衮即位的遗命，就必须置大福晋于死地。四贝勒很清楚，论智谋他未必能斗得过大福晋。

所有的合力汇聚到一起，就是逼迫乌拉那拉氏为丈夫殉葬。

乌拉那拉氏接受了殉葬的要求，但前提是这些兄长要对天发誓：善待自己两个年幼的儿子，要兑现努尔哈赤生前的许诺——拨给多尔衮一个旗。在四大贝勒盟誓后，大福晋开始了殉葬的历程——在流尽一生的眼泪后，她换上大福晋在盛典时所用的服饰，端庄肃穆地走上了牺牲的祭坛，头也不回地朝着挂好的弓走去，弓弦一横便成了她最终的归宿……在一个以男性为中心的社会，男人之间的权力之争却要以剥夺女人的生命为前奏，那些颠簸在马背上的七尺男儿在扪心自问时难道就毫不汗颜？都说"天下兴亡，匹夫有责"，可往往最先牺牲的却是匹妇！在沈阳盛京后宫，女人殉葬的悲剧并没有结束。

也许是为了杀人灭口，当年告发大福晋乌拉那拉氏同代善有私情的两名庶妃阿济根、塔因查也被强迫殉葬，一切的一切都伴随着年轻而又鲜活的两条生命的被扼杀而被掩盖得无迹可寻。

后代争光

在沈阳后宫里那位聪明干练的大福晋乌拉那拉氏永远地消失了，但她的生命依然在延续，阿济格继承了母亲的果断、多尔衮继承了母亲的睿智、多铎却继承了母亲的豁达。

在激烈争夺中继承汗位的皇太极，很快就兑现了拨给多尔衮一个旗的承诺，但并不是努尔哈赤生前统领的那个旗，而是阿济格的正白旗。皇太极以阿济格为多铎擅自主婚为借口，剥夺了阿济格的旗主地位，真可谓一箭双雕，既兑现了努尔哈赤的许诺，又在阿济格与多尔衮之间结下了疙瘩，多尔衮的发迹毕竟是建立在阿济格的失势的基础上。对皇太极来说笼络多尔衮、多铎这两个年幼的弟弟，总比驾驭已经成年的阿济格要容易得多。

平心而论，在皇太极执政的17年来对两个幼弟的确是关照有加，为他们提供锻炼的机会，对他们的任何一次战功都格外嘉奖，当皇太极仿照明朝官职创建六部时还不到20岁的多尔衮就负责吏部事务，而当皇太极在天聪十年（1636年，明崇祯九年）称帝、改国号"清"、大封群臣时，24岁的多尔衮、22岁的多铎同代善、济尔哈朗（阿敏之弟）、豪格（皇太极长子）以及岳托等都晋封为亲王，多尔衮被封为睿亲王，多铎被封为豫亲王。

崇德八年八月（1643年，明崇祯十六年）初九，皇太极突然去世，而

宫廷斗争牺牲品——努尔哈赤大妃阿巴亥

且生前也没有立下皇位的继承人。尽管两白旗极力拥戴多尔衮即位，但两黄旗大臣索尼、鳌拜、图赖却摆出不立皇太极之子就以死相拼的架势。

为了避免兵戎相见、内部分裂，审时度势的多尔衮说服两白旗接受两黄旗拥立皇太极之子即位的要求，但要排除35岁的肃亲王豪格，最终达成一个彼此都能接受的折中方案——以皇太极幼子福临即位，改元顺治，并以睿亲王多尔衮、郑亲王济尔哈朗共同辅政。济尔哈朗作为皇太极的堂弟在血缘上就远了一层，何况还是个生性懦弱的人，所谓共同辅政实际上是徒有其名。

就这样，清开国时期的军事民主制度，断送了多尔衮的皇位。

然而当皇太极统治17年去世时，已经成为强者的多尔衮却又因"父传子"体制得到确认，再次与皇位失之交臂。酝酿了17年的旧恨与被迫承认皇太极之子即位的新仇，在多尔衮的心中激荡、膨胀。他忘不了已经凝固在头脑中最惨烈的一幕——母亲慷慨激愤的抗争，如泣如诉的叮嘱，绝望的目光与端庄的仪容……已经到了报杀母之仇的时候了，他要让逼迫母亲殉葬的四大贝勒付出代价。

对于一命呜呼的阿敏、莽古尔泰——在皇太极当政时已经受到严惩的两个人，多尔衮只能撂开手了；对于剥夺了他继承权、参与逼死母亲的皇太极，他的心情格外复杂，17年来皇太极兑现了向大福晋的承诺，一直对自己和多铎关爱有加……但皇太极的皇位毕竟溅上了母亲的鲜血，他决定把报复施加在豪格身上，要让皇太极的长子体会到失去入承大统的滋味；至于既不敢按照父汗口谕辅佐自己即位又参与炮制遗诏逼母亲生殉的大贝勒代善，也得让他尝尝失去亲人的痛苦……就在拥立顺治即位后，代善第二子硕托及孙阿达礼劝睿亲王"自立为君"，以拥立来邀功，机敏过人的多尔衮深知在册立会议后再轻举妄动实在是以卵击石，立即出面

大清后妃故事

告发硕托、阿达礼试图谋逆，并把不知深浅的硕托、阿达礼处死，让代善哑巴吃黄连。

从母亲那里承袭了超人智慧的多尔衮，不露任何痕迹就实施了被压抑多年的报复。在发泄了聚集在胸中17年的愤恨后，多尔衮就立即把全部精力用在对明清之际动荡时局的关注上。

甲申之变明王朝覆灭（清顺治元年，明崇祯十七年，1644年），明驻守山海关的总兵吴三桂请多尔衮发兵帮助自己讨伐李自成、报君父之仇；多尔衮意识到大举入关问鼎中原的机会终于出现了，立即统领八旗将士向山海关挺进，并通过软硬兼施使得吴三桂接受了剃发称臣的条件；旋即与吴三桂在一片石击溃了李自成，风卷残云般地占领了北京，并很快作出迁都北京的决策，使得清王朝的统治从辽左一隅走向了全中国，完成了一个历史性的飞跃。

至于多铎、阿济格在逐鹿中原的战役中也都大显神威，多铎多次击败向陕西撤退的李自成，并在潼关的关键一战中基本摧毁李自成的实力，而且在顺治二年（南明弘光元年，1645年）势如破竹突破南明的江北防线，以摧枯拉朽之势攻入南明福王政权的都城……而阿济格则一直率领北路军追击李自成，在多铎调离开陕西后，一直对败逃中的李自成穷追不舍，从陕西追到湖北，直至李自成在九宫山死于非命……如果大福晋地下有知，她应该感到欣慰，受到汗王努尔哈赤特别器重的三个儿子，不仅在清与明的抗衡中立下赫赫战功，而且在继明而立、逐鹿中原的过程中也作出无人能替代的历史性贡献……

尊号多变

毋庸讳言，当上摄政王的多尔衮始终未能泯灭心中的称帝之念，曾无限遗憾地对心腹抱怨道："若以我为君，以今上居储位，我何以有此病症！"多尔衮并非不具备称帝的实力，明清之际动荡的时局也不止一次为他提供了黄袍加身的机会，当多尔衮统帅清军主力抵达北京朝阳门时，跪迎道旁的前明官员口呼万岁，旋即具表劝进，在当时"关内关外咸知有睿王一人"，顺治"冲龄，远在盛京，彼若肆然自帝，谁能禁之？"即使在多尔衮迁都北京、迎接顺治来北京之后，依然有汉族官员请多尔衮"正大位"。

然而多尔衮却一次又一次坐失称帝良机，无子乏嗣固然是个因素，但并不是最重要的，没有子嗣的李自成从一片石败归后，在从北京撤退之前还匆匆忙忙登基即位，过一把当皇帝的瘾。多尔衮之所以克制强烈的称帝欲望，最根本的原因就是他不愿因内部的权力之争而使得清王朝失去一统海内的机遇，所以他在占领北京后，立即派人迎接顺治到北京登基，以保证八旗劲旅能一致对付明残余势力的抵抗。

对九五之尊的向往使得多尔衮并不满足摄政王的头衔，而且极力想使自己成为事实上的皇帝。多尔衮以郑亲王济尔哈朗"王殿台基违制"，罢其辅政；又以"体有风疾，不胜跪拜"不再向顺治行君臣之礼；为了凌驾顺治之上多尔衮竟然当上了"皇父摄政王"；还在顺治七年（1650年）追尊生母乌拉那拉氏为"孝烈武皇后"，"配享太庙"。

大清后妃故事

平心而论，在一个有一夫多妻传统的社会，按照嫡庶有别的观念以及皇家的规矩，大福晋就相当于皇后的名分。但由于皇太极继承了汗位，从来就没当过大福晋的叶赫那拉氏却被尊为"孝慈皇后"，努尔哈赤的三位大福晋——佟氏、富察氏、乌拉那拉氏没有一个能得到皇后的称号，佟氏的称号是元妃，富察氏的称号是继妃，乌拉那拉氏的称号是大妃。可真应了母以子贵那句古话，儿子当上皇帝，生母得到皇后的殊荣，但在封建礼制中嫡母的皇后名分是不能被剥夺的。

可是皇太极在追尊生母的同时却剥夺了嫡母们的名分。

已经成为事实上皇帝的多尔衮当然咽不下这口气，大权在握的他追尊已经当了七年大福晋的母亲为"孝烈武皇后"，这本来就是他母亲早就应该得到的。乌拉那拉氏的"孝烈武皇后"头衔以及"配享太庙"的哀荣享有还不到一年就因为多尔衮于顺治七年十二月初九去世（1650年12月31日）而成为昙花一现。

为了争取两白旗大臣的支持、稳定局势，顺治在十二月十八日（1651年1月9日）下达了多尔衮葬礼"合依帝礼"的命令，并充分肯定了多尔衮当"太宗文皇帝（即皇太极）升遐之时，诸王大臣拥戴皇父摄政王，坚持推让，扶立朕躬，又平定中原，统一天下，至德丰功，千古无两"的丰功伟绩。此后七天（十二月二十五日，1651年1月16日）又颁布追尊多尔衮为义皇帝、庙号成宗的诏书，再次肯定了多尔衮"辟舆图为一统，摄大政者七年"的历史地位。

可悲的是在多尔衮被追尊为义皇帝后还不到两个月，就风云突变，已经控制住局面的顺治以"殡服违制"对多尔衮的追夺论罪（顺治八年二月二十一日，1651年3月12日），在籍没家产追夺睿王封爵的同时也就一并撤销了"孝烈武皇后"的尊号，乌拉那拉氏的称号又变回大妃。

在顺治的曾孙乾隆即位四十三年时（1778年）下达了为睿王昭雪的命令，充分肯定了多尔衮在"追歼流寇，抚定疆陲，创制规模"，"奉世祖（顺治庙号）车驾入都，成一统之业"的贡献，并对"殡服违制"之说予以驳斥："朕念王果萌异志，兵权在握，何事不可为，乃不于彼时因利乘便，直至身后始以殡服僭用龙衮，证为觊觎，有是理乎！"而当乾隆皇帝看到实录中记载多尔衮对诸王大臣所说"有忠于皇上者，予用之，爱之；其不忠于皇上者，虽媚予，予不尔宥"，"为之堕泪，则王之立心行事，实为笃忠"，"明君臣之大义"，"岂可不为之昭雪，宜复还睿亲王封号，追谥曰'忠'，配享太庙"，大清王朝总算还没忘记这位定鼎中原的决策人。

在乌拉那拉氏的儿子中最有悲剧色彩的就是有勇少谋的阿济格，在皇太极统治时期他的地位始终比两个同母弟弟低，崇德改元封给他的头衔是郡王，而当上了正白旗旗主的多尔衮，即使在当上摄政王后对阿济格也一直心存防范，禁止两白旗大臣同阿济格来往。

阿济格在多尔衮去世后曾在两白旗大臣中游说、劝他们拥立自己继续担任摄政王，并秘密派人通知自己的儿子劳亲"多率兵"来猎所。

顺治及其母亲孝庄皇太后利用两白旗大臣群龙无首的混乱状况争取两白旗大臣倒戈，以致多尔衮集团的骨干额克亲、罗什、博尔惠、吴拜、苏拜等人在护送多尔衮灵柩回京途中，一举将阿济格父子抓获。

继之而发生的就是对阿济格图谋摄政一案的审理，顺治八年正月初六（1651年1月26日）议政王大臣会议对阿济格做出终身幽禁、籍没家产的判处。

性情刚烈的阿济格因在幽所举火自焚而被处死，也算得上不成功便成仁了。

实录不实

　　所谓"实录"是本朝所修，是即位的皇帝命令国史馆等一类的文墨人员根据档案材料对先帝爷在位时期的重大事件所编纂的。至于把什么收入"实录"就看当今皇帝的政治需要了，所以"实录"所记载的未必全都能真实地反映历史。

　　这一点在太祖（努尔哈赤）、太宗（皇太极）、世祖（顺治）前三朝实录中相当突出，尤以太祖朝为最，而其中关于乌拉那拉氏殉葬的情节则又是屡屡被改动的内容。

　　在皇太极时期纂修的《清太祖武皇帝实录》中这样描述道：大妃乌拉那拉氏"饶丰姿，然心怀嫉妒，每致帝不悦，虽有机变，终为帝之所制，留之恐后为国乱，预遗言于诸王，日俟终，必令殉之"。在多尔衮摄政时令刚林、祁充格期对《清太祖武皇帝实录》进行修改，把上述那段对乌拉那拉氏多有谤言的描绘删掉，把她的殉葬改为出于对太祖的景仰——"吾自十二岁事先帝，丰衣美食二十六年，吾不忍离，故相从地下"，自愿殉葬。而当多尔衮被追夺论罪后，删掉的内容又被加上，香消玉殒多年的乌拉那拉氏在另一个世界仍然不得安宁。直至乾隆年间对太祖朝实录最后进行修改时，对乌拉那拉氏殉葬的情节又回到因景仰太祖自愿殉葬的描述。

　　不管如何写、如何改，实际上都掩盖了乌拉那拉氏被逼殉葬的真相，"实录"就是这样一次又一次地被篡改，"实录"不实也就是很正常的

宫廷斗争牺牲品
——努尔哈赤大妃阿巴亥

39

了……多尔衮虽然被平反昭雪，但乌拉那拉氏的"孝烈武皇后"头衔并没有随之恢复。乌拉那拉氏被逼殉葬的内幕在清代的官修史书中永远都是个禁区，即使在多尔衮当政时期也是如此，但滔滔而去的历史长河最终将荡尽掩盖真相的尘埃，而建在北京南池子的睿王府以及协和医院前身的豫王府印证着逝去的一切……

辅佐幼主定江山

——著名的孝庄太后

　　在满清王朝的历史上，有一位家喻户晓的重量级女性。她的所作所为，对大清王朝的奠基和鼎盛，起了极其重大的促进和推动作用。她，便是被誉为"清朝兴国太后"的孝庄太后。

　　她的一生经历太宗、世祖、圣祖三朝，辅佐两代幼主，是一位兼具美貌与智慧的传奇女性。在其长达45年的政治生涯中，孝庄太后不停地周旋于权臣之间，历经多次生死关头，然而她凭借自己的聪明才智及睿智的政治眼光，总是在千钧一发之际，化险为夷，力挽狂澜。在风云变幻的政治斗争中，她学会了自保的本领。她从一个单纯、天真的蒙古族女子变成了老辣的政治家。最主要的是，她在与诸多手握重权的人的交往中，学会了不同于常人的政治智慧。

　　总之，她绝对是个不一般的女人，似乎专门是为了政治斗争而生。

嫁给皇太极

　　历史上的孝庄太后名叫布木布泰，属于博尔济吉特氏，是蒙古科尔沁贝勒（部落之长）寨桑的二女儿。她还有一个广为人知的名字——"大玉儿"，其实这是后人杜撰的，并不是她的真名。她生于明万历四十一年（1613年）二月初八日。由于其父是部落首领，所以她生活在一个无忧无虑的优越环境中。为了培养她，她的父亲特地聘请了许多文人雅士来教导她。她也很用心，很早就显示出超人的天赋和聪明的头脑。

　　科尔沁是最早归附于后金政权的蒙古部落之一。当时，努尔哈赤与明朝争夺领地的情形相当激烈。为了笼络蒙古各部，增强自己的影响力，努尔哈赤鼓励后金贵族与蒙古贵族联姻。所以在当时，满蒙联姻是一项既定国策。而为了巩固这种政治联盟关系，寨桑也先后将自己的妹妹和女儿嫁给后金的贵族。年轻聪慧的布木布泰，就成为一位政治联姻的合适人选。后金天命十年（1625年）二月，当年只有13虚岁的孝庄，在她哥哥吴克善的伴送下来到后金，嫁给了努尔哈赤的第八子——33岁的皇太极做侧福晋。她嫁的是自己的亲姑父，因为早在11年前，她的亲姑姑哲哲已嫁给皇太极为正房大福晋。她能嫁给皇太极，也与她的姑姑哲哲有很大关系。因为皇太极和哲哲成婚十余年后，仍然无子。哲哲为了本族在后金统治下的地位和利益，也为使自己的生活不寂寞，在与科尔沁蒙古王公商议之后，向皇太极提出让自己的侄女布木布泰进宫侍奉。因为在当时的满族和蒙古族中对不同辈分之间的通婚并没有太多约束。皇太极早就见过布木布泰，当即一口应允。这一决定，也成就了后来的孝庄文皇后。在她嫁给皇太极九年以后（1634年），皇太极又娶了她的姐姐海兰珠。所以，仅科尔沁贝勒寨桑一家，有封号的就有三位——皇后博尔济吉特氏（孝庄的姑妈）、宸妃博尔济吉特氏（孝庄之姐）及孝庄文皇后博尔济吉特氏。

皇太极娶布木布泰之后，宠爱有加。又见她谈吐不俗，智慧超群，所以大加器重。皇太极英明强干，而布木布泰早在蒙古便曾读书知史，皇太极竟不时与她谈论国政、让她参与机密。皇太极的言传身教，又增强了她的政治头脑和素养。

崇德元年（1636年），皇太极即位称帝，改国号大清。七月初十日，孝庄被册封为永福宫庄妃，册文上用满、蒙、汉三种文字书写着："奉天承运，宽温仁圣皇帝制曰：自开辟以来，有英运之主，必有广胤之妃，然锡册命而定名分，诚圣帝明王之首重也。兹尔本布泰系蒙古廓儿沁国之女，凤缘作合，淑质性成。朕登大宝，爱做古制，册尔为永福宫庄妃。尔其贞懿恭简，纯孝谦让，恪遵皇后之训，勿负朕命。"

这段话的主要意思，就是册封当时的孝庄为永福宫庄妃。在皇太极五宫后妃当中，庄妃是年龄最小、地位也是最低的一位。《清史稿》中关于孝庄在皇太极时代的事迹提及非常少，除了封妃，便只"三年正月甲午，世祖生"一句。其实婚后，布木布泰接连为皇太极生下三个女儿。天聪三年（1629年）生皇四女，后来受封为固伦雍穆长公主；天聪六年（1632年）生皇五女，后来受封为固伦淑慧长公主；次年，又生下皇七女，后来受封为固伦端献长公主。三位公主，成年后分别嫁与蒙古贵族弼尔塔哈尔、色布腾和铿吉尔格。崇德三年（1638年），孝庄生下了皇太极的第九个儿子福临。在皇太极的五妃之中，孝端文皇后没有生男，宸妃虽生有一子，但她和儿子都早早病死了。其实皇太极最宠爱的妃子是宸妃而并非庄妃，但庄妃却是皇太极五宫后妃中最幸运的女人，她生的儿子福临是唯一活下来的嫡长子。

在民间的传说中，庄妃是皇太极身边的一位女诸葛。她临事处置沉静果断，在皇太极时期，孝庄文皇后就"赞助内政"，为皇太极出力。据说，明崇祯十五年（1642年），蓟辽总督洪承畴在解锦州之围时被清军生俘，锦州守将祖大寿被迫投降，使得明朝经营了二十多年的宁锦防线全部崩溃，北京危在旦夕。皇太极曾形象地说："取北京如伐大树，先从两侧砍，则大树自倒。现在，明精兵已尽，我再四周纵掠，北京一定可得。"

洪承畴为明末一代名将，以知兵善战而知名，深得崇祯皇帝的信任。松山之战失利后，满朝都以为他已为国捐躯，崇祯还下令设祭坛为他举行祭奠仪式。皇太极看重洪承畴的才干，想收降他，便派遣说客，千方百计劝他投降清朝。当时皇太极说，如果没有洪承畴的支持，就好比瞎子走路，所以对洪承畴必须劝降。怎奈群臣费尽心机，洪承畴却拒绝投降，骂退了劝说的使者，穿上血迹斑驳的明朝服装，朝着北京的方向跪倒，向崇祯皇帝告别，还采取了绝食行动，三天水米不进，表白他不事二主的忠心。皇太极许下诺言：有谁能劝降洪承畴者，可得重赏或高官厚禄。正当群臣无计可施之时，庄妃自告奋勇，亲自出场上阵了。这位三十岁的少妇，装扮成汉族侍女，格外俊俏。她手端着一壶人参汤来到洪承畴的囚所。开始洪承畴面壁而坐，对她不理不睬。庄妃不急不恼，亲切而温柔地说："将军即使绝食，难道不能先喝口水再就义吗？"洪承畴扭头看到了庄妃，不禁为她那光彩照人的面孔和婀娜多姿的身材所吸引。庄妃身上散发的青春气息刺激着他，一种求生的愿望油然而生，不由自主地接过人参汤喝了起来。在以后的几天里，庄妃不断劝慰，以柔克刚，天天进奉美味佳肴，洪承畴也渐渐地回心转意，照常吃喝，最后便自然而然地投降了。

洪承畴宣布投降以后，皇太极很快在皇宫大殿里召集群臣，用极其隆重的礼仪接见了他。洪承畴低头来到殿上，向皇太极下跪，表示愿意投降。当他抬头向上观望时，不禁大惊失色。原来坐在皇帝身边的那个人，正是前几天在大牢里陪在自己身边、温柔照顾、劝自己降清的汉家姑娘。洪承畴此时的心里是又激动又惊怕。他没有想到庄妃竟然会屈身劝降，更感激皇太极的知遇之恩，并下决心追随新主。在以后的征战中，洪承畴屡立战功，为清朝平定中原立下了汗马功劳。

还有一种记载：庄妃是一个非常心细的女人，当她看望洪承畴时，刚好天棚上的灰掉下来，洪承畴在掸身上的灰，这一细节让庄妃看在眼里，便知道洪承畴并不想死，一定会被感化过来。于是庄妃便耐心相劝，并用人参汤打动洪承畴，洪承畴终于被庄妃劝服而降清。

庄妃劝降洪承畴一事，可以被视为她第一次参政，而且收到了极好的效果。自此，皇太极平定中原的进程顺风顺水。由于孝庄经常留意参与清廷的政治活动，她的政治素质和才能得到了磨炼，很快脱颖而出。当重大政治事变突然发生的时候，这种才能就显示出来了。

但史家一般认为，这只是传说而已：孝庄一生满汉分立观念极浓，以妃子身份更不可能接近汉臣。直至皇太极驾崩，立福临为帝后，孝庄才有机会到了政治前台。

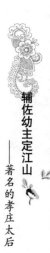

辅佐幼主定江山
——著名的孝庄太后

时来运转

　　1634年，皇太极娶了孝庄的姐姐海兰珠。海兰珠偶为皇太极看上，一见钟情，封为关雎宫宸妃，宠擅专房。宸妃怀孕，生子夭折，两天后孝庄却生下九阿哥福临。宸妃妒恨不已。皇太极却对宸妃一往情深，甚至当"宸妃病危"消息传到，皇太极竟丢下前线紧急军务，飞驰回京。宸妃香消玉殒，皇太极心痛如捣，狂吐鲜血，失去理智。

　　崇德八年（1643年）八月，皇太极突发脑溢血，暴死于清宁宫。帝王暴卒，向来容易引起政治动乱。由于皇太极对皇位的继承问题没有留下遗嘱，在繁缛的丧仪背后，一场激烈的权力角逐悄悄展开。

　　努尔哈赤生前曾规定，他的继承人必须由满洲贵族公议，从八大议政贝勒中推选，八大贝勒"同心谋国"，其中以努尔哈赤军功昭著的儿子代善、莽古尔泰、皇太极及侄子阿敏轮月执政，朝贺时兄弟四人并排南面坐。皇太极继承汗位后，打破了这个框框，皇帝南面独坐，独操大权。唯其如此，皇帝的称号对于跻身于最高权力圈、很有可能得到它的人们来说，更加具有诱惑力。暗中动作的双方很快明朗化：皇太极的长子肃亲王豪格34岁，跟随父亲南征北战，拥有父亲的两黄旗和伯父代善的镶红旗、堂叔济尔哈朗镶蓝旗的拥护和支持；努尔哈赤的十四子睿亲王多尔衮32岁，雄才大略，曾西征河套察哈尔林丹汗残部，得元朝传国玺归献皇太极，迫降朝鲜，

大
清
后
妃
故
事

用兵把握分寸，颇合用武之道，很得皇太极倚重信赖，继位的呼声很高，拥护者有英亲王阿济格、豫郡王多铎和正、镶两白旗将领。

正、镶两黄旗将领盟誓，宁可死作一处，坚决要立皇子；而正、镶两白旗大臣誓死不立豪格，他们跪劝多尔衮立即即位："汝不即立，莫非畏两黄旗大臣乎？""两黄旗大臣愿立皇子即位者，不过数人尔！我等亲戚咸愿王即大位也！"串联、游说、盟誓、劝进，频繁的活动，导致了双方严重的对立。八月十四日，皇太极死后第五天，崇政殿诸王大会，彼此终于摊牌了！这天大清早，两黄旗大臣盟誓大清门前，命令本旗巴牙喇（天子禁军）张弓戴甲，环立宫殿。会议开始之前，黄旗大臣索尼就提出："先帝有皇子在，必立其一。"会议一开始，年高辈尊的代善首先发言："虎口（豪格），帝之长子，当承大统。"豪格见气氛如此，料大位必为囊中物，欲擒故纵，起身逊谢说："福小德薄，非所堪当。"说完离开会场。豪格一谦让，阿济格、多铎乘机劝多尔衮即位，年老的代善不愿得罪锐气方刚的多尔衮，态度骑墙地说："睿王若允，我国之福，否则当立皇子。"两黄旗大臣沉不住气了，佩剑而前，说："吾等属食于帝，衣于帝，养育之恩与天同大，若不立帝之子，则宁死从帝于地下而已！"有人提出立代善，老头子不愿陷入旋涡，说："吾以帝兄，当时朝政，尚不预知，何可参于此议乎！"说完退场，阿济格也跟随而去。两黄旗大臣怒目相向，多铎默无一言，会议眼看陷于僵局。多尔衮发言："虎口王揖让而去，无继统之意，当立帝之第九子。而年岁幼稚……左右辅政，年长之后，当即归政。"

这是一个折中方案，皇子嗣位，两黄旗天子亲兵的地位保持不变。因此两黄旗大臣不再坚持立豪格，转附多尔衮，剑拔弩张的气氛顿时缓和。

于是，祭祖祷天、集体盟誓，不满6岁的福临于崇德八年八月二十六日（1643年10月8日）被扶上了皇帝宝座，改元顺治。多尔衮提出的建议很快得到了各方认可，从而避免了在明朝灭亡前夕的关键时刻，清王朝内部的分裂与自相残杀。6岁的福临登上了皇位，改年号为顺治。他的母亲庄妃被尊为"圣母皇太后"。

几个月后，多尔衮抓住时机，一举占领了北京。在顺治元年（1644年）九月，将两宫皇太后与幼帝福临迎到北京，清朝从此入主中原。入关后，多尔衮继续分兵南下，节节胜利。同时，他以摄政王的身份总揽朝纲，借鉴明朝的制度，制定清朝各项制度。此时的多尔衮实质上已经成为清王朝的缔造者和统治者。

多尔衮对皇位早已垂涎，为什么关键时刻主动放弃？缺乏与豪格抗衡的力量？未必。或许是多尔衮从大局出发，为避免内乱而作退让。但促成这一举动的，还有一个不可忽略的因素——孝庄的幕后活动。

下嫁之谜

相传孝庄与皇太极异母之弟多尔衮青梅竹马，终身暗许。青梅竹马是最有中国传统特色的感情戏，在电视剧和民间野史里，孝庄和多尔衮也有这么一段情窦初开的关系：两人在同一府邸中长大，颇为投缘，又因孝庄出嫁，这段情愫才不得不暂且搁在一边。在孝庄已为人妻、人母之后，多尔衮仍然对孝庄情深依旧。所以，在皇太极身亡之后，多尔衮才挺身而出，将福临扶上皇位。而孝庄为了巩固顺治的皇位，安抚多尔衮的称帝之心，也宁愿委身下嫁于他。

据野史记载，清朝入关之初，摄政王多尔衮总揽朝纲，"出入宫禁，时与嫂侄居处，如家人父子。"而孝庄太后时当盛年，寡居无欢，认为多尔衮功高天下，又将帝位让给了她的儿子，忠心辅政，除非自己以身报答，不足以酬其功，于是委身相事，借以笼络多尔衮。不久，多尔衮的妻子亡故，于是朝中范文程等大臣乘机鼓动皇太后与摄政王合宫，正式结婚，双方自然都很乐意。定下婚期后，就以顺治小皇帝的名义颁诏天下，宣称"太后盛年寡居，春花秋月，悄然不怡。朕贵为天子，以天下养，乃独能养口体，而不能养志，使圣母以丧偶之故，日在愁烦抑郁之中，其何以教天下之孝？皇叔摄政王现方鳏居，其身份容貌，皆为中国第一人，太后颇愿纡尊下嫁。朕仰体慈怀，敬谨遵行。应典礼，着所司预办。"就这样，皇太后纡尊降贵，公然下嫁给了小叔子，摄政王多尔衮成了幼帝顺治的继父，其名号称为"皇父摄政王"。诏书中说得倒也直白，年轻的皇太后终于难守空闺，自愿下嫁给刚刚丧妻的多尔衮。甚至有些小说中称，早在皇太极在世时，庄妃已与多尔衮两情相悦，暗度陈仓了，此时结婚，终使两人凤愿得偿。据说，礼部为操办这次婚礼，还专门搞了一套特殊的婚礼仪规，洋洋六大册，称为《国母大婚典礼》，极为隆重，中外文武百官都上表称贺，蔚为盛事。就连远在浙东海岛上的南明抗清名将张煌言也风闻此事，特意写了一首诗：

> 上寿觞为合卺樽，
>
> 慈宁宫里烂盈门。
>
> 春宫昨进新仪注，

辅佐幼主定江山
——著名的孝庄太后

大礼躬逢太后婚。

这就是说，太后的寿酒变成了婚宴的喜酒。

太后下嫁之说，最早引起史家关注的正是这位明遗民张煌言的十首《建夷宫词》之中一首，也就是上文引用到的。张煌言此词写于顺治七年（1650年），以当时人记当时事，似有所据，慈宁宫是孝庄皇太后的寝宫，词中说慈宁宫中张灯结彩、喜气盈盈地举行婚礼，就是指孝庄太后下嫁多尔衮之事。主张太后下嫁说的还有其他一些论据：其一，多尔衮尊称为"皇父摄政王"；其二，据蒋良骐《东华录》记载，诏告多尔衮的罪状中，不仅有自称"皇父摄政王"，还有"又亲到皇宫内院"，似乃暗指多尔衮迫使太后与之成婚；其三，孝庄遗嘱康熙不要将其与皇太极合葬，是否因下嫁多尔衮而有难言之隐。

史学界中，对于孝庄与多尔衮成亲之说主要有三种解释。

私通之说：孝庄与多尔衮在入关之前就相识，且二人年纪相若。后孝庄被皇太极娶入宫中，但是五宫贵妃中的最末席，皇太极最宠幸的是她的姐姐海兰珠。于是，孝庄与多尔衮私下就有了暧昧的关系。报恩之说：皇太极死后，皇位的争夺非常激烈，多尔衮当时权倾朝野，但最终他没有夺取皇位，而是选择了当摄政王，辅佐孝庄的儿子福临（即顺治帝）为帝，孝庄为了报恩，下嫁多尔衮。保皇之说：多尔衮在清朝入关时立下大功，声威极盛，孝庄的儿子顺治帝幼年继位，根基不稳，多尔衮有夺取皇位之心，为了拉拢多尔衮，保住顺治的皇位，孝庄下嫁多尔衮。

民国初年出版的《清朝野史大观》卷一，也有三条专记太后下嫁一事。民国八年署名"古稀老人"编写的《多尔衮轶事》则更记得如同耳闻目睹，说"当时朝廷情势，危于累卵"，"太后时尚年少，美冠后宫，性

大清后妃故事

尤机警，……故宁牺牲一身，以成大业"。而多尔衮本来就好色成性，此时更以陈奏机密为由，出入宫禁。至今仍有人认为所谓"太后下嫁"确有其事，并提出种种理由。

第一，庄妃下嫁为保全儿子的皇位。

第二，兄死弟可娶其嫂是满洲习俗。

第三，称多尔衮为"皇父摄政王"。

第四，蒋良骐所辑《东华录》里记载多尔衮"亲到皇宫内院"云云。

第五，孝庄死后埋在清东陵的昭西陵。

第六，有人说见过《太后下嫁诏》。

第七，唯一比较直接的证据是明末张煌言的一首七言绝句《建夷宫词》："上寿觞为合卺樽，慈宁宫里烂盈门。春宫昨进新仪注，大礼恭逢太后婚。"

理由看似充分，但是还没有一条铁证。所以，已有人对以上理由进行了逐一批驳：

一、顺治继位是多种政治势力复杂斗争和相互妥协的结果。

二、满洲确实有这样的习俗，但有这样的习俗并不能证明多尔衮就一定娶了他的嫂子。

三、"皇父摄政王"是尊称，如同光绪称慈禧为"皇阿玛"一样。如果说，称多尔衮"皇父摄政王"就说明太后下嫁的话，那么叫慈禧"皇阿玛"，恐怕要得出慈禧变性的结论来了。

四、反驳者认为极有可能是指孝庄与多尔衮相恋的事实。相恋的事可能有，也可能无，但相恋不同于下嫁。

五、孝庄和康熙都做了解释：太皇太后不愿意惊动太宗的亡灵，而愿

辅佐幼主定江山
——著名的孝庄太后

意同儿孙在一起。

六、历史不能凭某人一说，这根本没有任何证据。

七、反驳者对这首诗进行了一个分析。它的标题叫《建夷宫词》，"建"是建州，"夷"就是夷狄，明显地带有民族偏见。这个时候，张煌言在江南，南明势力和清朝是对立的，所以出自敌人之口、记在异国之文，不能成为历史的证据。而且诗词也不能直接作为历史的证据，因为诗可以夸张，可以比附。孟森先生早就指出："远道之传闻，邻敌之口语，未敢据此孤证为论定也！"可以说，至今还没有见到一条相关的史证。特别是当时作为清朝属国朝鲜的《李朝实录》没有"太后下嫁"颁诏告谕的记载，而像这样的大事，如果有，照例是应当诏谕属国的。

所以，种种理由都不能铁定。

另外太后下嫁摄政王一事，有的小说家试图从爱情角度解释这桩婚姻。但也有的人认为，这恐怕有点理想主义。多尔衮生活放纵，拘豪格，霸占其妻，又擅娶朝鲜国王族女，一女不足其欲又娶一女，这是官书明载的事情。太后下嫁，迫于时势，有什么爱情可言，恐怕是大值推敲的。何况实际上，尽管孝庄退让一而再、再而三，最后屈身下嫁，多尔衮对皇位的觊觎丝毫没有消退。有一次他还对人说："若以我为君，以今上居储位，我何以有此病症！"福临即位后，诸臣多次提出给皇帝延师典学，多尔衮都置之不理，有意让福临荒于教育，做一个傻皇帝，致使福临14岁亲政时，不识汉字，诸臣奏章，茫然不解。多尔衮对孝庄儿子如此，所谓"爱情"云云是很难令人信服的。

而且，史学界对"太后下嫁"一事的驳斥也是此起彼伏。

事实上，根据正史记载，孝庄乃蒙古族，在草原上长大，12岁时由兄

大清后妃故事

长护送到盛京，嫁给皇太极。而多尔衮从十五六岁开始，就为满清的江山四处征战，立下赫赫战功。虽然满清立国之初，汉化程度尚浅，但一个为深宫后妃，一个乃帐前骁将，相遇相知的可能性有多大，可想而知。老一辈清史大家孟森先生也早就撰有《太后下嫁考实》，针对太后下嫁说的各种根据，一一予以驳难。孟森认为张煌言是故明之臣，对清朝怀有敌意，所作诗句难免有诽谤之词。再者顺治称多尔衮为"皇父摄政王"，寓有中国古代国君称老臣为"仲父""尚父"之意，周武王也称姜太公为尚父，不足为据，至于所谓到"皇宫内院"，疑多尔衮另有乱宫之举，不见得专指孝庄太后；再者孝庄不愿与皇太极合葬，乃因昭陵已葬有孝端皇后，且皇后不与夫君合葬，这在古代并不乏实例。不过，胡适先生读过孟森的《太后下嫁考实》后，曾致书诘难，认为孟文"未能完成释皇父之称的理由"，"终嫌皇父之称似不能视为仲父、尚父一例"。此后，仍不断有学者对"太后下嫁"之说发表各种看法，却也没有摆出更确凿的实证。然而，在我们了解了多尔衮一生的遭遇以后，特别是他身后遭到清算的这件事，对有关"太后下嫁"的疑团或许会有一点启发。

多尔衮并不长寿。在顺治七年（1650年）十一月，因出塞外打猎而突然发病，于十二月初九日（1650年12月31日）病死在喀喇城，也就是今天的河北滦平，年仅39岁。当灵柩回京时，顺治亲率诸王大臣出城恭迎并颁布哀悼诏书，命令以皇帝的规格来安葬他。第二年，顺治又追封多尔衮为诚敬义皇帝。庙号成宗，升祔太庙。

但是仅过了不到一个月，就开始有人告发他生前曾想谋篡帝位。多尔衮原手下的亲近重臣苏克萨哈等首先告发多尔衮悖逆等事情。原来在多尔衮死时，将他生前准备的皇袍、大东珠朝珠、黑貂褂都秘密地放在他的棺材里，一同下葬了。而这三样东西是只有皇帝才可以使用的。多尔衮用了，是大逆不道，应予严惩。他们又进一步揭发，说多尔衮生前曾拟议擅自调动两白旗兵于永平府，有谋反迹象。但因事耽搁，未及出台。话一出口，诸王大臣就纷纷响应，群起攻击。结果，经多方揭发，其罪状愈显。后经四亲王综合，列出十大罪状，上报福临。于是，刚刚亲政的顺治皇帝宣布多尔衮"谋篡大位"等种种罪状，严厉追治多尔衮的罪行，下令将多尔衮削去爵位，撤出宗庙，开除宗室名分，将多尔衮母子及妻所得封典悉行追夺，没收家产，将多尔衮掘墓鞭尸。卫匡国《鞑靼战纪》载："他们把尸体挖出来，用棍子打，又用鞭子抽，最后砍掉脑袋，暴尸示众。他的雄伟壮丽的陵墓化为尘土。在他死后，命运给了他应有的惩罚。"多尔衮的党羽也受到清洗。多尔衮一下从巅峰跌入谷底。历史有时是很会开玩笑的。想当皇帝的多尔衮突然死去，历史没有改写，继续沿着原来的轨道前行。孝庄的韬光养晦之策取得了胜利。因此，有人认为：

首先，如果太后确实下嫁给多尔衮的话，在多尔衮死后尸骨未寒的情况下，没有人敢出来陷害他。

其次，如果多尔衮确实娶孝庄为妻的话，那么他就成了顺治皇帝的继父。顺治这么搞倒搞臭多尔衮，那他就承认自己曾经认贼作父了。人们在当时朝鲜的《李朝实录》中，也没有找到"太后下嫁"的任何记载。如果太后再婚是公开的，清朝政府也会给朝鲜颁布诏书。即使这件事是秘密的，每年都会有几批朝鲜使节到北京进贡，他们肯定也会听说这件事。几十年来，不少历史学者对这一问题进行了多方考证和研究，多数人都认为"太后下嫁"只是一个虚构的故事。

关于"太后下嫁"这个传说，还有一个根据就是多尔衮的称号，叫"皇父摄政王"。有人说如果太后没下嫁，怎么会称为"皇父摄政王"呢。其实多尔衮的称号是一步步抬高的。在清朝入关以后，顺治元年（1644年）十月，他被册封为"叔父摄政王"，到了顺治二年的时候有个御史上奏说："叔父是皇帝的叔父，不能大家都叫叔父。"所以最后经礼部议定，就给他的封号抬高为"皇叔父摄政王"。到了顺治五年（1648年），经过部院大臣的集体讨论，进一步把他的称号抬高为"皇父摄政王"。从此以后，在清朝的公文里头，多尔衮称号都称为"皇父摄政王"。

至此，"太后下嫁"之说仍没有一个肯定的答案。但是，当时的真实情况却可以想见。

作为爱新觉罗家族的一员，孝庄无疑是明白内乱会造成什么危害的，要使双方的对立缓和，只有异中求同，以使双方的要求都得到部分满足——既要满足两黄旗大臣立皇子的要求，又要使多尔衮的权力欲望不致落空，解决这个问题的唯一办法是扶立幼主，当时年纪幼小的皇子有四五个，谁来占据天子宝座？孝庄施展手腕笼络多尔衮，使多尔衮采纳了她的方案，把她儿子福临抱上了御座。

但多尔衮对于皇位，实际上是非常向往的。由于他在诸王大会上首倡立福临，格局一成，便难以出尔反尔，推翻前议了。虽然他高居摄政王之位，掌握大清军政大权，一人之下，万人之上，但毕竟没有畅其心愿，还是一种缺憾。因此，在激烈动荡的戎马生涯之余，他的精神世界便陷入一种懊悔、愁苦、自怨自责的痛苦之中。随着他功业的累进，他的权力欲望愈益炽烈，到后来，这种像火一样烤炙着他的心的欲望，竟使他做出可笑的举动：偷用御用器皿、私造皇帝龙袍、对镜自赏，等等。当年妨碍他获得皇位的豪格，在顺治元年（1644年）就被罗织罪名，废为庶人，囚禁至死，豪格的福晋被他收入王府，纳为新人。与他同居辅政王之位的济尔哈朗，尽管一开始就很知趣地退避三舍，拱手将权力交出，但终因附依过豪格的前怨夙恨，于顺治四年（1647年）被罢职，第二年又降为郡王。多尔衮命史官按帝王之制为他撰写起居注，并营建规模超逾帝王的府第。大军调度、罚赏黜陟，一出己意，关内关外，只知有睿王一人。实际上，多尔衮掌握了一切权力。孝庄在多尔衮的步步进逼下，采取了隐忍、退让、委曲求全的态度。她的方法是，不断给多尔衮戴高帽、加封号，不使多尔衮废帝自立。顺治元年（1644年）十月，加封为叔父摄政王，旋又加封皇叔父摄政王。顺治四年（1647年），停止多尔衮御前跪拜。最后，大约在顺治四年年底，福临称多尔衮为皇父，诸臣上疏称皇父摄政王。遇元旦或庆贺大礼，多尔衮与皇帝一起，接受文武百官跪拜。

在七年的短时间内，多尔衮一再升迁，当然不是小皇帝福临的主意，而是皇太后的主张。面对势焰熏天、专横跋扈的小叔子，身单力孤的皇太后又有什么办法呢？她一定是非常恐惧的。她陷入了沉思之中。她只能自己拿主意，没有人可以救她。她深知，只能自己救自己。这个美丽聪慧的奇女子，并没有坠入慌乱无助的深渊，而是找到了一条挽救自己的小径。那就是韬光养晦，以柔克刚。用这个太极功夫，也许还能够拯救她们孤儿寡母。因此，才有中国历史上从来没有过的对辅政王的这样的加封。从叔父、皇叔父到皇父，离废掉皇帝自己当皇帝，也就是一步之差了。也许，皇太后想，你当了皇父，就不能再当皇帝了。不管怎样，只要福临不被废掉，就有翻身这一天。要争取时间，耐心等待。目前，除皇帝外，你要什么，就给什么。一切以后再说。同时，作为美丽的女性，她也极有可能施用特殊的手段，以达到自己的特殊目的。

由于孝庄太后的调停，顺治的皇位保住了，多尔衮没有取而代之，清朝大权逐渐转移到顺治手中。

辅助福临

在办完多尔衮的丧事后，顺治八年正月十二日（1651年2月1日），福临怀着复杂的心绪在太和殿亲政。孝庄凭借对突变的政治风云的把握，把儿子福临推上皇帝的宝座，又凭借胸中的韬略在随时都可能出现的逼宫危机中度过了最艰难的七年。而当多尔衮去世后，在"倒多"过程中，济尔哈朗取而代之，成为一个新的权力集中点。孝庄敏锐地发现了这一苗头，防微杜渐，让福临发布上谕，宣布一切章奏悉进皇帝亲览，不必启和硕郑亲王（济尔哈朗），消除了可能产生的隐患。

但对孝庄来说，顺治亲政后的日子过得并不轻松。日理万机对于刚刚接手朝政的顺治来说非常难以应付。前面已经提到过，多尔衮为了能长期大权独揽，在摄政时期根本就不曾让顺治受过从政的训练，就连读书识字的机会也不让小皇帝得到。尽管朝廷官员特别是汉族官员为此一再吁请，多尔衮就是置之不理。虽然孝庄意识到问题的严重性，但她很清楚多尔衮对此相当敏感，对小皇帝进行系统的文化教育就意味着为幼主日后亲政做准备，而多尔衮则希望把摄政无限期地延长下去。因而目不识丁的顺治在亲政之初，"阅诸臣奏章，茫然不解"，用他自己的话说就是"朕极不

辅佐幼主定江山——著名的孝庄太后

幸，五岁时先太宗（皇太极的庙号）早已晏驾，皇太后生朕一身，又极娇养，无人教训，坐此失学"。但年少的皇帝在太后的安排下理政、读书，如饥似渴地吸收汉文化，"由是发愤读书"，早起晚睡，"每辰牌至午理军国大事外，即读至晚……逮五更起读，天宇空明，"便开始背诵，甚至累得"呕血"。

经过几年时间的苦读，顺治不仅掌握了汉语、写得一手漂亮的汉字，而且还系统学习了《左传》《史记》《庄子》《离骚》以及两汉古文、唐宋八大家的文集以及元明以来的名著，就连明清之际金圣叹批点的《水浒》《西厢》也在政事之余予以浏览。对于顺治的苦读，孝庄深感欣慰。但与此同时，她又卷入了家庭矛盾的苦恼之中。

虽然儿子读了大量有裨治国安邦的经史类典籍，也恢复了"经筵"进讲，并在学习《四书》《五经》《资治通鉴》《十三经》《二十一史》的过程中，对"诸书中之关于政事者"予以节录，"贯以大义，联其文词，于忠臣孝子、贤人廉吏，略举事迹；其奸贪不肖悖乱者，亦载其内，使法戒迥然"，编辑了"旨约而易明，文简而易约"的《资政要览》三十篇。但看得出，顺治对老庄、对书画、对诗词曲赋、明清小说以及禅宗的机锋相对的兴趣更浓。上述杂书未尝不可略知一二，但对一个君王来说一旦陷进去，就容易移了性情，甚至丢了江山社稷。南朝的梁武帝因沉溺佛经落得亡国，南唐的李后主因陶醉于填词而沦为阶下囚，乃至亲身品味着"恰似一江春水向东流"的不尽哀愁，至于字画都称得上是第一流的宋徽宗就更惨，不仅国破家亡，还闹到被掳异邦的地步。所以，对于顺治诸多的个人兴趣，孝庄不能听之任之。更何况当时的清王朝离海内一统还差得远着呢——东南有郑成功的几千艘战舰，西南有以云贵为基地的南明永历政权，这些都是摆在面前的严峻挑战，孝庄又焉能放得下。所以，孝庄在欣慰儿子苦读之余，又对他于政事的不下苦心而忧心忡忡。

但要对已经亲政的儿子进行引导的确不是件容易的事。知子莫若母，顺治是个感情多于理智的人，而万乘之尊所形成的自以为是与少年天子在思维上的不成熟又交织在一起。太后与皇帝的关系绝非单纯的母子关系，作为母亲她必须理解儿子是天下之主的现实，她的任何规劝、建议都不能引起儿子的抵触，否则就会适得其反。

而且，伴随着顺治的亲政，皇帝大婚的问题也就产生了。

如前所述，满蒙联姻，是清太祖努尔哈赤在位时定下的既定国策。大清帝国的建立，蒙古八旗也立下汗马功劳，蒙古王公在清廷政治生活中，一直是一股倚为股肱的力量。为了确保这种关系代代相传，也为了保持自己家族的特殊地位，福临即位不久，孝庄就册立自己的侄女、蒙古科尔沁贝勒吴克善的女儿博尔济吉特氏为皇后，这是由多尔衮做主订婚、聘娶的。显而易见这门婚姻也体现了太后的意愿——通过联姻来巩固同蒙古各部的联盟。

然而，当孝庄皇太后的兄长吴克善在顺治八年正月十七（1651年2月8日）送女儿到北京时，尽管宗室亲王满达海等均建议应在二月为皇帝举行大婚典礼，却遭到皇帝本人的拒绝。对于这位"睿王于朕幼冲时因亲订婚，未经选择"的皇后人选，顺治并不想接纳。

顺治皇帝亲政当年，就大礼成婚，正中宫之位。自古帝王婚姻，总是带有明显的政治色彩，个人的喜好与感情则是次要的。而福临恰恰缺乏这种胸怀，他更多以自己的好恶来对待这种关系。皇后博尔济吉特氏聪明、漂亮，但喜欢奢侈，而且爱嫉妒。本来，作为一个贵族出身的女子，

辅佐幼主定江山
——著名的孝庄太后

这些并不是什么大毛病，但福临却不能容忍，坚决要求废后另立。这个未成年的皇帝性格十分执拗，尽管大臣们屡次谏阻，他仍然坚持己见，毫不退让。顺治十年（1653年）八月，孝庄见儿子实在没有回转余地，只好同意，皇后降为静妃，改居侧宫。为了消除这一举动可能带来的消极政治影响，孝庄又选择蒙古科尔沁多罗贝勒之女博尔济锦氏进宫为妃。但福临对这位蒙古包里出来的漂亮姑娘同样不感兴趣，反而如痴如醉地恋上了同父异母弟博穆博果尔的福晋董鄂氏。董鄂氏隶属满洲正白旗，父亲鄂硕，任内大臣，封三等伯（位同一品）。董鄂氏不但通诗文，而且性格温顺，仪表端庄，举止言语，很有风采。顺治十年（1653年）应秀女之选（清制：满族女子到应聘之年必须造册上报内务府，三年一选以充实后宫或指配皇弟、皇子）许配给皇太极末子博穆博果尔。博穆博果尔经常从军出征，董鄂氏出入宫苑侍候后妃，与福临相识并坠入情网。

孝庄察觉了这一危险苗子，立即采取措施，宣布停止命妇入侍的旧例，以"严上下之体，杜绝嫌疑"，同时赶紧给儿子完婚，博尔济锦氏成为第二任皇后。但这一切并不能阻止福临对董鄂氏的迷恋。

顺治帝对董鄂妃可谓是一见钟情，至死不渝。《清史稿·后妃传》记载顺治帝有两后、十五妃，但顺治真正视为国色天香、红粉知己的是董鄂妃。有人总结了几件事可以说明少年天子对董鄂妃的恩爱逾常。

一是晋升之速和典礼之隆。为了获得更多接近董鄂氏的机会，顺治十二年（1655年）二月，福临封博穆博果尔为和硕襄亲王，以示优宠。后来博穆博果尔得悉其中内情，愤怒地训斥董鄂氏。这事被福临知道，他打了弟弟一耳光，博穆博果尔羞愤自杀——此事发生在顺治十三年（1656年）七月。宫中发生了这种事情，传扬出去自然是不光彩的，孝庄悄悄地处理了这件事：博穆博果尔按亲王体例发丧，27天丧服期满，董鄂氏在顺治十三年（1656年）八月二十五日被册为"贤妃"，仅一月有余，即九月二十八日再晋为"皇贵妃"。这样的升迁速度，历史上十分罕见。十二月初六日，顺治帝还为董鄂妃举行了十分隆重的册妃典礼，并颁恩诏大赦天下。在有清一代近300年的历史上，因为册立皇贵妃而大赦天下的，这是绝无仅有的一次。

二是尽改恶习、专宠一人。据当时的传教士汤若望记述，少年福临"和一切满洲人一个样，而肉感肉欲的性癖尤其特别发达"，结婚之后，"人们仍听得到他在道德方面的过失"。可见，福临确实沾染了满洲贵族子弟那种好色淫纵之习。可是奇迹出现了，自从遇到董贵妃后，少年天子变得专一起来。两人情投意合，心心相印，可谓"长信宫中，三千第一"，"昭阳殿里，八百无双"，真是六宫无色、专宠一身。

皇贵妃在后宫的地位仅次于皇后，不过福临对董鄂氏的感情，已到了无以复加的地步。他认为董鄂氏有德有才，正是理想的皇后人选，因此准备二次废后。假如福临再度废后，改立董鄂氏，蒙古女人失去中宫主子之位，势必影响满蒙关系，倾动大清帝国的立国之基。孝庄毫不犹豫地对儿子的举动进行了抑制。结果，母子间出现隔阂，顺治皇帝甚至公然下令抠去太庙匾额上的蒙古文字，而那位生活在感情荒漠中的蒙古皇后，对于安排自己命运的同族婆婆并无丝毫感激，相反把不幸和怨恨统统归集到太后身上，连太后病倒，也不去问候一声。对于这一切，孝庄都忍受了。宽容理解是她的原则。这种微妙紧张的母子婆媳关系维持了五六年，幸而她有多年的政治经验和坚毅的性格，清帝国的基业才不致因后宫的倾动而发生动摇。孝庄这种苦心，福临与皇后恐怕都不理解，倒是通达人情的董鄂

氏能够体谅孝庄的苦衷，她主动周旋于皇后与皇帝之间，缓和调节双方矛盾，有时起到孝庄所难以达到的作用。唯其如此，孝庄有什么事总是找董鄂氏商量，有什么话总是找这个儿媳妇说，以至于到后来，婆婆对儿媳几乎到了不能离开的地步。

但不幸的是，"枕上春梦刚三年，贵妃撒手绝人寰"。顺治十四年（1657年）十月，董鄂氏产下一子，但4个月后不幸夭折。董鄂妃本来就体弱多病，生了一个男孩儿又百日而殇，丧子的悲伤使她郁郁成疾，一病不起，宫廷矛盾的精神重负使她原本有病的身体更加虚弱。顺治十七年（1660年）八月，董鄂氏22岁时，告别了深爱着她的少年天子，撒手人寰。顺治痛不欲生，寻死觅活，不顾一切。人们不得不昼夜看守着他，使他不得自杀。顺治帝辍朝五日，追谥其为端敬皇后。并在户部资金极为短缺的情况下，在景山建水陆道场，大办丧事。将宫中太监与宫女30人赐死，让他们在阴间侍候自己的爱妃。同时令全国服丧，官员一月，百姓三日。顺治帝让学士撰拟祭文，"再呈稿，再不允"。后由张宸具稿，"皇上阅之，亦为坠泪"。以顺治帝名义亲制的董鄂妃《行状》数千言，极尽才情，极致哀悼，历数董鄂氏的嘉言懿行，洁晶慧德。可见，董鄂妃之死对他的打击极其巨大。

顺治感情丰富，天资聪颖，性格固执，具有高度的理想性，亟欲实现自己"满汉一体，共享太平"的治国理念。他对于汉文化有着强烈的仰慕和兴趣；不过，他的性情自由奔放，故厌倦宫廷的压抑和斗争。他很情绪化，急躁执着，喜怒皆形于色，故在满洲亲贵利益与广大人民利益之间产生矛盾时，往往无法妥善而圆融地处理，令孝庄伤透脑筋。

而宫中另有一股反派势力，在多尔衮当政时期就已经在虎视眈眈、制造问题。当年与顺治争帝失败的博果尔之母贵太妃，暗中结合对于顺治不满的满蒙亲贵，跟顺治作对甚至密谋废立。顺治与董鄂妃百死无悔的爱情，造成满蒙亲贵的仇视；博果尔的死亡，也更激化了反派势力的仇恨与行动，但均为孝庄一一化解。

这样一对相依为命的母子，按理说应当母慈子孝、关系融洽。但事实似乎并非如此。据阎崇年先生所作《人物风流：顺治——大清朝最为多情哀愁的帝王》一文介绍，关于顺治皇帝和母后的关系，《清史稿·后妃传》仅有四句话的记载：第一句是"世祖即位，尊为皇太后"，这是例行公事；第二句是"赠太后父寨桑和硕忠亲王，母贤妃"，这也是例行公事；第三句记载："太后万寿，上制诗三十首以献"，这仍是例行公事；第四句记载："上承太后训，撰《内则衍义》，并为序以进。"仅仅以上4句话、60个字而已。而同一篇传记，记载康熙同他祖母关系的则有715个字。从中透露出顺治同母后的关系并不太协调。可能有的冲突是：第一，顺治小时候贪玩，母后管教过严，这是家庭中的常理。第二，顺治的皇后是母后和叔父多尔衮给指定的。小皇后出身蒙古科尔沁贵族，从小娇生惯养，顺治不喜欢。虽然勉强成了亲，但婚后经常发生口角。顺治不顾母后和大臣的反对，强行废掉了皇后。直到顺治病危的时候，被废的小皇后想要见他一面都不行。后来再立一个皇后，顺治还是不喜欢。在皇后问题上母子有矛盾。第三，顺治喜欢董鄂妃，爱得死去活来。太后干涉，母子又发生矛盾。第四，也是矛盾最激烈的一方面，顺治放着皇帝不做，要出宫做和尚。顺治对董鄂妃情比金坚。董鄂妃死之后，顺治更郁郁终日，了无生趣，并萌生出家为僧的念头。母后当然坚决反对。第五，母后同多尔衮有着说不清道不明的关系，也让小皇帝心里不愉快。总之，母子之间的关

辅佐幼主定江山——著名的孝庄太后

系并不是太好。

顺治是个既任性又脆弱、既多情又哀愁的人。这样一个以自我感情、好恶为中心的皇帝，与自己的母亲有着深深的感情隔阂，又痛失了最心爱的女子。他遭此打击后，精神颓落，怏怏无生趣，未出半年，便染天花病逝，结束了短暂的一生。

教导玄烨

顺治死后，玄烨即位。顺治皇帝临终时，原属意于次子福全，孝庄看中了玄烨，通过皇帝信赖的传教士汤若望说项，才改立玄烨，所以说玄烨是孝庄一手扶立的。根据福临死前留下遗嘱，八岁的皇三子玄烨入继皇统，改元康熙。

玄烨8岁即位，10岁时生母佟佳氏亡故，照看他的是祖母孝庄太皇太后，所以祖孙二人感情十分融洽。孝庄不但关心他的起居，而且对他的言语举动，都立下规矩，严格要求，稍有逾越，则严厉批评，毫不宽纵。玄烨日后回忆："朕自幼龄学步能言时，奉圣祖母慈训，凡饮食、动履、言语，皆有矩度。虽平居独处，亦教以不敢越轨，少不然即加督过，赖是以克有成。"（《清圣祖御制文二集》）在她的教导下，玄烨健康成长，一个未来杰出帝王的特质和能力，在少年时代打下了根基。

为了避免摄政王专权的悲剧重演，顺治皇帝有意撇开皇室亲王，安排了四位忠于皇室的满洲老臣索尼、遏必隆、苏克萨哈和鳌拜辅政。当时安徽有位叫周南的秀才千里迢迢赶到北京，请求皇太后垂帘听政，孝庄严词拒绝了，因为清建国之初曾总结历史上外戚干政导致亡国的教训，规定后妃不得临朝干政，孝庄当时虽有足够的声望与资历临朝，但此例一开，将来或许贻害后代。因此她坚持了大臣辅政的体制，把朝政托付给四大臣，自己则倾力调教小孙子，培养他治国安邦的才能，以便他亲政后能担当起统御庞大帝国的重任。

没有想到顺治所择非人，口是心非的鳌拜很快暴露出专横暴戾的本性，欺皇帝年幼无知，广植党羽，排斥异己，把揽朝政，俨然是摄政王再出。康熙六年（1667年），玄烨14岁，按例亲政。但鳌拜不但没有收敛，反而变本加厉。苏克萨哈因为受鳌拜压制，乘皇帝亲政之机，上奏辞职，请求去守先帝陵寝，"俾如线余息，得以生全"。实际上是向皇帝抗议鳌拜的专横。鳌拜也清楚苏克萨哈的用意，他和同党一起，捏造苏克萨哈24条大罪，将苏拘捕入狱，要处以极刑。苏克萨哈从监狱里送出申诉状，创建的初期，为了能得到汉族上层的支持，孝庄皇太后冲破满、汉不得通婚的惯例，顺治十年（1653年）把孔有德的女儿孔四贞"育之宫中"当作宗室郡主看待；又把皇太极第十四女和硕公主嫁给吴三桂的儿子吴应熊，起到拉拢汉军将领的作用。但当清王朝的一切逐渐稳定的时候，这些不稳定的因素就成了朝廷的眼中钉、肉中刺。康熙帝亲政之后决定撤藩，他对军机大臣们说："天下大权，唯一人操之，不可旁落。"意思就是说全天下的权力，只能集中在皇帝一人手上。撤藩令一下，三藩以吴三桂为首，起兵叛乱，战事由是而起。大家都知道，战争对财富的消耗是不可估量的。这对刚刚稳定不久的清廷是一个考验。这时候，孝庄给了她孙儿极大的支持。

辅佐幼主定江山——著名的孝庄太后

孝庄生活俭朴，不事奢华，她在宫中提倡节俭，器物坏了，能修的修，尽量不换新的，并且以此影响整个宫廷。比如康熙二十九年（1690年）正月，当时宫中用人、用物及开支情况与明朝作了一个对比：前明宫内每年用金花银96.94万余两，今悉已充饷。前明每年宫中用木柴2686万余斤，今只六七百万斤。前明各宫床帐、舆轿、花毯等项每年用银28200余两，今俱不用。唐太宗乃有唐明主，但一次遣发宫女达3000多人，其余则更有数千人可知。今除慈宁宫、寿康宫外，乾清宫妃嫔以下使用老媪、洒扫宫女，合计只134人。皇宫内如此节俭，省出的银两哪里去了？原来，孝庄把宫廷节省下的银两都捐出犒赏出征的士兵。每逢荒年歉岁，她也总是把宫中积蓄拿出来赈济，全力配合、支持孙子的事业。黄河水灾，孝庄也自己掏私房钱赈灾。由于内外齐心，清王朝从动乱走向稳定，经济从萧条走向繁荣，为平定三藩、统一台湾和边疆用兵等大规模战争奠定了物质基础。在他们的携手努力下，清王朝在康熙朝形成第一个黄金时代。可以这样说，康熙大帝之所以文治武功大有作为，开创清王朝鼎盛时期，其中也有孝庄文皇后的一份心血。

康熙平鳌拜、平三藩，孝庄都在财力上给予了极大的支持。平定三藩时，她的表率行为，更使皇帝增加十二分敬意。康熙二十一年（1682年）春，皇帝出巡盛京，沿途几乎每天派人驰书问候起居，报告自己行踪，并且把自己在河里捕抓的鲢鱼、鲫鱼，派人送京给老祖母尝鲜；二十二年（1683年）秋，康熙陪祖母巡幸五台山，一到上坡地方，皇帝每每下轿，亲自为祖母扶辇保护。孝庄与皇帝这种亲密和谐的关系，反映了她的为人。这与200年后同样经历三朝、对中国政治产生了重大影响的慈禧太后，是截然不同的。不过，孝庄太后终于敌不过时间的车轮。康熙二十六年（1687年）九月，孝庄太后开始病情加重，康熙皇帝昼夜看视；康熙二十六年十二月，孝庄太后病危。康熙皇帝号哭不止，昼夜不离左右，亲奉汤药，隔幔看护，水米不进，衣不解带，夜以继日。并亲自率领王公大臣步行到天坛，祈告上苍，请求折损自己生命，增延祖母寿数。康熙在诵读祝文时涕泪交流，说："忆自弱龄，早失怙恃，承奉祖母膝下，三十余年，鞠养教诲，以至有成。设无祖母太皇太后，断不能致有今日成立，罔极之恩，毕生难报……若大算或穷，愿减臣龄，冀增太皇太后数年之寿。"然而自然规律是无法抗拒的，此月二十五日，孝庄走完了她的人生旅程，以75岁的高龄安然离开了人世。皇帝给祖母册封了最尊崇的谥号——孝庄仁宣诚宪恭懿翊天启圣文皇后。其实，孝庄没有当过皇后，而是皇太后、太皇太后。之所以称为孝庄文皇后，是她死后康熙皇帝给其谥号的简称。孝庄去世后，据载，康熙诵读谥文，群臣皆涕零。

令人不解的是孝庄并未与皇太极合葬于沈阳的昭陵，也没进清皇陵，一直到康熙帝死，也未给祖母孝庄文皇后建陵，其梓宫在暂安奉殿停了38年之久，而最终于雍正三年（1725年）才由曾孙胤禛安葬于清东陵风水墙外的地宫内。这究竟是什么原因呢？即使至今也未找到令人信服的解释，仍是一个未解之谜，不过对此民间传说甚多。关于孝庄皇后为什么不葬入昭陵一事，民间有"托梦定陵址"的说法。大意是：孝庄皇后死，清廷遵照祖制，决定将她葬入昭陵，与太宗合葬。但当梓宫途经东陵时，突然沉重异常。128名杠夫个个被压得龇牙咧嘴，眼冒金星，寸步难行，只得把梓宫就地停放。两个时辰过后想继续前行，梓宫就像长在地上一样，丝毫不动。这下子可急坏了送葬诸王和大臣们，于是飞报朝廷。康熙皇帝接到奏章，也是一筹莫展。当夜皇帝梦见孝庄皇后，对皇帝说："我决计不与太宗合葬，如今梓宫停放之地就是上吉佳壤，可即地建陵安葬，切记吾言，休得违误。"皇帝醒后，遵照嘱咐，择吉时开工，即地建陵。这回再移动棺椁也不那么沉重了。很显然，这纯属神话，不能作为依据。还有的说，因为孝庄皇后下嫁给多尔衮，已不是皇太极的皇后了，所以她没有资格入葬昭陵，也无颜与皇太极合葬。清廷官书从来没有孝庄皇后下嫁多尔衮的记载，康熙帝以后各帝始终承认她是太宗皇帝的皇后，所以说这条理由也不充足。

而查阅史料，孝庄皇后不与皇太极合葬的原因有这样一段记载。孝庄皇后生前就为自己葬地之事留下了遗嘱，她谆谆嘱咐康熙皇帝："我身后之事特嘱你：太宗文皇帝梓宫安奉已久，卑不动尊，此时不便合葬。若别起茔域，未免劳民动众，究非合葬之义。我心恋你们父子，不忍远去，务必于遵化安厝，我心无憾矣。"康熙皇帝一向孝顺祖母，孝庄皇后死后，康熙帝遵照遗嘱，将祖母安葬在了遵化的东陵附近。

那么，为什么孝庄又被葬在了清东陵大红门东侧风水墙外，而不是在皇陵内呢？许多野史称，这是因为孝庄下嫁多尔衮丢了爱新觉罗家族的颜面，所以把她葬在陵区大门外，罚她世世代代为子孙把门。其实，这只不过是好事者的主观附会而已。据有人分析，真正的原因有三：第一，顺治的孝陵处于陵区内至高无上的位置，而孝庄则是顺治的生母，将她葬在陵区内任何地方，位置都低于孝陵，这就与她的辈分不相称。第二，孝庄虽葬在遵化清东陵，但与远在沈阳的皇太极的昭陵仍是一个体系。孝庄皇后的陵名叫昭西陵，因此看，与清东陵是两个不同体系，不能混淆，只能葬在东陵区外，以示区分。第三，在清代，无论皇帝、王公谒陵，都先从最高辈分的墓主人的陵寝开始。孝庄皇后在清东陵所有内葬人中辈分最高，所以谒陵时，每次都必先从孝庄皇后的昭西陵开始。大红门是陵区的正门。是谒陵人的必经之处。将昭陵建在大红门旁边，也为谒陵提供了极大的方便，避免了绕道往返之劳。第四，清代，以左方为尊贵之位，皇帝谒陵，出入宫门、殿门、陵寝门皆走左门，臣工走右门。把昭陵建在大红门左侧，处于尊贵之处，也正反映了她的后代儿孙们对她的尊崇敬仰之意。大红门左侧地势高而平坦、土厚质纯，而大红门右侧低洼多石，又濒临西大河，常有水患，所以从地理环境上看，也应该将昭西陵建在大红门左侧。从以上几点看，将孝庄皇后葬在东陵陵区外，绝不是为了罚她为后代子孙看守陵门，而是综合考虑各方面的原因后作出的最佳选择。也是根据她的遗愿，灵柩没有运往盛京与皇太极合葬，而是暂安在京东清东陵。直至雍正三年（1725年），才在暂安奉殿原处就地起建陵园，葬入地宫。

孝庄太后是一位有见识的政治家。正史记载，顺治六年（1649年），郑成功引部下反清复明，顺治皇帝恐慌，甚至有退回关外之意，是孝庄皇太后制止了顺治，并主持击退了郑成功。康熙十二年（1673年），吴三桂叛乱，康熙决意起兵平叛，遭到了朝中多数大臣的反对，孝庄坚决支持康熙，多次拿出宫中金帛和自己的份银犒赏出征将士。康熙十四年（1675年），吴三桂南乱未平，蒙古察哈尔部的布尔尼又起兵叛乱，清廷有倾覆之忧。孝庄向康熙力荐顺治时期曾因刑事问题被免职的大学士图海领兵。当时朝中无兵可用，图海选取数万八旗家奴，在辽西夜袭连营，大破敌军，杀死布尔尼。这些都说明了孝庄的治国才华。

孝庄还很节俭，康熙朝力求节约以充裕国库的举动也始于孝庄。孟昭信认为，历史上的孝庄皇太后确有雄才大略，是堪与唐代武则天媲美的，我国历史上少有的杰出女政治家，在治国上，远远超过清朝另一个皇太后慈禧。孝庄参与国政没有采用垂帘听政的形式，而是直接与朝中大臣打交道。顺治去世前两年左右的时间里，基本上是孝庄在主持朝政。顺治去世后，她又设立了四大臣辅政的机制，帮助康熙治理国家，取得了很好的效果。她对朝政的干预，更多的是一种斡旋、制衡和退让。康熙曾说："全赖圣母皇太后鞠养教诲以至成立。"如康熙有吸大烟的恶习，后来孝庄晓之于理，好言劝告，硬是让当上皇帝的康熙把烟戒掉。"设无祖母太皇太后，断不能敦有今日成立。"孝庄皇太后在中国历史上，其贤德恐只有宋神宗时垂帘听政的宣仁太后可比，此在国史上已是定论。联系到清朝另一个垂帘听政的太后慈禧，两人一头一尾，皆抚育长大两位儿童皇帝，一个开出一个全盛的大清，一个虽也带出所谓的同光中兴，但恐终不能逃脱断送大清朝江山的恶名，把这两人略作比较，似乎也颇有兴味。

孝庄是一位非凡的蒙古族女性，她13岁进宫，62年间辅佐清太宗、清世祖、清圣祖三朝皇帝主政，为清初国家的统一和政权的巩固做出了不可磨灭的贡献。从蒙古小格格到西宫妃，从皇太后到太皇太后，她一步步走向顶峰；大清草创，前途是兴是衰，历史的枢纽因缘际会地掌握在她手里。然而，孝庄终于凭借她的政治头脑、英明决断，搏击世纪风云，历尽人世沧桑，享受了她传奇般的政治人生。

三千宠爱集一身

——皇太极宸妃海兰珠

明崇祯十四年，即清崇德六年（1641年）八月，明清双方展开松锦大战，双方相持不下。皇太极内心忧虑，不顾鼻血直流，一只手用碗接着血，一只手策马扬鞭，从沈阳亲自赶到前线督阵，并施展挖沟等一系列绝技，让清军迅速占据了优势。

战局虽然扭转，可是一个月后，沈阳传来爱妃海兰珠病重的消息。正在前线督战的他，甚至都没有犹豫，便丢下正如火如荼的战事，星夜赶回。

海兰珠究竟是何女子，竟让冷酷得甚至有些无情的皇太极如此魂牵梦萦？

倾城之恋

海兰珠的身世倒很明晰：来自科尔沁部，姓博尔济吉特，是皇后哲哲的亲侄女，是布木布泰（即孝庄）的亲姐姐，比孝庄大四岁。在蒙语中，海兰珠就是玉的意思。如此看来，野史中为孝庄杜撰的玉妃的称谓或大玉儿的名字，似乎更适合她的姐姐。

但是她的情形很奇怪：虽然是姐姐，却比孝庄晚9年嫁给皇太极，出嫁时已经26岁。孝庄嫁给皇太极时13岁，按照习俗，这是当时一般女孩子出嫁时的普遍年龄。那时候不流行"剩女"，如果她是个嘴斜眼歪的丑八怪或者有什么特殊原因（比如叶赫老女，33岁才嫁到蒙古），没嫁出去倒也说得通，可从皇太极对她的宠爱来看，显然说不通。

更说不通的是：关于她26岁之前的叙述，无论是实录还是《清史稿·后妃传》，对于大博尔吉济特氏在来到后金以前的身世都没有任何透露。也就是说，她26岁前是空白的，没人知道这个极受皇太极宠爱的女人在过去26年都干了些什么事。在当时，这是一个很尴尬的年龄。史书上没有记载缘由，也算是一个小小的谜团。

有人说，是皇太极篡改历史，故意把海兰珠再嫁的历史抹去了，不愿让后世知道他的老婆是"二手"的，可是他的另两位妃子，都有明确记载是林丹汗的遗孀，没道理偏偏隐藏海兰珠是再嫁的。而且满族人没那么多虚礼，不讲究什么改不改嫁的，就说格格，很多也是一改再改，

大清后妃故事

改了又改。

但是，海兰珠不一样，她是皇太极真心爱上的女子。

真爱是具有排他性的。从一个男人的角度讲，不管哪朝哪代，任何男人肯定都不希望自己深爱的女子曾经属于别人。这倒不是为了掩饰什么，出于封建思想考虑，而仅仅是作为一个男人的"小心眼"，不想提及罢了。

而且别忘了她的家族——科尔沁部莽古思家族一向对联姻非常重视，海兰珠在十几年前就应该已经嫁出去了。

问题是，她的第一次婚姻嫁给了谁？虽缺乏史料，真相变得扑朔迷离，但从察哈尔部林丹汗的叔叔毛祁他特先逃到科尔沁，再从科尔沁投奔沈阳后不到 5 个月就上演科尔沁部送大博尔吉济特氏到沈阳同皇太极完婚等一系列事件中，还是可以推测一二的，但也仅仅是推测，历史留给我们的也不全是事实。

在努尔哈赤当政时，察哈尔部是漠南各部名义上的首领，其实力也是各部中最强大的。

科尔沁部虽然已经同努尔哈赤结盟，但在十几年前还无法判断究竟哪一个更具有王者之气，在同后金联姻的同时把大博尔吉济特氏嫁给察哈尔部的首领，也是很自然的安排。

在形势不明朗的情况下，就脚踩两只船，儿子都可牺牲，更何况女儿。

而十几年后，情况越来越明朗，察哈尔部的首领也病死草原。海兰珠以前的夫家——察哈尔部一行人，需要把海兰珠作为进见礼；庄妃一直到天聪八年仍然未能给皇太极生下阿哥的现实，也使得莽古思家族对这门婚姻特别热衷；而天生丽质、文静的海兰珠又的确同皇太极有缘，一下子就把皇太极的魂给勾走了，堪称是三千宠爱在一身。

三千宠爱集一身
——皇太极宸妃海兰珠

一个百战归来的皇帝，对于海兰珠如此深情并执着，在中国历史上确属异数。史书谈到皇太极时，认为他"聪睿绝伦"，从其一生来看，这种评价不算是拍马屁之论。这种情形，很有可能是皇太极对于布木布泰——庄妃没有给予过多关爱的原因之一。因为，这位庄妃的心机太多也太深。从两性心理来看，一般来说，那种心智能力极强并日理万机的男人，很难从性爱的角度喜欢一个心智能力同样强的女人。他们会因为双方太像而产生同性相斥。这种男人，渴望在女性那儿得到的满足，会是一种更加女性化的东西。这可能是当年武媚娘，在李世民身边只能是一个低级才人，而在性情柔懦软弱的李治身边却能成为皇后的原因。

海兰珠嫁到后金一年多一点，皇太极改后金为大清，正式登基成为大清帝国皇帝。在称帝的同时，皇太极也开始完备后宫制度，五宫并设：以皇后老博尔吉济特氏位居中宫，以宸妃大博尔吉济特氏（海兰珠）居关雎宫，以贵妃——阿霸垓部郡王额齐格诺颜之女博尔吉济特氏居麟趾宫，以淑妃——阿霸垓部塔布囊博第塞楚祜尔之女博尔吉济特氏居衍庆宫，以庄妃小博尔吉济特氏居永福宫。

他册封海兰珠为仅次于中宫皇后的东宫宸妃。宸，是帝王的别称，宸妃，就是帝王的妻。并以中国第一首爱情诗篇"关关雎鸠，在河之洲。窈窕淑女，君子好逑"的诗意，将宸妃居住的东宫命名为"关雎宫"。倘若没有足够的情感，这是很难想象的一件事情。他给其他女人的是头衔，是名分，给她的却是一颗为人夫的心，"关雎"表达的是一个男人对最爱的女人的情意，与地位身份无关。

许多文献中谈到这位海兰珠时，时常使用的词汇是"贤淑"、"文静"等。这可能是她进入皇太极妃嫔行列后，很快就突出地受到皇太极喜

大清后妃故事

爱的原因。

我们甚至可以想象他扣着她的手唱"关关雎鸠，在河之洲，窈窕淑女，君子好逑"的情景。她就在他的歌声里低下头去，咯咯的笑。百炼钢化为绕指柔，只为博红颜一笑。

后宫粉黛三千，他心里的妻却只有她一个人，为她笑而笑、为她恼而恼，他像所有陷入热恋中的男人那样，将她捧做星月，恨不得把世上最好的一切都呈到她面前去，仿佛是中了蛊，竟是要溺死在她的温柔乡里，终不可拔。

香消玉殒

一年后，崇德二年七月，海兰珠生下一个儿子，皇太极立刻立她的儿子立为皇太子，抱着那个孩子的时候，纵然他已是好几个孩子的阿玛，却仿佛才尝到初为人父的欣喜，那是他和她的孩子，将他和她共同的骨血和在一处生出的小人儿，是他们爱的结晶。

皇太极将这个儿子视若珍宝，为了他，甚至采取了我国历史上很罕见的措施：下令大赦天下。从历史记载上看，皇太极是一个标准的工作狂，对待国事极为认真，在很小的事情上都精益求精，绝不马虎，无论处理什么事情都极度冷静。可是这样一个人，却为了他这个儿子欣喜到有点癫狂的程度。据说，这是大清立国后的第一个大赦令，就连皇太极登基时可能都没有过。很难将这个举动看成是一时心血来潮所致。

三千宠爱集一身——皇太极宸妃海兰珠

这是皇太极的第八个儿子。不久，永福宫庄妃生下第九个儿子福临，后来，皇太极的其他妃子陆续生下第十子、第十一子，皇太极均无任何表示。

可是，那么多的祝福，还是没能让这个小天使茁壮成长。两年后，小皇子居然夭折了。

作为阿玛的皇太极悲伤良久。月光下，他轻轻拍打着儿子哄他入睡的场面，早已成为他这一生最美丽的梦境，那么美的东西，一碰就碎了。他们的儿子早殇，她也一点一点慢慢枯萎下去，他只能眼睁睁看着她枯萎，心如刀绞，却无能为力，平生他首次尝到了无力的感觉。他戎马一生，挡他道者，人挡杀人，佛挡杀佛，眼见江山在望，霸业可成，一路走来，意气风发，这世上万事万物仿佛皆在掌握中……妄为天下主宰，却守护不了最想守护的人，汲汲一生，到头来才明白都不过镜里功名，只是为他人作嫁衣裳。一向都以王者风范示人的他，第一次感受到人生的无常与无奈。

时光又在不知不觉中过了两年，清崇德六年（1641年），皇太极在锦州、松山一线主持与明朝之间的最后一次大决战——松锦大战。八月十四日，为了扭转前线的危急局势，皇太极带着严重的鼻衄病，流着鼻血，六个日夜长途奔驰六百里，到达前线。

可是一个月后，听到海兰珠病重的消息。他立刻丢下所有的事情，疯了一样奔回沈阳。据说，在六天之中，他累死了六匹骏马。

然而，那个水一样柔弱的女子，终于还是没能等到见他最后一面。到达沈阳城外时，皇太极得到宸妃病故的消息。

霎时间天塌地陷。他整个人仿佛陷在一片混沌的黑暗中，光被一点点抽空，巨大的孤独感从四面八方包围他、吞噬他，只剩他一个人了。她走了，带着他全部的温暖和希望，这个冰冷的人世，竟再也没有什么可以留恋的了，满心满脑只有一个念头，走吧！随着她走吧！去跟她团聚吧！她是那么怕黑怕冷的一个人，还记得以前每逢入冬，她屋子里总是第一个笼火炉子的，饶是这样，还经常冻得手脚冰冷，他便拿手给她焐着……墓穴里那么冷，她一个人怎么住得惯，他一定要去陪她，一定要……

从此他好像一下子老了很多。史书记载说，皇太极极度悲恸，连续六天六夜不吃不喝，并一度在恸哭中昏迷不醒。"饮食顿减，圣躬违和"，继而大病一场，自此后再没有重返松锦战场。当年十月初二日，他对诸王及他们的妻子儿女说："山峻则崩，木高则折，年富则衰，此乃天特贻朕以忧也。"这流露出皇太极已经为自己年老体衰而不安了。

宸妃之丧被视为国丧，皇太极特下诏，崇德七年（1642年）元旦大典，由于宸妃丧而停止，举国停止筵宴。在宸妃丧期内作乐的官吏和宗室，都招来皇太极的暴怒，被一一革职禁锢。大丧期间，一个中央部门的承政，相当于六部尚书即部长的人物召文艺工作者吹弹歌舞，险些被处死。皇太极的弟弟阿济格（多尔衮的同母哥哥）等一批人也因为"戏舞鸣弦而歌"而获罪，一大批人受到极重的处罚。这已经成为事实上的国丧，连外藩蒙古、朝鲜等都遣专使来朝吊祭。

他追封她为"敏慧恭和元妃"，元妃在满洲的传统里指的是第一位大妃，比皇后都要重要，她是他的妻，这辈子，唯一的妻。

宸妃葬于盛京城北十里的蒲河边上，皇太极每次巡猎途中都要到墓地祭祀。他亲自撰写的祭祀宸妃的祭文情真意切，催人泪下。同心而离居，忧伤以终老。

对宸妃的魂牵梦萦，使皇太极难以自拔。自宸妃死后，皇太极频繁举行祭典，并请僧道人等为宸妃布道诵经，超度亡魂。他每次出猎，必过宸妃墓地下马伫立，长时间地凭吊默哀，以茶酒奠祭，痛哭不止。大祭、小祭、月祭、冬至节令祭、岁暮祭、年祭。无论怎样的祭奠都无法抹平心中的悲伤，反而加重了心伤。

香消玉殒空遗恨

——顺治帝皇妃董鄂妃

　　董鄂氏的一生可用"红颜薄命"四个字概括，她的悲剧不仅在于她放宫前的特殊经历，更在于她无法挣脱满蒙联姻的桎梏，她的一生给后世留下太多的话题……孝献端敬皇后董鄂氏是顺治在世时所册封的第三位皇后，但董鄂氏的皇后身份却是在去世后追封的。

身世传奇

在所有清一代的宫掖中，董鄂氏都是最具传奇色彩的一位人物。

民间还一度盛行董鄂氏实际是汉女的说法，此人名董白（字小宛），系苏州著名歌伎，才貌双全。在清军南下时董氏被掠，因貌美绝伦而被送至北京皇宫，成为顺治帝的宠妃。实际上，这位苏州名伎在崇祯十五年（1642年）就已经被江南才子冒襄金屋藏娇，媒人就是大名鼎鼎的钱谦益。而清军在顺治二年南下时，冒家的财产确实被洗劫一空，但董小宛并未成为战利品被送到北京。董小宛因肺结核病医治无效，在顺治八年去世，享年28岁。

显而易见，董小宛并非董鄂妃。

《清史稿·后妃传》对董鄂妃有如下记述："董鄂氏，内大臣鄂硕女，年十八入侍，上眷之特厚，宠冠三宫，十三年八月立为贤妃，十二月进为皇贵妃，行册立礼，颁赦。"且不说皇贵妃在后宫的地位仅次于皇后，在册立皇贵妃时大赦天下，已经是极不寻常的迹象，顺治在八年、十一年两次册立皇后均未大赦天下，不难看出皇贵妃董鄂氏在顺治心中所具有的独一无二的地位。

鄂硕隶属满洲正白旗，从天聪九年（1634年）以来历经战阵、屡立战功，被赐予世袭子爵。鄂硕之女生于崇德四年（1639年），在盛行早婚的时代，13岁左右基本完婚，比顺治小一岁的董鄂氏何以要迟至18岁始入宫

大清后妃故事

掖？更何况，18岁也早就过了入宫待选的年龄。

在清代官方的记载中，对董鄂氏入宫前的身世一直讳莫如深。

在西方人撰写的有关著作中对此却有所披露，《汤若望传》一书指出："顺治皇帝对于一位满籍军人之夫人，起了一种火热爱怜，当这位军人因此斥责他的夫人时，他竟被对于他这斥责有所闻知的'天子'亲手打了一个极怪异的耳掴。这位军人于是乃因怨愤致死……皇帝遂将这位军人的未亡人收入宫中，封为贵妃。"据陈垣先生考证：这位军人的夫人就是被封为皇贵妃的董鄂氏，而董鄂氏的前夫就是顺治的弟弟襄亲王博穆博果尔。

顺治朝实录也的确留下了耐人寻味的文字：襄亲王博穆博果尔在顺治十三年七月初三去世，七月初九"礼部择吉于八月十九日册妃，上以和硕襄亲王薨逝，不忍举行……"因襄亲王之死而不忍心册封董鄂氏，足以反映出顺治、董鄂氏、襄亲王之间存在着不同寻常的关系。

深受宠爱

已经为人妇的董鄂氏能在顺治的视野中出现，很可能同清代实行的命妇轮流到后宫侍奉后妃的制度有一定的关系。已经成为襄亲王妃的董鄂氏自然在命妇之列，到宫内侍奉后妃，也就为顺治同她的不期而遇提供了条件。可真应了那句"梦里寻他千百度，蓦然回首，那人却在灯火阑珊处"。值得注意的是，孝庄皇太后在顺治十一年（1654年）四月初五颁布了懿命，以"严上下之体，杜绝嫌疑"为由，停止实施这个历代都没有的

命妇入侍制度。

皇太后很可能已经听到多情天子同弟媳董鄂氏的某些风流韵事。按照太后的布置，册立内侄孙女为皇后的典礼即将举行，此时哪能节外生枝；再说襄亲王博穆博果尔又是个很看重礼法的人，一旦得知王妃红杏出墙、移情别恋，肯定无法忍受；为了满蒙联姻、为了家庭的和睦，孝庄决定立即把一切都消灭在萌芽中，切断顺治同董鄂氏幽会的途径，让他们把刚刚萌生的恋情冷却、淡化，在无声无息中消失。

从顺治十一年（1654年）四月到顺治十三年（1656年）八月十九的两年多中都发生过什么，已经无从考察，但可以想象得出太后的禁令并未能阻断顺治同董鄂氏的恋情，而且最终一些风声还是传到了襄亲王博穆博果尔的耳中。为此，董鄂氏受到了丈夫的"斥责"，而顺治竟打了这个满腹委屈的丈夫一个"耳掴"。博穆博果尔"乃因怨愤"在七月初三去世，董鄂氏作为未亡人而进宫。

董鄂氏对顺治为何会有如此强烈的吸引力？在为悼念董鄂氏所写的《孝献皇后行状》中，顺治写道："后至俭，不用金玉，诵《四书》及《易》，已经卒业，习书未久即精，朕喻以禅学，参究若有所悟。"对《四书》、《易经》的学习，对书法的精通以及对禅学的领悟都使得董鄂氏同顺治在文化上志趣相投，彼此之间有说不尽的话题。

对顺治来说后宫佳丽虽多，但不是来自蒙古草原就是来自满洲世家，几乎个个目不识丁。已经熟读经史子集的少年天子，又焉能寻觅到知音！平心而论，董鄂氏比起那些汉族才女还相差甚远，但对于生活在文化荒漠中的顺治，却是难得的红颜知己。

顺治帝炽热而又持久的爱，不仅在后宫，也在董鄂氏的心头荡激起巨涛。难以摆脱的负罪感与情投意合的愉悦纠缠在一起，然而博穆博果尔之死，的确令董鄂氏在内心深处怀有负罪感，抚今追昔，百感千愁，"恨不相逢未嫁时"！她最终得到册封，堂而皇之地登上皇贵妃的宝座，并在顺治十四年（1657年）十月初七生下皇四子，而且此子一出生就被立为皇太子。

宠冠三宫也使得她成为众矢之的，在情感激烈竞争的后宫，谁也不愿意成为失败者。当翌年正月二十四日皇四子夭折时，顺治立即追封皇四子为荣亲王。尽管在顺治诸子中皇四子是第一个得到亲王封爵的，董鄂氏仍能感受到妃嫔中那些幸灾乐祸的目光。经受丧子打击之后的董鄂氏，已经虚弱到难以再承受生育的重负，一再向皇帝表示不必以己子为太子。

也许正是考虑到董鄂氏不可能生育的身体状况，废后之念再次在顺治的胸中涌动。本来他同第二个皇后就毫无感情可言，为了日后董鄂氏的处境，他必须让董鄂氏正位中宫。深知其中利害的董鄂氏，在得知顺治已经停止向皇后进笺奏后，"长跪顿首固请"，并以"陛下若遽废皇后，妾必不敢生"，力劝顺治放弃废后之念。

满蒙联姻笼罩着后宫，就像一条挣不脱的枷锁，禁锢着多情天子与他的心上人。

董鄂氏一方面品尝着挚爱，另一方面又要提防妒忌的陷阱，对自己的一言一行都慎之又慎。顺治十四年（1657年）她的父亲鄂硕去世，对此董鄂氏的反应并非异常悲痛，因为她正担心父亲会依仗皇贵妃父亲的身份在外面招摇生事，父亲的去世反而令她不必再牵挂，她的理智似乎不近人情……

红颜薄命

顺治的爱已经成为董鄂氏生命不能承受的重负，她在等级森严的后宫活得非常累。

顺治"偶免朝，则谏毋倦勤"，唯恐落下"从此君王不早朝"的指责；当顺治在"日讲"后，和她探讨"章句大义"时，"辄喜"；而当顺治让她一同阅奏折时，则起身谢道"不敢干政"。

至于对太后她更是全力侍奉，"左右趣走"，即使她在顺治十四年（1657年）十月初七生子之后身体极度虚弱的情况下连月子都没能坐，就要竭尽全力去侍奉生病的太后，而皇后却可以心安理得地不去尽妇道。当她在丧子之后内心痛苦不堪的情况下，依然要强颜欢笑，出现在太后的身边……长此以往，又怎能不应了"红颜薄命"？心力交瘁的董鄂氏终于病倒，于顺治十七年八月初八（1660年9月23日）辞世，享年22岁。

董鄂氏去世所激起的波澜比当年入宫还要剧烈，为了追封董鄂氏为皇后顺治已经闹到寻死觅活的地步。

按照传统，妃嫔只有在所生育的儿子继承了皇位，才能母以子贵被尊为皇后。为了避免失去理智的顺治做出过激的举动，孝庄皇太后被迫同意追封董鄂氏为皇后。但在议谥时又出现了问题，尽管已经增加到"孝献庄和至德宣仁温惠端敬"12个字，依然没有出现皇后谥号中所必须有的两个字——"天"、"圣"，如"承天辅圣"（顺治祖母孝慈高皇后）、"辅天协圣"（顺治嫡母孝端文皇后）。

汉化程度已经相当深的顺治当然明白，董鄂氏既不是从大清门抬进来的，也不是母以子贵熬上来的，虽然他贵为天子但对森严的封建礼教竟也无可奈何。

就像那首被称为出自顺治手笔的"西山天太山慈善寺题壁诗"所言："朕乃河山大地主"，"十八年来不自由"！顺治失去董鄂妃后的情绪失控，远远超过了他的父亲皇太极。

生死两茫茫

在葬礼结束后，顺治帝又掀起出家当和尚的轩然大波，他让玉林通的弟子行森和尚为自己剃度，以表示弃天下如敝屣的决心。

顺治的出家念头在董鄂氏去世时已经萌生，但他的未了情还要用手中的权力去了结——追封董鄂氏为皇后、为她举行隆重的葬礼，一旦把这两件事办妥，他就要遁入空门了。

顺治的剃度，实际是一个从渐悟到顿悟的过程，从顺治十四年（1657年）十月初四在海会寺同和尚憨璞会面后，顺治又同玉林、木陈、行森等禅师频繁接触。这当然有争取逃入空门士人的考虑，因为自唐宋以来，士大夫在政治上遭遇蹉跎后，往往出佛入老，以期得到心灵上的某种慰藉。

据当时在华的外国传教士维克特·瑞奇所记："许多忠于明朝的志士们不愿受满洲统治而出家当了和尚，不少学者、诗人、画家栖身寺庙。"他们中有的以"思明"为法号；有的"以忠孝作佛事"，每到崇祯忌日"必素服焚香，北面挥涕"，十几年如一日；也有的慷慨赋诗："一声长啸出红尘，忠孝原来是法身"，以诗言志；还有的把时人悼念在煤山（今景山）自缢的故君——崇祯的诗文，编辑成册，名曰《新蒲绿》。"儒之门几无人""率被释氏牵之去"以及空门不空，在当时都是非常突出的。

顺治先后诏令在禅门中颇有影响的玉林、木陈禅师进京论道。

木陈不仅是《新蒲绿》的编辑者，还在顺治八年到舟山的普陀寺开堂说法，而当时的舟山在鲁王朱以海的控制之下，其政治倾向不言自明。木陈在进京后，被顺治安排在西苑（今北海、中南海在当时称为西苑）居住，堪称是志趣相投，心有灵犀。顺治的博学多闻、礼贤下士，已经把木陈胸臆间的故国之思、华夷之别荡涤殆尽。在其离京前夕（顺治十七年五月）曾挥毫写下："惜别君王重，多愁会晤难。何由能缩地，长此共盘桓。"惜别之情、眷恋之意已经跃然而现。

"从今不哭《新蒲绿》，一任煤山花鸟愁"的木陈，在南归后还写了一篇颇有政治色彩的文章《从周录》，不但曲解了孔子的"郁郁乎文哉，吾从周"之意，还对明清鼎革的合理性进行了论证，其文曰："向使殷之丧师，同于明之亡国，武王之兴同于世祖之兴，则伯夷将弹冠入周，安事首阳清饿哉！乃世固有非宗臣，非国士，往往托首阳以自高，则已违乎周、清从违之义矣。"这一番议论，即使是降清多年的洪承畴、吴三桂等也未能杜撰得出，此木陈已非彼木陈！而木陈"以比丘尼不得为君父报仇"的告诫，更是顺治期待已久的。

满汉合作基础的扩大，已经是不争的事实。

然而礼禅也是个双刃剑，既瓦解了禅门，使得相当一部分禅师接受了明清鼎革的现实，与此同时也把顺治的思绪引向了空门，他曾对木陈说过"朕于财宝固在不意中，即妻孥亦觉风云聚散没甚关晴"。顺治甚至拜玉林为师，法号"行痴"，用现在的话也算得上是个在家修行的居士了，兼之又有董鄂氏同他机锋问答，别有一番情趣在心头。

关于顺治出家在很长的一段时间被炒得沸沸扬扬，吴梅村还以此为题写了首长诗。而在《清诗纪事》中还收录了一首署名为福临写的"西山天太山慈善寺题壁诗"。虽然可以断定此诗并非顺治所作，但其中的"天下丛林饭似山，钵盂到处任君餐。黄金白玉非为贵，唯有袈裟披最难。朕乃山河大地主，忧国忧民时转繁"以及"我本西方一衲子，因何流落帝王家！十八年来不自由，江山坐到几时休"等句，确实反映出顺治不堪尘世礼法束缚的心境。

产生于清乾隆时期的著名小说《红楼梦》中便安排主人公贾宝玉在林黛玉被封建礼教夺去生命后，毅然抛弃荣华富贵出家当了和尚，很可能就是有感于顺治强烈的出家之念。该书作者曹雪芹的祖母就是康熙皇帝的乳母之一，作者在童年时很可能听到有关顺治试图遁入佛门的真实情况，正是有了这种生活积淀，《红楼梦》这部巨著也才具有如此强的震撼力。

但顺治的出家，也是竹篮打水一场空。及时赶到北京的玉林制止了顺治的出家之举。玉林明确表示：如果皇帝不放弃出家之念，就将烧死行森。熊熊燃烧的柴堆迫使顺治让步，依然留在尘世当皇帝。为此他安排最得宠的太监吴良辅作为皇帝的替身在悯忠寺出家，以了结皇帝的未遂之愿，并在十八年（1661年）的正月初二御驾降临悯忠寺，参加吴良辅的剃度仪式。

过度的悲伤、主持葬礼的疲惫以及出家未遂的失意都伤害了顺治帝本来就多病的身体。

顺治在十几岁时得了肺结核，竟到了吐血的地步。结核病人在患病之初，表现出病态的亢进，用中医的观点来解释就是阴虚阳亢，而当时顺治又处于青春期，纵欲之事时有发生。然而病态的亢进耗尽了他体内的元气，以致才20岁出头就已经阴阳俱虚，气血两亏。

董鄂妃的去世，已经使得顺治的命门火虚弱到随时就能熄灭的程度。

顺治在参加吴良辅的剃度仪式后5天去世，按照他的遗嘱：由行森在景山举行火化仪式，奉命来京的行森在四月十七日为顺治举行了秉炬，其遗体及生前御用物品全部焚烧。

顺治的骨灰葬在他生前择定的墓地——位于遵化马兰峪的清东陵。

令顺治没能料到的是，他逝后的谥号"章"也未能系在董鄂氏的皇后谥号上，这就意味着孝献皇后不可能配享太庙。然而无论是礼教还是名分，对于紫禁城里所发生的长达数年的惊世骇俗的生死之恋，不也都是无可奈何吗？！

贞妃殉葬

顺治在参加吴良辅的剃度仪式后的当天下午就感到有些身体不适。到了第二天——正月初三，就已经出现出痘的症状（当时人把生天花称为出痘）。从关外来到中原的满洲人，本来对天花病毒就缺乏免疫力，而成年人出天花往往会危及生命，因而每年的冬季及初春顺治都要到南苑去避痘。但顺治十七年（1660年）的冬季却是个例外，顺治不仅未去避痘，反而为了董鄂妃的葬礼弄得心力交瘁、疲惫不堪，天花病毒乘虚而入。

到了正月初六顺治病危，这天凌晨麻勒吉与汉族学士王熙到皇帝病榻旁奉命撰写遗诏。

据王熙在《自撰年谱》中所记：在写完第一段后"遂奏明：恐圣体过劳，容臣奉过面谕，详细拟就进呈，遂出至乾清门下西围屏内撰拟，凡三次进览，三蒙钦定，日入时始完。至夜，圣驾宾天"。据清实录记载，顺治在正月初七子刻在养心殿去世，时年24岁。不难看出，顺治的遗诏在他去世之前已经由本人审阅定稿，然而遗诏是在申时才公布的。

公布遗诏是在顺治去世之后4个时辰（8个小时），而且遗诏已经变成了罪己诏。曾经参与撰写遗诏的王熙在遗诏公布后，便把自己保存的所有同遗诏有关的文字记录全部付之一炬，而且此后对所有涉及的内容守口如瓶。据孟森先生考证"其间必有太后及诸王斟酌改定之情事"，8个小时足够修改了。

在这份罪己诏中的第十条就涉及孝献端敬皇后董鄂氏，"端敬皇后于皇太后恪尽孝道，辅佐朕躬，内政聿修。朕仰奉慈纶，追念贤淑，丧祭典礼，过从优厚，未能以礼止情，诸事窬溃不经，朕之罪一也"。把对董鄂氏的葬礼逾度写进罪己诏，的确反映了孝庄的强烈不满，在她看来顺治如果不如此伤感、劳神，又怎会染上痘症并因此撒手而去。而美国人A.W.恒慕义主编的《清代名人传略·福临传》中也有如下的评论："在这份以福临名义发布的遗诏，把福临装扮成因为有某些过失而下罪己诏者，例如加予宠妃的那些破例的荣誉和为她的死而举行的奢侈的葬礼……可能是他的母亲孝庄皇后希望抬高她自己的侄女或侄孙女而坚决要加进去的。"孝庄的情绪使得董鄂氏陷入深深的恐惧中，为了避免引起更多的麻烦，为了董鄂氏家族不至于受到牵连，她决定牺牲自己，以为顺治殉葬来换取皇太后的宽恕，才20出头的她从容地走了。

尽管康熙追封贞妃董鄂氏为皇考贞妃，但当两年后顺治的孝陵竣工之后，在地宫中同顺治合葬的只有孝献端敬皇后和刚刚去世的康熙的生母孝康章皇后佟氏。至于追随先帝而去的贞妃，则被葬在孝陵东边妃嫔陵寝。

当康熙在三十二年（1693年）开始为嫡母孝惠营建陵寝时，便在原有妃嫔陵寝的基础上营建孝东陵——修建地宫、地宫上的宝城、方城、明城、隆恩殿、东西配殿……而贞妃不过是葬在孝东陵的28位嫔妃中的一个。

生前并未得宠，但却要成为堂姐的替罪羊；虽然殉葬，死后依然备受冷落；名分以及合葬地宫的哀荣都同她无缘……

香消玉殒空遗恨
——顺治帝皇妃董鄂妃

贤弟英勇

　　孝献端敬皇后董鄂氏虽然没有留下一儿半女，但她却留下一位为清王朝立下汗马功劳的弟弟费扬古。

　　费扬古生于顺治二年（1645年），比孝献端敬皇后小6岁，在他的脑海中姐姐的印象已经非常模糊，但他却承袭了姐姐办事认真、为人谦和、追求完美的性格。当他的父亲在顺治十四年（1657年）去世时，13岁的费扬古就承袭了父亲在一年前（顺治十三年）因女儿被封为皇贵妃而晋升的伯爵。13岁的小伯爵懂得约束自己，在姐姐最得宠的时候，不敢有任何放纵自己的言行，而且抓紧时间学习文韬武略，为将来建功立业奠定基础。

　　在平定三藩之乱时，年轻的费扬古在安亲王岳乐帐下效力，因战功卓著被授予领侍卫内大臣、议政大臣。费扬古不是凭借外戚的身份，而是凭借自己的功绩而跻身于政坛。

　　在清王朝抗击准噶尔部首领噶尔丹的战争中，费扬古更是大显身手。

　　从康熙二十六年（1687年）起，以伊犁为统治中心的漠西蒙古中实力最为雄厚的一支——准噶尔部，在首领噶尔丹率领下挥师东进，并于次年五月越过杭爱山大举进攻漠北的土谢图部，又乘胜渡过土拉河侵入车臣部牧地，漠北各部纷纷南奔，请求归附清朝。

　　如果清廷不接受漠北各部（又称喀尔喀各部）内附，他们必然被准噶尔部所吞并，将成为清王朝北部的巨大威胁；如果允许喀尔喀各部内附，噶尔丹就可能以追击为名而内犯。

尽管情况如此严峻，但康熙绝不会错过征服漠北各部的天赐良机。在此之前，漠北各部已经对清王朝"间通使，间为寇"，准噶尔的侵略使得他们流离失所，无家可归。于是康熙下达了允许喀尔喀各部内附的命令，并在靠近边界的牧场予以安置，调拨归化城的粮食用来赈济他们。漠北各部在内附后也同漠南内蒙古一样编旗，被编为三十七旗，且建立汇宗寺以安置各部喇嘛。康熙"施恩于喀尔喀，使之防御朔方"的做法，的确收到了"较长城更坚"的效果。

　　占领漠北的噶尔丹愈发不可一世，到康熙二十九年（1690年）又以追击喀尔喀各部为名，率领军队数十万南下，"已进汛界"。噶尔丹"志在不小"，于是康熙决定御驾亲征，开始了同噶尔丹之间的第一次战争。但此次亲征由于康熙病倒在军前，只得委托裕亲王福全等指挥此次战事，而费扬古就是裕亲王福全麾下的一员得力将领。

　　双方在乌兰布通展开激战，噶尔丹在被击溃后率余部渡过西拉木伦河逃回漠北。在此之后，噶尔丹依然时时越过克鲁伦河，南下侵略巴颜乌阑一带。为了防御噶尔丹，康熙任命费扬古为安北将军，驻守归化（今呼和浩特——内蒙古自治区首府）。

　　为了解决噶尔丹对内蒙古的军事威胁，康熙在三十五年（1695年）二月，再次御驾亲征。此次亲征兵分三路，东路由萨布素负责，率领数千军队驻守蒙古东部，防止噶尔丹向东逃窜；被任命为抚远大将军的费扬古是西路统帅，西路是此次征战的主力，兵力四万六千有余；中路由康熙亲自率领，兵力约三万三千。按照事先的部署，中路军在四月初一从北京出发，而西路军在三月份分别从宁夏、归化出发，五月底中路和西路在土拉河以北会师。西路军在行进途中因天气恶劣影响了进度，为了避免不能按期到达使得康熙率领的中路军独自承受巨大的压力，费扬古亲自率领一万四千精锐日夜兼程……而当康熙抵达克鲁伦河以南时，"北岸已无一帐"，噶尔丹早已"拔营宵遁"。

噶尔丹在向西逃窜的途中"遗老弱辎重"，在经过五昼夜的狂奔后抵达位于库仑（今乌兰巴托）的昭莫多（蒙语"大树"），但却被费扬古所率领的西路军迎头予以阻击。费扬古在昭莫多同噶尔丹展开激战，噶尔丹的主力全部被歼灭。

从此费扬古的名字就同康熙盔甲昭莫多、同大败噶尔丹紧密联系在一起。

"雪花如血扑战袍，夺取黄河为马槽。灭我名王兮虏我使歌，我欲走兮无骆驼。呜呼，黄河以北奈若何！呜呼，北斗以南奈若何！"这是准噶尔部的一名善弹筝筑的老乐工被俘后，在康熙皇帝所举行的庆功宴上演唱的一首悲壮凄凉的歌，从歌词中可以看出：噶尔丹率领的准噶尔部在占领漠北喀尔喀三部后试图向南扩张、饮马黄河的狂妄之心，也反映出在昭莫多之战重创下噶尔丹精锐丧尽、处于穷途末路的可悲境地。

噶尔丹在天山以北的故地已经被他兄长僧格的儿子策妄阿拉布坦所占有，进退失据。由于噶尔丹拒绝康熙的招抚，费扬古在康熙三十六年（1696年）二月又参加了第三次对噶尔丹的战争，但双方还未来得及交战，噶尔丹就在这一年闰三月十三日一命呜呼。

费扬古因在平定噶尔丹战争中的杰出贡献，被封为一等公爵。

自第一次在乌兰布通交战到噶尔丹兵败身亡，在长达七年的时间里费扬古驻扎在归化，由于他能约束布众、军纪严明，深得民心，当第三次讨伐噶尔丹的战事结束后，他奉命调离，当他从该城开拔时，归化的商人、百姓纷纷给他送行，不久为他修祠立像，以纪念他在抗击噶尔丹、戍边卫民及绥靖地方的过程中所立下的功绩，以至清政府在任命下一任驻归化将军时，竟然任命了一个与他同名的人，但此费扬古是豫亲王多铎的小儿子，这一任命足以反映出：出自董鄂氏的费扬古，在蒙、汉百姓中所享有的崇高声誉。

安息在孝陵地宫中的孝献端敬皇后的灵魂，应该感到欣慰了……

性善体香言难尽

——清高宗乾隆容妃和卓氏

　　在乾隆皇帝的40多个后妃中，有一位维吾尔族女子，她就是闻名遐迩的香妃。其实香妃是否遍体生香，根本无从考证。但乾隆帝只有一个维吾尔族妃子却是史实，她就是容妃。在容妃死后的一百多年内，骚人墨客大做文章，编造出一个"香妃"的故事。从野史、诗词到舞台，绘声绘影大肆渲染，竟达到了真假难辨的程度。那么，历史上真实的容妃是怎样的一个人呢？

战乱余生，企盼和平

　　容妃（1734—1788年），姓和卓氏，名伊帕尔罕，维吾尔族人。她就是传说中的香妃原型。伊帕尔汗是阿里和卓之女。乾隆二十二年（1757年），回部大、小和卓发动叛乱，清朝派兵入疆平叛，伊帕尔汗的五叔额色尹、哥哥图尔都配合清军作战，立了战功，乾隆二十四年（1759年）平叛之后，乾隆封额色尹为辅国公，封图尔都为一等台吉（仅次于辅国公的爵号），次年，图尔都送妹妹伊帕尔汗氏入宫，以示联姻友好。

　　额色尹、图尔都等人带着家眷，骑着骆驼，浩浩荡荡地向北京进发了。

　　容妃亲身经历与目睹了国家分裂的混乱与统一国家的残酷战争，生灵涂炭、马尸横野的血腥战场在她脑海里留下了深刻的印象。从她童年起，战争的恶梦总是伴随着她，同时也伴随着和卓家族的荣衰之梦。因此，可以说，和平一直是她的愿望，如今她的愿望实现了。

　　当容妃随同六叔进京朝见天子的遥远路途中，她兴奋得难以自制，她的命运正在悄悄地变化。这年，容妃27岁。

温顺恬淡，宫内受宠

容妃从小生活在戈壁绿洲，她端庄秀丽、善良勤快、热情活泼、能歌善舞。图尔都有一个好妹妹的消息传到了乾隆帝耳中。他早就听说回人女子窈窕娇美，一直未能亲眼得见，妃嫔之中，虽说不乏满、蒙、汉人，但却没有维吾尔族人。乾隆帝把图尔都的妹妹纳入宫中，可算是一举两得的美事，一来对安抚回部有利，二来后宫中又可多一位佳丽。于是乾隆帝决定纳容妃为妻。

乾隆二十五年（1760年）二月四日，容妃身着回部服装，默默祈祷着跨入庄严神秘的紫禁城内宫的门槛，成为乾隆帝一生中唯一一位回部妻子。当年六月，她被封为和贵人，时年27岁。乾隆二十七年五月，乾隆帝奉皇太后懿旨，册封和贵人为容嫔。乾隆三十三年六月，容嫔升为妃。

这年十月初六，在大学士尹继善的主持下，容妃穿着刚刚做好的满式朝服，戴着新赏的具有满族色彩的项圈、耳坠、数珠等，举行了隆重的晋封仪式。

容妃素无骄气，与乾隆帝嫔妃融洽相处，礼尚往来。也许是她没有生育子女的缘故，她把乾隆帝的最小女儿十公主视如掌上明珠，百般照顾，慈母之爱，时有流露。

容妃在宫中享有特殊的地位。细心的乾隆帝深知这位爱妻的所好所恶，对于容妃的宗教信仰十分尊重。赐给她的新疆哈密瓜等贡品就比一般妃嫔多些。他总是把上品花皮回子瓜单赏容妃，而其他嫔妃则赏给二等青皮哈密瓜。乾隆帝赐给她的御膳大都是羊肉、鸡、鸭和素菜等菜肴。宫中曾有一位名努倪玛特的维吾尔族厨司，专门为她做"谷伦杞"（抓饭）和"滴非雅则"（洋葱炒的菜）等维吾尔饭菜。

乾隆帝还特许容妃在宫中一直保持回部服饰，直到乾隆三十三年（1768年），因为由嫔升妃才为她做了满族朝冠与朝服。

乾隆帝对容妃的家属也很照顾。图尔都于乾隆四十三年（1778年）去世，因他死后无子，由侄子托克托袭辅国公。乾隆帝给予容妃及其家属很高的地位和优厚的待遇，这不能单从宠爱一个妃子的角度进行解释。清朝鼓励与外藩联姻，其目的是笼络各族上层人物支持朝廷，以加强中央政府对各民族的统治。

容妃对于皇上更不用说，更是竭力奉迎。进宫不到一年，她便恭请乾隆帝允许自己献上具有民族色彩的杂技班子进宫表演。在乾隆二十六年（1761年）正月，维吾尔族杂技班的玩小羊、玩绳杆、斗羊等精彩节目表演给新年佳节增添了许多笑声。乾隆帝龙心大悦，先赏艺人，后赏容妃。她还经常亲点菜谱，命回部厨师做出各种可口的清真佳肴，奉献给乾隆帝品尝。

容妃在宫中，待人和蔼可亲，为人不卑不亢，协助太后处理后宫事务，进退有度。从两次的册封可以看出容妃与皇太后的关系十分融洽。进宫第三年，乾隆二十七年（1763年）五月十六日，乾隆帝奉母亲懿旨册封29岁的和贵人为容嫔。同年容妃的哥哥图尔都晋封为辅国公。

乾隆三十六年（1771年）春，容妃随同乾隆帝东巡，登泰山，观日出，拜谒孔庙，领略了与江南旖旎风光迥然不同的鲁地风景。更使容妃欣慰的是，已婚十年，乾隆帝依然尊重她的生活习惯，格外照顾她的饮食起居。

乾隆四十三年（1778年），乾隆帝携嫔妃前往盛京避暑，一并拜谒祖陵，重游大清帝国的龙兴之地。在随行的六位妃嫔中，容妃的地位已居第二位。此后的数年里，容妃又伴随乾隆帝两次避暑热河行宫。在热河行宫淡泊敬诚殿的宴会上，容妃已坐在西边头座首位的位置。即使回到皇宫，在乾清宫论资排辈的万岁爷宴席上，她也坐到了东边桌第二位，距天子只有一人之隔了。容妃在宫中过着恬淡的生活，她没有染指权力的奢望，不想去偷偷品尝权力这个禁果，也不希望搞什么垂帘听政。她只求谨慎侍奉太后，小心处理好宫廷复杂的人事关系，竭力取悦皇上，让居于宫外的兄长叔侄不致遭到灭顶之灾，让自己家族的教众能过上安居乐业的生活。

爱妃病逝，乾隆黯然

　　乾隆四十八年（1783年）九月十五日，是容妃的五十大寿之日，乾隆给予了价值不菲的赏赐。从此以后，容妃便很少在宫中露面。乾隆五十二年（1787年）十月，容妃的贴身太监经常为她去御药房取药，从而证实容妃的确病了。当年年底到次年正月，容妃多次得到乾隆帝的单独恩典，赏赐果品。这三个月里容妃已经卧床不起，即使如此，她还惦念着乾隆帝，竭尽自己职责。在正月里，容妃在病榻上命回族厨师努倪马特六次专门给乾隆帝进奉热锅，两次进奉备受乾隆帝称赏的"谷伦杞"（抓饭）、"滴非雅则"（洋葱炒的菜），尽管她已不能陪侍乾隆帝共进晚餐。

　　乾隆五十三年（1788年）四月，容妃的病越来越重，她对宫中朝夕相处的妃嫔和本宫女子以及她娘家的叔叔、婶婶、嫂嫂、姐妹等都寄予无

性善体香言难尽

——清高宗乾隆容妃和卓氏

限的深情，她把毕生积存的全部衣物和珍贵的首饰分赠给他们留作纪念。从她的赠物单上，可以看出她对家乡亲人的怀念之情与处理事情的分寸把握，以及圆通的人缘关系。容妃吩咐将她死后的遗留之物，分赠愉妃、颖妃、惇妃、婉嫔、循嫔、林贵人、禄贵人、明贵人、鄂常在、白常在每人玉器一盒，宫扇数柄，伽南香十八罗汉一盘和玉如意一柄作为遗念。尤其是对于乾隆帝最小的女儿十公主，更是怀有一种特殊的情感，不忍离去。因十公主明年将要出嫁，留给十公主的最多，共留下二百四十多种东西；次之是大格格共赠一百五十多种遗物。此外，侍奉过她的宫内首领、太监、宫女、仆女她也没有忘记，赠银钱、赠衣物，对他们的孝心表示临终的谢意。

容妃对娘家更是有着特殊的感情，她希望通过遗物使大家经常念起她。她赠给叔叔额色尹、帕尔萨，堂侄喀申、巴克尔、阿克伯塔等和婶母、侄媳、侄孙女等如意、鼻烟壶、纱缎。在她的赠物单上，对嫂子格外照顾，另加有银子二百两，此时她的哥哥已经去世。对姐姐和妹妹除如意、鼻烟壶外，姐姐还赠有蓝大缎一匹，月白宁绸一匹；妹妹赠有酱色缎一匹，蓝大卷纱一匹。

容妃在清宫生活了28年，于乾隆五十三年（1788年）四月十九日病死，终年55岁。容妃的金棺安葬于纯惠皇贵妃园寝。嘉庆四年（1799年），乾隆帝死，葬于裕陵。容妃之墓就在裕陵之侧。

帝国沐浴残阳中

——嘉庆帝孝和皇后钮祜禄氏

孝和睿皇后（1776—1850年），钮钴禄氏，礼部尚书恭阿拉女。嘉庆帝第二位皇后。嘉庆即位前，她为侧福晋。嘉庆帝即位，封贵妃。孝淑睿皇后逝世后，继位中宫。先封皇贵妃。嘉庆六年，再册立为皇后。道光帝登基后，被尊为皇太后，居寿康宫。道光二十九年逝世，葬清西陵之昌西陵。育有绵恺、绵忻二子，一女早殇。

孝和皇后生在帝国由盛转衰的拐点，夕阳无限好，只是近黄昏。紫禁城的厚重宫墙再也遮挡不住外面的动荡，西洋的炮船缓缓驶来，内忧外患接踵而至……

嘉庆主政

　　孝和皇后钮祜禄氏出生自满洲世家，她的祖先是清开国五大臣之一的额亦都，她的家族曾多次同皇室联姻，既出过额驸，也出过皇后。钮祜禄氏生于乾隆四十一年（1776年），比嘉庆皇帝小15岁，嘉庆改元时她才20岁，在她22岁的时候嘉庆的第一位皇后孝全皇后喜塔拉氏去世，钮祜禄氏遂从皇贵妃被晋封为皇后。虽然她还很年轻，但却同嘉庆一起经历了风风雨雨。

　　乾隆六十年（1795年）九月初三，85岁高龄的皇帝在圆明园的勤政殿召见皇子、皇孙以及王公大臣，当众公布22年前所写下的立储密旨，"宣示恩命，立皇十五子嘉亲王册立皇十五子颙琰（即永琰）为皇太子，以明年丙辰改元嘉庆"。

　　嘉庆改元及新君即位，并不意味着乾隆时代的结束，实际上这位85岁的太上皇帝依旧是大清帝国的主宰，而和珅就是他的代言人。这一切，让35岁的嘉庆皇帝很不爽。

　　嘉庆三年（1798年）岁末，乾隆被风寒所侵，病情急剧恶化，大年初三清晨晏驾。

　　早已按捺不住的嘉庆帝，几天后就将和珅逮入刑部大狱，正月十六在所颁发的上谕中，公布和珅二十大罪状，正月十八赐和珅自尽。

皇后钮祜禄氏当然清楚，在这场变故中受伤害最大的就是嫁给和珅独子丰绅殷德的固伦公主。从辈分上说她是皇嫂，但在年龄上她比公主还小一岁。公主是乾隆所有子女中最小的一个，在公主中排行第十。十公主从小被父皇视为掌上明珠，在十公主下嫁之前就把最高级别的封号"固伦公主"赐给这个最小的女儿。乾隆在五十四年（1789年）十一月二十七日，为公主与丰绅殷德举行了盛大的婚礼，陪嫁的各种物品价值数百万两，而当公主携额驸回门时，皇帝又赐银30万两。尽管乾隆对幼女格外关照，可一旦乾隆弃天下而去，一旦和珅在政坛上遭遇坎坷，所有的荣华富贵就会成为过眼烟云。乾隆去世才十多天，不仅公主的公公和珅被处死，她本人也遭受了抄家的厄运，自努尔哈赤开国以来，还没有一位公主经历过被抄家，一种难以名状的伤感袭上钮祜禄氏的心头。

自清开国以来，历代公主的婚姻往往是政治联姻的产物。

想当年太祖要同强大的乌拉部结盟，把第四女穆库什嫁给乌拉贝勒布占泰，未几双方交恶，布占泰竟以鸣镝射穆库什；后来四公主被营救回来，又被他的父亲嫁给了可以称之为父亲的额亦都，而在额亦都死后又被安排嫁给比她小一岁的额亦都第八子图尔格。可公主、额驸都不满意对方，到崇德二年（1637年）彼此离异，43岁的四公主只能回到娘家与同母兄弟一起生活，一直到顺治五年，65岁的穆库什才走完命运多舛的一生，而图尔格则在顺治二年就已经去世。

皇太极时期，为了示恩前来归降的察哈尔部，把皇二女马喀塔（孝端皇后所生）下嫁已故林丹汗之子额哲，在额哲死后又令其改嫁额哲之弟阿布鼐，并与其生子布尔尼。然而就是这个布尔尼乘三藩之乱时起兵反清，兵败被诛。所幸公主已然病故，否则还真的要品味苦涩的婚姻所结出的痛苦之果。

皇太极第十四女比她的姐姐马喀塔还要不幸，为了笼络正在西南同南明永历政权浴血奋战的平西王吴三桂，顺治把幼妹——和硕长公主下嫁吴三桂长子吴应熊。康熙十二年（1673年）十一月吴三桂因反对撤藩之令率先发难，酿发长达八年的三藩之乱。为了对吴三桂进行惩罚，康熙于翌年四月将与和硕长公主一同居住在京城的额驸吴应熊及他们所生的儿子吴世霖处以死刑。尽管康熙对这位丧夫失子的姑母屡屡进行安慰，但这位和硕长公主终不能从痛苦中自拔，竟郁郁而亡。

十公主几个姐姐的婚姻都或多或少地带有联姻的色彩，为了巩固满蒙联盟，皇后富察氏生的三公主——固伦和敬公主嫁给科尔沁部辅国公色布腾巴尔珠尔，四公主——和硕和嘉公主嫁给皇后富察氏娘家侄子福隆安，七公主——固伦和静公主嫁给蒙古喀尔喀赛因诺颜部世子，九公主嫁给兆惠之子，但她们过得幸福吗？实际上公主和宫中的妃嫔也没什么太大的不同，婚后的日子真是碰运气……

自从固伦公主下嫁到和府，丰绅殷德表面上既敬且畏，但实际上丰绅殷德在婚后不久就又纳妾。即使是固伦公主也要容忍丈夫纳妾，身为女人也许就是最大的不幸。就连皇帝女儿中地位最高的固伦公主，也不能过一夫一妻的日子。难怪十公主自幼喜欢着男装，儿时总是戏称和珅为"丈人"。而丰绅殷德在被抄家之后，仍能保住半所宅院和半个园子（位于海淀），全凭固伦公主的金面。

要不是高攀上公主，丰绅殷德最轻也要发往军前效力，他却能依旧住在京城继续过着相当舒适的生活。可是他非但不感念公主的恩德，反而"将侍妾带至坟园，于国服内生女"。

自和珅被治罪，和珅这一大家子全都仰仗十公主支撑，然而丰绅殷
德却还要移情侍妾，而让公主独守空房，实在是忘恩负义。固伦公主的命
运，深深刺疼皇后钮祜禄氏的心。

到了嘉庆八年（1803年），由于公主府被革长史奎福到内务府"呈
控丰绅殷德演习武艺，谋为不轨，并欲谋害公主，将侍妾带至坟园，于
国服内生女"，终于把固伦公主与额驸之间不和睦的内情公开化，嘉庆
特令大学士董诰会同留京大王臣审理此案……这对固伦公主的确是件很
伤自尊的事。

此次风波从表面上看很快平息了，但公主的心已经被伤透了，公主对
额驸既无感情可言，也不抱任何希望，彼此只是维持夫妻关系，实际形同
陌路。

钮祜禄氏看在眼里，痛在心上，但她却无能为力……

问题棘手

熟悉国史的钮祜禄氏非常了解丈夫的能力，以嘉庆的能力他也只能跻
身于守成之君的行列，他的决断能力、应变能力根本不能同他的列祖列宗
相比，但他所面临的问题却又是实实在在的，刚一改元就遇上因擒拿教首
刘之协所引发的川、楚、陕白莲教起义。

虽然在乾隆退位后的三年时间，清军相继诱使聂人杰与王三槐到清军
营地投诚；德楞泰在陕西歼灭王聪儿、姚之富部；其他将领也摧毁罗其清

帝国沐浴残阳中——嘉庆帝孝和皇后钮祜禄氏

103

在大鹏山的营地，生擒罗其清；拿下冉文俦设在通江的基地，并将其击伤俘获；但张汉潮、王廷诏、齐国谟（齐林之侄）、樊人杰、冉天元、冷天禄、马学礼、苟文明、冯天保、苟文润、徐添德等依然转战在川、楚、陕的深山老林中。

到嘉庆五年十二月，亲政已经快两年的皇帝在上谕中也不得不承认"自邪匪滋事以来，剿办已及五载，总无藏事之时"，"看来年内藏功之说又成虚愿"。"现在各路征兵不下十万，军威不为不盛"，"即如陕西省南山内伍逆余匪，所剩不过二百余人，而官兵现在万余"，"伊等尚得借口于兵力不足""似此辗转奔逐，年复一年，何时始能剿尽"？正像他在《蜀中余匪尚未荡平诗志忧闷》中所表述的，"兵能迅速斯能扫，机患因循不患迟"，"将疲士懈皆予罪，宵旰焦愁莫我知"。

一份来自河南的奏报令嘉庆和皇后兴奋不已，那个掀起吞舟巨浪的刘之协在河南叶县落网。刘之协一直藏匿在新野一带，东藏西躲，在躲藏六年后，他准备去湖北同那里的白莲教徒联合起来，在行至叶县时被清廷抓获，时为嘉庆五年六月。一个月后刘之协被押至北京处死。刘之协的伏法的确让皇帝夫妇出了一口恶气，但清军同白莲教的战争却仍在继续着。

"白莲余孽尚纷驰"的局面，并不会因刘之协被处死就能结束。

这一年年底，嘉庆帝在给军机处大臣的谕令再次谈道："剿办已及五载，总无藏事之日。近据各路奏报，贼匪仍复东奔西窜，官兵虽随处追击，总不能扼其一路，归并一处，聚而歼洗。看来年内藏事之说又成虚愿。"何以同白莲教的战争久拖而不绝？一种观点认为："带兵大员及各督抚等仍存此疆彼界之见，只将贼匪驱逼出境即为尽职，并不协力会剿，

大清后妃故事

104

以致川、楚、陕三省窜匪出此入彼，来往自如。即被一路防堵官兵剿杀，杀贼无多，而前无拦截，后无追摄，沿途裹挟，又成大股，仍与未经剿杀者无异。"

另一种观点认为：白莲教在服饰上与平民百姓无异，"良莠难分"，而彼等"生长深山，登峰便捷"，掠食于民，无须转饷，故能转战数省，旋灭旋起。

还有一种观点认为：白莲教采用机动灵活的战术"或分或合，聚散无常，或往或来，出没无定。使我之兵，日疲于奔命；使我之财，日耗于粮饷；使我之民，转徙流亡，不得耕种以为生"。

上述种种，只是一些表面现象，钮祜禄氏隐约感到皇帝对局势控制的能力在减弱，无论是对将士，还是对教徒，尽管这是嘉庆不愿承认的。

将领的杀良冒功、杀降冒功，已经是公开的秘密，例如四川总督福宁在围剿来凤县的旗鼓寨时，有三千被裹挟的难民到清军营地投降，福宁把千余妇女儿童释放后，把剩下的两千余人杀害，竟以"节次擒获贼匪俱随时正法"上报……为了尽快结束同白莲教的战事，嘉庆帝在嘉庆六年（1801年）一月特颁布《御制邪教说》，在指出白莲教不同于佛教的同时，特别强调一般的白莲教信徒不是叛匪，明确指出清政府所要消灭的是叛逆之徒，而不是一般的教徒。

虽然白莲教在建立之始，其教首"则为骗钱惑众，假烧香治病为名，窃佛经仙箓之语，衣服与齐民无异，又无寺宇住持。所聚之人，皆失业无赖之徒，所以必流为盗贼，是又僧道不若矣。然天下之大，何所不有，苟能安静奉法，即烧香治病，原有恻怛之仁心，在朝廷之所不禁。若借此聚众弄兵，渐成叛逆之大案，则王法之所不容……官军所诛者叛逆也，未习教而抗拒者杀无赦，习教而在家持诵者原无罪也……故白莲教与叛逆不同，乃显而易见之理，设若贼营中有一二僧道能尽行沙汰，有一二生员岂遂废科举之典乎？然则白莲教为逆者，法在必诛，未谋逆之白莲教，岂忍尽行剿洗耶？白莲教与叛逆不同之理既明，则五年来所办理者一叛逆大案也，非欲除邪教也。"

虽然嘉庆盼来王廷昭（嘉庆六年初）、高天德（同年四月）、冉天士（同年八月）、樊人杰（嘉庆七年六月）等被歼的捷音，但一支支白莲教的队伍仍然出没在深山老林，虽说是强弩之末，但这"末"还要持续多久？钮祜禄氏不禁忧上心来。

嘉庆九年九月（1804年），最后一支白莲教被消灭的战报终于抵达北京。

皇后当然清楚为此所付出的沉重代价：动用军队十一万七千六百六十二名；使用战马四万二千五百六十三匹（不包括各省所购买的）；调拨饷银二亿两，从川楚陕三省调拨的粮食截至嘉庆七年将近四百万石。长达九年的战事，使得清帝国库存的粮饷进一步靡费，川、楚、陕等省的百姓则长期挣扎在死亡的边缘上。

诚如时人所分析的："自嘉庆元年用兵以来，吾民之死于贼者无论矣。官兵迎头截击，则冲锋冒刃者，皆吾精壮之民也；官兵从后尾追，则兜擒掩取者，皆吾老弱之民也，其死者不知凡几矣。幸而乘间得出，守卡之勇，坐营之兵，盘而获之，以为奇货，文致其罪，冀邀厚赏，非法拷掠，多方指证，草草数言，即行正法，其死者又不知凡几矣。"钮祜禄氏很清楚：医治战争的创伤、恢复饱受摧残的经济以及如何妥善遣返在平定白莲教中立下汗马功劳的乡勇，对嘉庆都是很棘手的问题。

皇帝遇刺

嘉庆八年春天姗姗来迟，都到了闰二月二十日，北京城依旧是寒气袭人。

正在储秀宫诵读经书的钮祜禄氏并不知道此时神武门已经乱作一团——从圆明园返回皇宫的嘉庆在进入神武门准备换轿时，突然一个手持短刀的男人飞也似的从玄武门冲了出来，直奔皇帝而去。御前侍卫与内务府护神武门军都被突发的行刺吓呆了，多亏七额驸拉旺多尔济与定亲王绵恩（乾隆长子永璜之子）奋不顾身冲上前去，才将刺客拿下。刺客竟然混进宫禁，就像晴天一声霹雳把皇后钮祜禄氏和所有的妃嫔、贵人、答应以及宫女、太监们惊吓得目瞪口呆，连皇宫都能有人来行刺，还到哪里去找个安全的地方？恐惧笼罩着紫禁城。

经审讯得知刺客名叫陈德，现年47岁。陈德的父母系满洲镶黄旗松年家奴，陈德在31岁时到北京谋生，他在内务府当过5年厨子后被辞退，无以谋生。陈德之妻已经去世，家中有两个未成年的儿子，一个是15岁的禄儿，一个是13岁的对儿，此外还有一个瘫痪在床的岳母。据陈德讲因生活没有着落，活不下去，想自杀，但又想自寻短见，无人知道，岂不就枉死了。听见皇上今日进宫，就跟着人群混进神武门，"看见皇上到来，就手持身佩小刀往前一跑，原想我犯了惊驾之罪，当下必奉旨叫侍卫大臣把我乱刀剁死，图个痛快，也死个明白"。说穿了，陈德就是想用自己的生命

帝国沐浴残阳中
——嘉庆帝孝和皇后钮祜禄氏

让皇宫里的人知道：天底下还有衣食无着落、不畏死的穷人，如果不解决这些人的生计，天下就不会太平。

皇后钮祜禄氏总觉得刺客能混入皇宫肯定有内线接应，像陈德这样一个处于社会底层的厨子，"安敢妄蓄逆谋"，必然有人在幕后指使，就像明代的"梃击案"——明神宗的宠妃郑贵妃派遣张差行刺太子朱常洛一样，必须深究才能除掉肘腋之患。如果无人接应，一个厨子焉能混进宫禁？然而经过四天的严刑逼供，陈德始终不承认有幕后指使，一再强调"实系穷苦难过，要寻死路"。

在二月二十四日的审讯中，陈德被抽了二十个耳光、重责三十板，并用夹刑，仍未能追出幕后指使。为了稳定政局，嘉庆在当日刑讯后颁布上谕，明确表示不再追究幕后指使。神武门行刺，反映出宫禁戒备的松懈以及社会上贫富的分化所造成的社会危机的尖锐。

嘉庆是个相当吝啬的人，紧缩开支的做法使身边人失去不少捞钱的机会，身边人的不满在增长，他们在以消极怠工来发泄心中的不满，刺客能混进来也就不足为怪了。

对陈德最终凌迟处死并将其两个未成年儿子一并处死（按照清朝法律16岁以下的儿子不处死，发配到功臣家为奴）。虽然使此案了结，但此案所暴露出的问题——社会底层处境的日益恶化及皇帝身边人的不满，并未能引起嘉庆的重视，而这恰恰是皇后最担心的。

皇宫遭袭

对皇后钮祜禄氏来说，嘉庆十八年九月十五日是她一生中最为惊心动魄的一天。

皇帝去承德避暑山庄举行木兰秋围还没有回来，而就在那天申时（上午九点多钟）手持武器的歹徒却攻进了皇宫，从枪声中她感到匪徒已经离养心殿很近了，皇宫已经成为战场。皇后钮祜禄氏不知道什么人闯进了皇宫，更不知道歹徒的身份，她本能地意识到大祸临头，令身边的宫女、太监把宫门顶上杠子，把能搬动的东西都堵在窗户前，为了防止万一她还抄起火镰，一旦隆宗门被攻破，就把宫殿点燃，堂堂皇后绝不能落在歹徒手中。几个手持白旗的歹徒已经爬上养心门了，她的心都提到嗓子眼了……只听"啪啪"几声枪响，爬上宫门的歹徒掉了下去……不知过了多久，留京的王公大臣在仪亲王永璇的带领下率领禁军从神武门入宫，又不知过了多久隆宗门枪声才平息了下来，等宫禁恢复了往日的平静时钮祜禄氏一下子就瘫坐在椅子上了……枪声停了下来，但搜寻藏匿在皇宫里的歹徒的工作正夜以继日地进行着，经过两天一夜的清理，生擒以及击毙闯进皇宫的歹徒共72名，而此时嘉庆皇帝刚行至白涧。

而对歹徒的审理、对余党的抓捕实际上就由皇后钮祜禄氏同嘉庆皇帝的八哥仪亲王永璇商量着办理。经审理得知此次大闹禁中是在天理教首领林清的策划下进行的，九月十五日有200多名教徒从黄村出发，在菜市口

帝国沐浴残阳中
——嘉庆帝孝和皇后钮祜禄氏

集合，然后分为两路，一路奔东华门，一路去西华门，利用皇帝不在京城的机会，突然袭击皇宫。林清则留在黄村等待河南方面派来的援军。

从东华门混进皇宫的教徒十人左右（一说五六人），就被侍卫发现，立即关闭大门，把几十名教徒挡在宫门之外，而混进西华门的教徒则约四五十人，他们在混进皇宫以后为阻挡官军，反而把西华门关闭，手执白旗，进攻隆宗门、养心门。当时正在上书房读书的皇次子绵宁（即后来的道光帝）以及贝勒绵志，得悉宫禁有变，发现"有执旗上墙三贼，欲入养心门"，立即用鸟枪袭击教徒，喋血禁中。

在得到皇宫遭到袭击的消息后，留京的王公大臣在仪亲王永璇的带领下率领禁军从神武门入宫，并在隆恩门外击败教徒，经过两天一夜的清查把混入宫禁的天理教徒以及勾结教徒的太监全部肃清。正在回京途中的嘉庆在得到皇后和仪亲王的汇报后，异常震骇，九月十七日在燕郊行宫颁布《遇变罪己诏》。

而皇宫中的审讯依然在继续着，留在黄村等待河南方面援军的林清及其教徒均被抓捕归案。通过林清等人的口供，此次紫禁城之变的轮廓才勾画出来：天理教的前身是八卦教、红阳教，教徒主要集中在河北、河南、山东、山西等地，在河南传教的是李文成，自称是"李自成转世"；在河北及北京一带传教的林清，自称姓刘，是"汉帝转世"，在山东传教的是冯克善。

天理教同许多秘密宗教一样把给人看病作为传教手段，由于林清曾在西单牌楼的"九如堂"药铺学过三年徒，又到其他药铺当过伙计，对医道比较精通，在治病方面比一般教徒"把茶叶在香上熏绕数转，令病人煎服"的疗效，自然要明显得多，还编出"若要白面贱，除非林清坐了殿"等歌谣广为散布。天理教教首根据天象变化——"彗星出西北方（根据

'纬'之说'主兵相'）"，认为在"酉之年，戌之月，寅之日，午之时"——即嘉庆十八年（1813年）九月十五日午时发动起义，最为有利。并规定起义口号："奉天开道"；联络暗号："得胜"；还散布在该年九月有"白阳大劫，刮黑风七昼夜，惟入教之人给'奉天开道'小白旗，即可免祸，其余遭劫，一概死亡"，并传播"专等北水归汉帝，大地乾坤只一传"等改朝换代的论调。

林清想通过突袭皇宫夺取政权，在他看来"我们占据了京师，不怕皇上不到关东去（即关外）"。为此，他想方设法在皇宫内的太监中传教，太监刘得财因是大兴人，便成为天理教极力争取的对象，又是赠金银，又是拜把子，于是刘得财就成为太监中第一个天理教教徒。经刘得财传教太监阎进喜、杨进忠、王福禄、高广福、刘金、张泰等人都也相继入天理教。嘉庆十八年（1813年）三月，林清两次来北京同刘得财等人见面，布置任务，并让他们做好接应的准备。

看到这些口供，皇后钮祜禄氏又焉能不后怕？教匪竟然在他们的眼皮底下发展内线，可她和皇帝竟然一无所知，还有比这更严重的失职吗？这的确是"汉唐宋明未有之事"！对局势的失控、对民变的失控、对教匪的失控，难道是"当今大蔽，是'因循怠玩'四字"所能解决的吗？按说皇后只管后宫的事务，可是当变乱已经殃及到后宫她又怎能脱得干系！如果在陈德神武门行刺事件后能及时加强对侍卫、太监的管理，即使天理教滋事也未必能闹到喋血紫禁城的地步！对占据滑县李文成的消灭及对山东教匪的剿灭虽然让皇后松了口气，但紫禁城内的枪声却久久回荡在她的心中……

海盗猖獗

白莲教的战事尚未结束，东南沿海的蔡迁又掀起滔天巨浪，大清王朝已经到了国无宁日的地步。蔡迁系何人？竟能在东南沿海一带掀起滔天之浪？

据史书记载，蔡迁是福建同安人。在海边长大的蔡迁，对在海上谋生自然非常熟悉。兼之此人很有组织能力，很快就拉起一伙人，到福建一带的洋面上去闯荡、劫掠。而乾隆以来人口的激增（到乾隆六十年全国人口已接近3亿），则把越来越多的难以谋生的人挤到海盗的队伍中。因而自乾隆末叶，一支支海盗出没在闽、浙、粤洋面。

由于清政府正忙于同白莲教的战争，根本就无暇顾及东南沿海地区，数千里的洋面竟然有海无防！蔡迁掌握几十艘配有大炮的战船，控制着福建海域，所有进出口的商船都必须向蔡迁一伙交纳通行税，出海船每只400元，进口船每只800元，俨然成为海上一霸。而在广东海域为患的则是林阿保、总兵保、郭学显、郑乙等团伙。

面对海盗的猖獗，清王朝只能"专力防守海口"，对于官府运盐船及商船派军队护送，至于粤、闽、浙洋面则听任海盗横行。

清王朝迟迟不能平定海盗的原因有两点：其一是官军缺乏同海盗匹配的战船——"兵船不得力"；其二是海盗能从沿海地区得到物资上的接应——海贼无两载不修之船，亦无一年不坏之杠料，桅柁折则船为虚器，风篷烂则寸步难行……一回闽地，装篷烤洗，焕然一新，粮药充足"；其三则是海上作战受风势的影响——"海中剿敌，全凭风力，风势不顺，虽隔数十里，犹隔数千里，旬日尚不能到也。是故海上之兵，无风不战，大风不战，大雨不战，逆风逆潮不战，阴云蒙雾不战，日晚夜黑不战。飓期将至、沙路不熟、贼众我寡、前无泊地皆不战也。及其战也，勇力无所施，全以大炮相轰击，船身颠荡，中者几何？我顺风而逐，贼亦顺风而逃，无伏可设，无险可扼，必以钩镰去其皮网，以大炮坏其桅牙篷胎，使船伤行迟，攻之，贼穷投海，然后获其一二船，而余船飘然远矣"。

皇后不禁一声长叹，她似乎都听到滚滚的涛声与隆隆的炮声……内忧外患一起袭来，万里洋面再也不能成为大清王朝的天然屏障了。

滔滔海水不仅成为海盗的栖身地，也成为西方炮舰乘风破浪的载体，英国的舰队已经频频出没在清帝国的水域。

嘉庆七年（1802年）二月，英国以防止法国占领澳门为借口，派六艘军舰抵达澳门，经过清政府的交涉，英军舰才于六月开走。嘉庆十三年（1808年）七月，九艘英国军舰在澳门再次登陆，接着又闯入黄埔、广州。两广总督吴雄光以断绝贸易，封锁进澳水路，切断粮食、蔬菜的供给作为同入侵者斗争的手段，由于当时的英国正同法国交战，不可能抽出更多的兵力用于远东，遂在占领澳门四个月后撤离。嘉庆二十一年（1816年）闰六月，由阿美士德（原英国驻印度总督）率领的英国使团再次访华，同乾隆年间访华的马戛尔尼一样试图打开清帝国的大门，把清帝国变成英国的商品市场与原料产地。阿美士德一行闰六月十九日抵达天津。

皇后的兄弟和世泰公爵是接待英国使团的负责人，从这一任命也可以看出嘉庆皇帝对此次中英外交接触的重视。然而对双方来说觐见礼节再次成为争论的焦点，阿美士德拒绝向嘉庆行双膝跪地的磕头礼。觐见礼节，在马戛尔尼访华时就成为一个争论的焦点，实际上一直到乾隆在避暑山庄的万树园接见马戛尔尼，英方也没能按照乾隆的要求行"双腿跪"的礼节，乾隆为此相当不快。

嘉庆比他的父亲还要固执，甚至派和世泰到通州去教阿美士德等人"习礼"，说白了就是学磕头。从闰六月二十七到七月初六整整习了八天的礼，依然没有解决磕头的问题，倒不是磕头难学，而是英国使团不能接受，彼此一直僵持不下。和世泰不愿让皇帝失望，他想像当年和珅那样，安排皇帝同阿美士德等人见面，即使英国使团来个单腿跪，皇帝也不能当场发作。

于是在初六晚上他陪同阿美士德等从通州赶往圆明园，并安排在初七早晨谒见嘉庆。皇帝已经端坐在殿中等待接见，可连夜的赶路已经搞得阿美士德疲惫不堪，更何况公使的礼服、英国使团的礼物都还在路上……一方面是皇帝在等候，另一方面是阿美士德拒绝谒见……和世泰只得编了个善意的谎言——阿美士德病了，而当嘉庆表示可以接见副使时，和世泰则说副使也病了，谎话说到这份上还能骗得了谁！盛怒中的嘉庆令英国使团返回广州，鸦片战争之前清、英之间最后一次外交接触尚未开始就已经结束。

和世泰的确有负圣望，把事情办砸了，可英国使团为什么在从通州出发时不把正使、副使的礼服以及礼物一同带上？对英国使团的做法，皇后实在感到不能理解；对英国政府派出使团的目的，她更感到困惑……

果断立储

嘉庆在其25年的在位期间给皇后出了一个又一个的难题，就连他在去世时也把一个涉及国本的大问题留给了皇后。

嘉庆在二十五年七月十七日（1820年8月26日）起驾去避暑山庄，由于天气炎热兼之旅途劳累，在二十五日到达避暑山庄的当天傍晚就病倒了。嘉庆一直身体不错，原以为歇息一两天就能缓过来，谁也没想到在当天夜里皇帝就在烟波致爽殿撒手而去，享年61岁。

当皇后得到皇帝驾崩的噩耗，第一个反应就是把皇帝存放在乾清宫"正大光明"匾额后边藏有立储密旨的匣子找出来，宣布皇位继承人。

这种秘密立储的做法是雍正所创建。雍正鉴于即位遭到八弟、九弟、十弟、十四弟等人的强烈抵制，对于康熙晚年不立储所造成储位空虚、诸王对皇位的觊觎以及老皇帝晏驾后权利之争白热化，进行改革，在雍正元年八月十七日建立秘密立储之制，并在乾清宫西暖阁召见大臣发表谕令，申明已经采取秘密立储的做法，把所择立太子的姓名"亲写密封，藏于匣内，置之乾清宫正中世祖章皇帝御书'正大光明'匾额之后，乃宫中最高之处，以备不虞"。

此后乾隆、嘉庆都沿用了这一做法。

但皇后派去的人在"正大光明"匾额的后面找不到立储密匣。在经过林清之变、天理教徒攻进皇宫后，嘉庆觉得把立储密匣放在"正大光明"

匾后面并不安全，从那以后他就把立储密匣带在身边。皇后似乎猜到嘉庆很可能把立储密匣带在身边，就让回来报信的人再返回避暑山庄去找，但折腾了好久依旧没找到。

国不可一日无君，在立储密匣找不到的情况下，皇后必须解决这一难题，于是她下达懿旨：令皇二子继承皇位。绵宁是嘉庆第一位皇后孝全皇后喜塔拉氏所生，钮祜禄氏比绵宁只大六岁。已经感受到内忧外患的钮祜禄氏，清醒地意识到从宗社的长治久安需要立一位成熟的有能力的继承人。

从当年皇二子在宫中同教匪的搏斗中，她认为自己的判断同大行皇帝生前的抉择是一致的。宫里的女人，只要自己生了儿子，没有不期望自己的儿子能当上皇帝的，但一个理智的女人总要看看自己的儿子有没有治国安邦的志向，钮祜禄氏生的两个儿子绵恺、绵忻，一个迷恋皮黄，一个陶醉古籍，别说嘉庆看不上，就连她自己也很失望，充其量也就是去管理升平署、武英殿修书处……皇后钮祜禄氏的立储懿旨，绝对是从大清王朝的江山社稷出发的，其中毫无任何个人的考虑……随同嘉庆去避暑山庄的太监终于在大行皇帝的遗物中找到一个不起眼的盒子，打开一看，正是册立皇二子绵宁为皇太子的密旨……钮祜禄氏的心一下子踏实了。

绵宁——即道光皇帝的即位更加名正言顺了，而皇后钮祜禄氏也因嫡母身份被尊为皇太后。

忧虑离世

当西方已经完成从中世纪向近代转轨之后，浩瀚的太平洋就再也不可能成为阻挡西方列强的天然屏障了，英国的军舰已经咄咄逼近：道光十九年（1389年）七月，英国船只以买粮食为名，闯入九龙湾，向停泊在口岸上的清军水师发起攻击，清军被迫还击，激战了两个多时辰，才将英船击退。

同年九月二十八日英国驻广州领事义律率兵船闯入穿鼻洋面，向清军开炮，被水师提督关天培击退；从九月二十九日到十月初六仅八天的时间英军就六次向驻扎在尖沙咀北面的清军发起攻击。铺天盖地的山雨如从天而降的狂飙，砸落在大清帝国这片古老的土地上。

道光二十年（1840年）五月，由16艘军舰装载的540门大炮以及配备武装的轮船4艘、运输舰28艘、4000名陆军组成的英国"东方远征军"气势汹汹地出现在广东海面，英国对中国的侵略战争已如在弦之箭：六月初八，浙江定海被英军攻破；七月十四，9艘英国战舰抵达天津海口，京师形势骤然紧张，道光令琦善负责同英方谈判；十二月十五日，英军攻陷虎门的沙角炮台、大角炮台；到了道光二十一年（1841年）二月，经过一天的激战，虎门的另外六座炮台全部失守，提督关天培阵亡；该年三月，英国兵船直逼广州城下；同年七月厦门失守，一个月后宝山炮台陷落，英军进犯镇海，紧接着宁波又被攻占；十一月下旬，英军先后攻下慈溪、奉化，到十二月初又拿下余姚。

迫至道光二十二年（1842年）六月当英军攻下镇江、兵临南京市，道光帝面对被切断漕运的现状，彻底屈服了，接之而来的就是第一个不平等条约《南京条约》及其附约的相继签订，而美国、法国也都趁火打劫，迫使签订了相似内容的《望厦条约》《黄埔条约》。看着大清帝国就像一块任人宰割的肥肉，皇太后钮祜禄氏心如刀绞……道光二十五年（1845年）是皇太后的七十大寿，面对多灾多难的国家皇太后也实在没有庆贺的心思。

西方列强一个个像猛虎一般扑了过来，就连原本算不上强国的葡萄牙也乘人之危，在英国宣布香港为自由港后悍然宣布澳门为自由港。

与此同时，葡萄牙女王任命一个极端狂热的殖民主义分子——海军上校阿玛勒为澳门总督，推行野蛮的殖民政策。1846年5月30日阿玛勒向居民征收土地税、人头税及不动产税，又令所有停在澳门的中国船只纳税。1847年又下令关闭澳门总口设在南湾的稽查口，将稽查走私的巡役拘捕，限其24小时之内离开澳门，并把稽查口的房屋拍卖。

道光二十九年（1849年），英国军舰闯入珠江口，欲强行进入广州，广州军民展开反入城的斗争。阿玛勒乘两广官员忙于同英人交涉，遂于3月5日发出布告，限中国海关八天之内撤出澳门，并于3月13日派士兵驱赶中国海关官员，封存海关的大量财产。

道光二十九年十二月十一日（1850年1月23日）皇太后钮祜禄氏怀着无限忧虑离开了这个充满动荡的世界……

宽厚仁德被人欺

——咸丰帝皇后慈安

　　慈安太后即东太后，是清代咸丰皇帝的正妻。她为人贤淑，举止端庄，口木讷不善言辞，在众妃嫔中从不争宠，但很得咸丰皇帝的尊重。在清朝历代皇后中，慈安皇后是最勤俭最有道德的。她宽厚仁爱，善良忠厚，是皇帝眼中的"圣人"。但令人遗憾的是，也正是由于这种性格，滋长了慈禧的专横，让她轻易地把大权夺走。她也曾想劝诫慈禧骄横擅权的行为，但后来被慈禧的虚伪所欺骗，并当面烧毁了文宗给她制约慈禧的密诏。她年仅45岁便暴病身亡，死因众说纷纭。

大智若愚

提起慈安，人们很自然地会联想到慈禧，长期以来，慈安给人一种过于忠厚老实、缺乏政治才干、事事依赖慈禧的印象。

实际上，这样的看法未免有失偏颇。

真实的慈安出身于世代官宦之家，从小就受到过良好教育。特别是她成为中宫皇后的10年间，清王朝遭遇了空前的内忧外患，使她在忧患中成熟，在忧患中增长阅历。在美女如云的皇宫，在多情好色的咸丰帝身边，能保持10年荣宠不衰，除了凭借她本人超凡的容貌和人品之外，还有一个更为重要的因素，就是她有一套十分成功有效的处理和驾驭她与众妃嫔、与夫君皇帝关系的秘诀。

这些都足以表明慈安是一位城府很深的大智若愚的女性。即使把她作为一个政治人物来衡量，即使把她与慈禧放在一起作比较，慈安太后也绝不是一无是处。决定朝政大事，慈安优于德，而慈禧优于才。慈安对权力不感兴趣，所以日常朝政多让慈禧处理。而"慈禧慑于嫡庶之分，亦恂恂不敢失礼"。遇到朝政大事，慈禧不敢擅做主张，仍要征询慈安的意见。只是到了最后，由于慈禧的权力欲病态膨胀，慈安才不明不白地去世了。

由此可见，慈安太后在控制局面、掌控权力方面也是有一套办法的。在光绪年间任过大清国驻英国大使，回国后先后任过光禄寺卿、太常寺卿、大理寺卿、左副都御史的薛福成，在他的《庸庵笔记》中记到：诛杀陷城失地、临阵逃脱的两江总督何桂清，将骄奢贪淫的胜保下狱赐死，赏给曾国藩、左宗棠、李鸿章爵位，皆出自慈安之意。

那么历史上的慈安太后究竟是怎样一个人？我们还要从头说起。

母仪天下

东太后慈安，咸丰帝的孝贞显皇后，生于道光十七年（1837年），死于光绪七年（1881年），姓钮祜禄氏，属满洲镶黄旗人，是广西右江道三等承恩公穆扬阿的女儿。

咸丰在未做皇帝前就与她结成夫妻。在道光帝在位之时，她就在奕詝（咸丰皇帝名）宫中侍奉皇储。但那时她只是侧室，嫡福晋是富泰之女萨克达氏。道光二十九年（1849年），萨克达氏病逝。道光三十年（1850年）奕詝即位，就是文宗，也称咸丰皇帝。咸丰二年（1852年），钮祜禄氏被封为贞嫔，又进为贞贵妃，不久立为皇后，从此开始"母仪天下"。

有人认为，如果说整个清廷的十二位皇帝中，道光皇帝最节俭的话，那么钮祜禄氏在清代所有皇后中，算得上是最勤俭最有道德的。以前赶上她过生日，朝廷内外的大臣官员们为了巴结皇帝和皇后，便纷纷前来献礼，可是钮祜禄氏一概拒绝，绝不通融。她在对待人们送礼一事上，曾这样告诫当时尚为兰贵人的叶赫那拉氏说："我们这些人若多接受一份礼物，老百姓们就会多一份饥寒。所以，我们应该戒除这些陋习！"慈安

宽厚仁德被人欺
——咸丰帝皇后慈安

皇后平时穿的都是布衣服，帷帐、罩幕与雨披等也一律不用绣品，尤其不愿用进口的洋纺织物，她说那些东西只是好看而不中用。宫中穿用的花盆底的绣鞋，鞋面上的花，她都督令宫女们绣上去，每年必定要亲手绣一双花鞋面，以此为宫中女子表率，倡导人人都做些力所能及的活。她平时的一举一动，都严格遵守各种封建礼法，绝没有疏漏越轨之举。夏天天气再热，她也不露出身体来，洗澡时也从不用宫女、太监们伺候，不换上礼服就不去见皇帝，坐着时腰板挺直，走动时都是慢步徐行，从不快步疾走。对待下人，她也比较和善，从不疾言厉色。她的所作所为，在咸丰皇帝眼中，简直成了女圣人。一次，咸丰皇帝为了游乐，下令花巨款整饰圆明园等居处。此等劳民伤财之举，慈安极为反对。为了劝阻皇帝一意孤行，一向温顺的钮祜禄氏竟然敢拔下头上的簪子，披头散发地对咸丰皇帝进谏。为此，咸丰皇帝不仅没有责怪，反而对她更为敬重。

养虎为患

然而，正直善良的人总会因自己的正直而受到那些心肠恶毒的人的仇视。

按照清朝宫中的规矩，妃嫔以下所有女子穿的服装，都必须是窄袖长袍，不许穿裙子，头上的髻要统一梳成横长式，站时要挺直腰板。等到被册立为妃时，穿着、梳头、行动才能稍微自由一些。叶赫那拉氏初选入宫刚被封为兰贵人时，由于不熟悉清宫里的规矩，偶尔梳过宫外满洲妇女们常梳的飞云髻，恰巧慈安皇后看了。为此她专门传谕，申斥警告兰贵人（即后来的"慈禧太后"）要谨遵宫中法度。大概从这时起，兰贵人就对皇后有了不满，只是她当时地位不及皇后，又很善于伪装，善良的慈安皇后可能根本没看出来。

其实，皇后对待兰贵人是相当不错的。清代宫禁内有这样一种规定：能够与皇帝同房的妃嫔们要由皇后决定，到傍晚的时候，由皇后选出一些写着妃嫔名号的牌子交太监呈给皇帝，皇帝留下哪个人的牌子，就召哪位妃嫔到皇帝寝宫去伺候。如果反过来，皇帝想到哪个妃嫔宫中去住，也必须先由皇后传谕旨给那个妃嫔，饬令该妃嫔做好接驾准备，然后皇帝才前往彼处。但这种谕旨上必须要盖上皇后的金印（即要征得皇后的同意）。由此可见，清朝的皇后对于各个妃嫔的制约可能比以往任何朝代都大。因为如果她不想让你见皇上，就不选你的牌子呈给皇上，而你肯定就见不到。妃嫔如果见不到皇帝的面，在宫中即与坐牢无异，就一辈子没有出头的机会了。正是在这些方面，皇后钮祜禄氏为叶赫那拉氏提供了很多方便，当然慈安皇后对其他嫔妃也不错。不料，钮祜禄氏对叶赫那拉氏的善良用心最后成了养虎为患，引火烧身。

兰贵人之所以能够步步高升，与慈安皇后的提携是分不开的。据史料记载，她刚入宫时，先在皇后住处坤宁宫当差，皇后对她很好。直到以后为皇帝生了皇子载淳，她的地位才开始改变。

宽厚仁德被人欺
——咸丰帝皇后慈安

123

两宫对峙

咸丰六年（1856年），英法对中国发动第二次鸦片战争，攻占广州。咸丰十年，英法联军攻陷天津，向北京进逼。咸丰帝整日寻欢作乐、荒于朝政，此时更是无计可施，只得以"木兰秋狩"为名，携带皇后、懿贵妃及儿子载淳等人，匆忙逃往热河承德避暑山庄。风流皇帝在北京时，沉溺于声色之中，由于纵欲过度，致使体弱多病。钮祜禄氏本性虽然正直，但性格太温顺，根本无力劝止。御医诊治后说常饮鹿血，可补肾亏阳虚之症。于是设立鹿苑养了100多只鹿，天天取鹿血以供其饮用。这一次仓皇逃往热河，鹿自然没有带走。到了热河行宫，情况与京城里自然有极大不同。咸丰帝本已龙体渐弱，再加上路途颠簸的劳累还没恢复过来，精神也相当紧张。据说由于行宫内外的防禁并不太严，协办大学士肃顺还经常带着皇帝偷空子出外游乐，使其更加沉溺于声色之中而无力自拔。这样导致他本已虚弱的身体越来越坏。咸丰帝一时难以承受，便一病不起，而且病情一天比一天严重。咸丰十一年（1861年）七月，皇帝开始大量咳血，身体急剧恶化。这时，皇后忙于照料左右，无暇顾及政事。倒是慈禧趁机帮皇帝批阅奏折，处理朝政。如此一来，慈禧不但熟悉了朝政，也对朝廷里争权夺利、钩心斗角的形势，了解得一清二楚。

咸丰十一年七月十七日（1861年8月22日），咸丰皇帝病死。不过他在临死前做了三大决定：一是立他唯一的儿子、6岁的载淳为皇太子；二是命怡亲王载垣、郑亲王端华和肃顺、景寿、穆荫、匡源、杜翰、焦佑瀛八人为赞襄政务大臣，在自己病逝后赞襄一切政务；三是赐皇后钮祜禄氏"御赏"印，赐皇太子"同道堂"印为以后下达谕旨的符信，"御赏"章为印起，"同道堂"章为印讫，规定凡一切诏谕只有盖有这两个方印时才能生效。因为皇太子才6岁，所以，"同道堂"印由其生母懿贵妃掌握。

有人专门分析过，从咸丰帝的临终安排可以看出，他是经过慎重考虑的。幼子载淳继位，由八大臣辅佐赞襄一切政务，而不是一二位大臣，说明他考虑到了肃顺跋扈专权的可能性，他又担心皇弟奕訢身贵势重，而把奕訢排除在赞襄政务大臣之外。这个决定的用意就在不使权力偏斜于一二人之手，八位王大臣可以互相牵制，从而防止出现权臣大权独揽、威胁皇权的局面。另外，为了牵制八大臣，让他们一心扶持幼主，咸丰又给了皇后和懿贵妃以极大权力。两宫手中握有两方印，不钤印的谕旨不能生效，这就给了皇太后和幼帝载淳以某种程度的否决权。可见，咸丰对后事的安排决定是深思熟虑的结果。两位皇太后和幼帝为一方，八位赞襄政务大臣为一方，不突出任何一方，而缺任何一方又不可。这既不是太后垂帘，又不是权臣辅政，是"垂帘辅政，兼而有之"。这就是咸丰所设计的政治格局，其特点是多方牵制，其指导思想是权力制衡。这样设计的目的是为了避免政局动荡，实现权力的顺利交接与过渡。

咸丰皇帝死后，仅有6岁的皇子载淳即皇帝位。七月十八日（8月23日），他尊钮祜禄氏为母后皇太后，上徽号为"慈安"；由于懿贵妃叶赫那拉氏是小皇帝的生母，所以也一并尊为圣母皇太后，上徽号为"慈禧"。此时的八位辅政大臣已不想受两位皇太后制约，越来越骄纵妄为。

出于与八大臣斗争的需要，慈禧主动与慈安结盟。而皇后对肃顺的跋扈，也非常愤恨，这就是二人结盟的基础。

积极理政

为了摆脱两位皇太后的控制，八个赞襄政务大臣提出，新皇帝年幼，不解政事，老皇帝有遗诏命他们赞襄政务，新皇帝发布圣旨由他们拟文发出即可。慈安对此似是模棱两可，慈禧却极力反对，她认为这是很严重的事情，任其这样就会使皇帝被架空，导致大权旁落。八大臣却不依不饶，双方的权力斗争也越来越激烈。有一次，八大臣竟然以罢工相威胁，使慈禧认识到只靠一个手中无权的慈安去实现其垂帘听政的设想，无异于孤军奋战。因此，她又联系以恭亲王奕訢为首的王公大臣集团，最终发动了"辛酉政变"，一举击溃了以肃顺为首的辅政大臣集团，将权力操控在太后手里。

这场政变实质上就是一场朝廷内部的权力之争。一方是两宫皇太后和以恭亲王奕訢为首的皇族，另一方则是咸丰帝临终任命的八位赞襄政务王大臣。这场政变的组织者、策划者和领导者是慈禧，其主要倚靠的骨干力量是奕訢，但也绝对不应忽视慈安在其中的作用。她作为原中宫皇后、当时的母后皇太后，具有举足轻重的作用。因此她是这场政变中决定成败的关键性人物。这一点，机敏而工于心计的慈禧比谁都清楚。慈禧更清楚自己是靠"母以子贵"才登上皇太后宝座的，声望、资历、影响力远逊于慈安。如果不将慈安争取过来，夺权、垂帘听政的目的就达不到。可以说，如果慈安旗帜鲜明地坚决拥护咸丰帝的遗命，毫无保留地支持并站在八大臣一边，辛酉政变就不会发生，这段清史就得重写。

在政变之后，朝廷中一些日常的事务由慈禧处置，但每遇朝政大事，还是要由慈安太后最后决定。有书记载，慈安"及与孝钦后（慈禧）垂帘听政，首简恭王入军机处。时国人称孝贞优于德，而大诛赏大举措，实主之；孝钦优于才，而判阅奏章，裁决庶务，及召对臣工，咨访利弊，悉中款会"。这段话是什么意思呢？就是说，时人对慈安和慈禧的评价是各有所长，慈安"优于德"，慈禧"优于才"。慈安太后的理政之才主要表现在四件事上。

第一是重用能臣，带来"同治中兴"。慈安与慈禧密切配合，发挥己长，励精图治，在朝内重用奕訢、文祥、倭仁等重臣，外用一批优秀的汉族将领，如曾国藩、左宗棠、李鸿章等，使得同治年间出现了"中兴之象"。1914年出版的《清朝全史》记载："同治改元之初，即知曾文正公之贤，授为两江总督。文正感其知遇，尽心谋国。而东宫（指慈安——笔者）则自军政、吏治、黜陟、赏罚，无不咨询文正而用其言。"于是当时遂有"至军国大计所关及用人之尤重大者，东宫偶行一事，天下莫不额手称颂"之说。

第二就是节俭自爱。辛酉政变之后，慈安、慈禧两宫太后，在养心殿共同垂帘听政。开始的时候，由于慈安太后位居正宫，名位高于慈禧太后，因此慈禧不敢太张狂，大权一度由慈安太后掌握着。一段时间里，节俭自爱的政风很浓。慈安常以东南太平天国未灭，国家正处多事之秋为由，驳回一些阿谀奉承的大臣奏请大兴土木重修圆明园的奏折。原圆明园管理大臣殷德以园务不能振兴为一大憾事，他百般恳求两宫皇太后，坚持要重新修复圆明园。这时太平天国农民革命虽已失败，但捻军（清中叶后

宽厚仁德被人欺
——咸丰帝皇后慈安

127

反政府农民武装）和西北回民的武装斗争却气势正盛。慈安太后素来崇尚节俭，根本就不同意大兴土木的修园之举。

所以殷德的愿望无法实现，心中深感不快。正巧，北京城内有一个很有势力且人品极坏的大富豪名叫李三，他勾结广东商人李光照，投殷德所好，与殷德拉上了关系。他们在小皇帝载淳出外游玩时前往参见，哄骗小皇帝答应重修圆明园。李三与李光照暗自高兴，以为可借此次机会大捞一把。为了能取得慈禧太后的赞同，李光照前去用重金贿赂大太监安德海，安德海开口要价20万两白银，讨价还价一番后，终以10万两银子成交。而慈禧太后此时正韬光养晦，密谋夺权，也就颇为顾忌朝野内外对她所作所为的议论，无心过多地游乐。不想李光照行贿之事被恭亲王奕䜣等大臣侦知了，马上上报给慈安太后。而平素以节俭著称的钮祜禄氏大怒，立即命令刑部官员逮捕李光照下狱。接着传下懿旨，命逮捕奸商李光照，并追查行贿修园一案。后来，安德海因慈禧太后关照，才度过了这一风波。

第三是诛杀安德海，朝野称快。太监安德海是直隶南皮（今属河北）人，人称"小安子"。同治初年，他因受慈禧太后宠幸，开始干预国政。穆宗载淳尚未成年，但对安德海飞扬跋扈的一套非常不满，经常为一些事训斥安德海，而每次挨了训，安德海都要向慈禧太后诉委屈，慈禧太后马上便召载淳来指责一番，这样反而更加深了小皇帝对安德海的仇恨。

关于杀掉安德海一事，现在主要有两种说法。一是为除掉安德海，载淳曾找慈安太后密商办法，他们认为山东巡抚丁宝桢敢作敢为，因此在丁宝桢入京晋见时，令他伺机诛杀安德海，丁宝桢慨然允诺。同治八年（1869年）七月，慈禧太后命安德海往南方采办宫中用物，安德海自然得意非常，他公然打着钦差大臣的旗号乘楼船沿运河南下，一路声势浩荡，招摇纳贿。安德海进入山东德州地界时，丁宝桢得知消息。他令总兵王正启率兵追安德海。等追到泰安，王正启抓住了安德海，并马上把他押送到济南府。安德海不识时务，死到临头还叫道："我奉皇太后的命令外出，谁敢冒犯我，那是他以卵击石自寻死路！"逮住安德海后，丁宝桢便飞马上奏朝廷。慈安太后得到报告，立即召见军机大臣奕䜣及内务府大臣等商议处置办法。诸位大臣都说太监不得出都城之门乃是祖制，大清建立200多年来还从没有敢违犯的，如有违犯者要坚决处死，不可饶恕，安德海应就地正法。另一种说法是慈安等与丁宝桢并未事先沟通，只是按照清朝制度：太监不得出都门，犯者杀无赦。同治八年（1869年）八月，安德海请求慈禧派他到江南置办龙衣，获得许可。但他不知收敛，一路招摇，途经山东境内时，被山东巡抚丁宝桢拿获。丁宝桢迅速将此事上奏朝廷。慈禧有意袒护，慈安"立命诛之"。结果安德海被就地正法。反正不管怎么说，安德海被杀都是由于慈安的力主其间。当时朝野上下，人心大快。

第四是立阿鲁特氏为皇后。同治十一年（1872年），同治帝已经17岁了，到了立后成婚的年龄。慈安看中了淑静端慧、容德俱佳的崇绮之女阿鲁特氏，她怕载淳亲政以后，年纪太轻，不能胜任繁重的政务，所以得要一位成熟贤淑、识大体，而又能动笔墨的皇后，辅助皇帝。而慈禧则看中了年轻俏丽、姿性敏慧的富察氏。两人各执己见，最后决定由同治帝自己决定。结果同治帝采纳了慈安的意见，同意立阿鲁特氏为皇后。皇帝"大婚"之后，慈安太后对皇后阿鲁特氏更是百般关照，每次皇后来问安、伺膳，她都热情接待，并屡次催促皇后早早回宫，不必过于拘礼。此事表明了慈安在宫中、在同治帝心中的崇高地位和影响力。

宽厚仁德被人欺
——咸丰帝皇后慈安

猝然离世

然而，正是由于她与载淳的关系和对他的照顾远远超过载淳的生母慈禧太后，才引起慈禧太后的猜忌。而且慈安太后为人宽厚仁爱，在宫中、在同治帝心中具有崇高地位和影响力，这更是意欲专权的慈禧太后所不能容忍的。

穆宗死后，载湉被立为帝，即德宗，亦称光绪皇帝。由于德宗皇帝即位时年纪尚幼，两宫皇太后二次垂帘听政。这时虽然是二人同时训政，但慈安太后已无一分权力。实权都掌握在慈禧太后手中。在光绪年间，她诚心信奉佛教，在宫中天天以吃斋念佛为主要功课。这样，慈禧太后更觉无所约束，益加肆意弄权，胆大妄为了。

光绪一朝，慈安太后日益倦怠不闻外事，而慈禧太后则日益振奋统摄全局大权独揽。从生活上说，慈安太后崇尚节俭，不事铺张，而慈禧太后却肆无忌惮地挥霍。慈禧太后经常单独召见大臣，决定大事要事逐渐地也不再告知慈安太后。过去她哪敢这样做，像同治年间补瑞麟为文华殿大学士，这样的大事，她都要找慈安太后商量，取得慈安太后的同意后才可以实施。后来慈安太后竟成了可有可无之人，这使慈安太后心内愤愤不平，两人之间的矛盾也逐渐突出起来。

没过多久，慈安太后突然暴薨了。

光绪七年（1881年）三月初十日戌时，慈安逝于钟粹宫，终年45岁。

慈安之死，事先并没有什么明显的征兆。三月初九日，慈安身体稍感不适，第二天晚上就死了。光绪帝对慈安的猝然而逝，深为不解："初九日，慈躬偶尔违和，当进汤药调治，以为即可就安。不意初十日病情陡重，痰涌气塞，遂至大渐，遽于戌时仙驭升遐。"

事出太过突然，令朝野皆惊。

慈安太后为人慈祥和蔼，以仁厚著称于大内，平日很少责罚太监、宫女。有时小太监的衣服挂破了，她还亲自给缝上。她的猝然薨逝，使钟粹宫的太监、宫女们如丧考妣，一时间哭声恸天。那班大臣们听了，个个面面相觑，目瞪口呆。内中恭亲王最是关心，听后便禁不住号啕大哭起来。诸大臣劝住了恭亲王的哭，赶进东太后寝宫去，见慈禧太后坐在矮椅上，宫女们正在替东太后入殓。大臣们看了这个情形，忍不住个个掉下眼泪来。只听得西太后自言自语地说道："东太后一向是一个好身体，近来也不见害病，怎么忽然丢下我去了呢？"慈禧太后一边数说着，一边伏在尸身旁呜呜咽咽地痛哭起来。诸位大臣见西太后哭得伤心，便一齐跪下来劝解着，说皇太后请勉抑悲怀，料理后事要紧。照宫廷的旧例，凡是帝后上宾，所有药方医案都要交军机大臣验看；如今东太后死得这样快，所以也不及延医服药，也不曾留得方子。后妃死后，照例又须召椒房戚族进宫去看着入殓。如今西太后的主意，不叫去通报东太后的母家钮钴禄氏的族人，大臣们也没有人敢反对，一任那班宫女在那里替东太后草草成殓。慈禧太后同时把一班军机大臣召唤到自己书房里去，商量拟遗诏的事体。

那遗诏上说道：

予以薄德，只承文宗显帝册命，备位宫闱；迨穆宗毅皇帝寅绍丕基，孝思纯笃，承欢奉养，必敬必诚。今皇帝入缵大统，视膳问

宽厚仁德被人欺
——咸丰帝皇后慈安

安，秉性诚孝。且自御极以来，典学维勤，克懋敬德，予心弥深欣慰！虽当时事多艰，宵旰勤政，然幸体气素称强健，或冀克享遐龄，得资颐养。本月初九日，偶染微病，皇帝侍药问安，祈予速瘥；不意初十日病势陡重，延至戌时，神思渐散，遂至弥留。年四十有五，母仪尊养，垂二十年；屡逢庆典，迭晋徽称，夫复何憾！第念皇帝遭兹大故，自极哀伤；惟人主一身关系天下，务当勉节哀思，一以国事为重，以仰慰慈禧端佑康颐昭豫庄诚皇太后教育之心。中外文武，恪供厥职，共襄郅治；予灵爽实共与嘉之。其丧服酌遵旧典，皇帝持服二十七日而除；大祀固不可疏，群祀亦不可辍。再予向以俭约朴素，为宫闱先，一切事关典礼，固不容骄纵抑损；至于饰终遗物，有可稍从俭约者，务惜物力，即所以副予之素愿也。故兹昭谕，其名遗行。

一道遗诏，便轻轻把一桩绝大的疑案掩饰过去了。那孝贞皇太后的家族也不敢问信。光绪七年（1881年）九月二十七日，慈安被安葬在普祥峪定东陵，谥号"孝贞慈安裕庆和敬诚靖仪天祚圣显皇后"。

死因迷离

慈安身体一直很好，遗诏上也说"体气素称强健"，认为会"克享遐龄，得资颐养"。一个素称体健之人，怎么得点小病，不足两天就死了呢？人们对此议论纷纷，对她的死因作了种种猜测。

第一种说法是清朝官方的"正常病死说"。在朱寿朋的《光绪朝东华录》中载有慈安的遗诏，说她在"初九日，偶染微病，皇帝侍药问安，祈予速痊。不意初十日病势陡重，延至戌时，神思渐散，遂至弥留"。但是这种"因病致死"是那样的快速而又突然，连当时的当事者也大为怀疑。据《清稗类钞》载，在慈安初感身体不适时，御医薛速辰为她诊脉，认为"微疾不需服药"，没想到当晚就听说"东后上宾，已传吉祥板（棺木）"，大为诧异，还以为是外间谣传。后来噩耗证实，他大戚曰："天地间竟有此事，吾尚可在此？"是不信慈安是因病致死。另一位当事人左宗棠，当时任军机大臣，突然听说慈安得病身亡，顿足大声说："昨早对时，上边（指慈安）清朗周密，何尝似有病者？即去暴疾，亦何至若是之速耶？"

第二种说法是因慈禧与慈安交恶，慈安激愤自杀说。据《清稗类钞》另一种记载，慈安与慈禧共同垂帘听政，慈禧权欲极重，慈安却倦怠少闻外事，并不与之争权，因此倒也相安无事。但到了1881年初，慈禧患血崩剧疾，不能视事，慈安有一段时间独视朝政，致使慈禧大为不悦，"诬以贿卖嘱托，干预朝政，语颇激"，以致慈安气愤异常，又木讷不能与之辩，恼恨之下，"吞鼻烟壶自尽"。

第三种说法，也是被大多数后人深信不疑的，是被慈禧下药毒死说。

据《慈禧外记》载：当年咸丰临终时，曾秘密留下了一个遗诏给慈安，要她监督慈禧，若慈禧"安分守己则已，否则汝可出此诏，命廷臣传遗命除之"。但老实的慈安将此事告诉慈禧。阴险毒辣的慈禧听了，表面对慈安感泣不已，实际上已起杀机，遂借向慈安进献饵之机，暗下毒药，加以谋杀。恽毓鼎的《崇陵传信录》也持这种说法。

据记载，在光绪七年（1881年）的某一天晚上，慈安太后在自己宫中置办酒宴，说是为慈禧太后祝福。酒至半酣，慈安太后屏退左右侍从人员，先热情详细地追述了在热河行宫，肃顺擅权，两宫太后受挤，随后果断谋划辛酉政变，以及同治朝十一年间两人同时垂帘听政的事情，动情处抽泣垂泪良久。慈禧太后听了也悲不自胜。慈安见打动慈禧，忽然话题一转道："咱们姊妹现在都老了，说不定哪天就要离开尘世。相处二十多年，所幸从来都是同心协力，连一句冲撞对方的话都没说过。而我这里存有一件东西，是从先帝文宗那里得来的，现在它已经没有什么用了。"

说完，慈安太后从袖子里拿出一个精微的信封递与慈禧太后，让她拆开看一下。慈禧太后接过信封，好奇地启封后细看，吓得脸色顿变，羞惭得不敢抬头看慈安太后。这封函内装的不是别的，正是清文宗交给慈安太后的遗诏。遗诏的大意是：叶赫那拉氏是皇帝的亲生母亲，母以子贵，日后定会尊封为皇太后，我对此人实在是不能深信。此后如果她能安分守己也就罢了，否则，你可以出示这一纸诏书，命廷臣宣布我的遗命，把她除掉。

慈禧看后，才知道咸丰皇帝到底还是对自己留了一手，当时惭愧与恼怒的心情交加，心中十分害怕。不过慈安太过仁厚，竟当着慈禧的面把遗诏放到烛火上烧掉了。慈禧当下装出感激泪下的样子。慈安太后又对她百般劝解安慰，至此酒宴方才结束。此后几天，慈禧太后对慈安太后礼节周全非常恭敬，一反过去那种骄狂放纵，连伺候的太监宫女都感到很奇怪。慈安太后也暗自高兴，认为是前日自己烧密旨的做法收到了预期的效果。

孰不知慈禧已动了杀心。光绪七年（1881年）三月十日，慈安在庭院中看金鱼休闲，慈禧那边来了一位太监，送来一盒点心说："这种点心，西佛爷觉得好吃，不肯独用，送一点给东佛爷尝尝。"慈安高高兴兴地当场尝了一块，顿时就觉得不舒服。当天慈安忽然得病，不料到了第二天晚上，竟撒手归西，享年仅45岁。

还有一种说法见于《清宫琐闻》，摘自葛峺道人的《云海楼随笔》。

光绪当皇帝后，虽说是东西两太后同训朝政，实际上慈安不大管事，在宫中吃斋念经，一切都是慈禧说了算。于是，慈禧得以为所欲为。当时有名伶杨月楼，被召进宫演戏。慈禧看上了他，经常召他进宫，甚至留他在宫中过夜。一天，慈安有事找慈禧，慈禧不在，只见杨月楼睡在慈禧床上。慈安大惊而退。慈禧知道后，大惧。马上让杨月楼吃下一碗杏酪后出宫。杨回家后就死了。慈安并不打算追究此事；但慈禧一直忐忑不安。一次，朝廷讨论表彰某大臣家人节烈的时候，慈安借这个机会好言好语地规劝慈禧。慈禧不安，心里更不是滋味。过了几天，慈禧让宫婢给慈安送去点心，慈安吃过后便暴薨，连太医都来不及叫。

作者说，这是当年在宫里一位宫监告诉他的。王无生《述庵秘录》所记与此说相同，但有小异，同慈禧来往的名伶姓金。光绪六年（1880年）冬季，慈禧太后得病，请御医诊治无效，朝廷便诏令各行省的总督巡抚推荐各省的良医进京会诊。李鸿章、刘坤一等都推荐了良医进京。不过慈禧太后久病不愈，慈安太后即前往探望，到那里却看到慈禧太后正与她宠爱的伶人金某睡在床上，慈安太后气愤至极，严厉地痛斥慈禧太后的丑行，慈禧太后吓得跪地谢罪，尔后将金某驱逐出宫，不久将他赐死。

另文廷士《闻尘偶记》却认为慈禧是因与人私通怀孕，事为慈安察觉，准备废掉慈禧太后称号，慈禧闻之，先下手为强，设计毒死了慈安。不管怎么说，慈禧毒死慈安之说还是得到了绝大多数人的认同。

推测慈禧之为人，心胸狭窄，诡计多端，为争权夺势，是什么事情都干得出来的。只要慈安太后一死，慈禧太后在宫中就可以独断专行了。

慈安皇后以她的宽厚善良成为皇宫内的道德楷模，也因为她的过分仁慈使自己处于权力斗争中的被动地位。更为可惜的是，因为她的一片善念，造就了在清末历史上为所欲为的慈禧，不但使她自己死得不明不白，连整个清朝的根基都被慈禧所动摇。最终，她还是造成了一个养虎为患的结局。

垂帘听政半世纪

——晚清女主慈禧太后

　　在满清王朝末期的历史上，与"清朝兴国太后"孝庄相对应，也有一个女人，使清朝的命运产生了翻天覆地的变化，不过却是颠覆性的。这个女人，就是慈禧太后。

　　在中国历代皇后中，慈禧是最臭名昭著的一位。她是中国历史上把持国家政权时间最长的一位女性，也是中国历史上给国家和人民造成灾难最大的一位女性。她迷恋政治，也留下了千古骂名。

初入皇宫

慈禧小名兰儿，原是满洲正黄旗人，姓那拉氏，查起她的祖上来，是叶赫部的子孙。其父惠征是一位中级官吏，于咸丰二年（1852年）出任安徽宁池太广道。当时正是太平军横扫大江南北之时，安徽地界很不太平，经常有战乱袭扰。

第二年三月，惠征以"携带饷银印信避至镇江"而被上级官员开缺，即开除离职。同年六月初三，闻讯之后的惠征悲愤忧郁，自此便一病不起，最后客死于江苏镇江府，终年仅49岁。慈禧的母亲姓佟佳氏，也是显宦人家子女，慈禧的外祖父名叫惠显，在道光朝历任皖省臬司、驻藏大臣、工部左侍郎，并兼任京营右翼总兵，后又出任归化城副都统。慈禧的幼年就生活在京城里面这样一个比较特殊的满人家庭中，家庭三代均为清朝官员阶级，虽然他们都未能做到显赫的一二品大员，但也算是十分风光。为了能够进一步的升迁，慈禧家中的几代人都作了非常大的努力，却收效甚微。

选秀女是清朝宫廷的一项重要制度，时间是三年进行一次。咸丰元年（1851年），清廷按照惯例颁诏选秀女。这为慈禧步入紫禁城，进入皇家提供了一个千载难逢的机遇。

咸丰二年（1852年）二月的一天，太阳落山时，在通往紫禁城的大街上，一行车队正浩浩荡荡地行进着。车辕两旁挂着的红灯笼，映照着装饰得华丽多姿的彩车，也映红了车夫那喜气洋洋的笑脸。老百姓们知道，这是咸丰皇帝又在选秀女了。

就在这车队中一辆别致的小车里，17岁的兰儿显得异常兴奋，完全没有其他秀女们的羞涩、紧张、忐忑不安的心情。她在憧憬着美妙的后宫生活，想象着皇帝的英俊、潇洒、富有才华，直到车队停在神武门外，才把她拉回到现实中来，她深深地吸了一口气，心里想着我一定要被选上。城门打开了，秀女们按次序一个个从车上下来，按着年龄的大小排好队在神武门外恭候，然后，每五个秀女为一组，由太监带到皇帝面前。在皇帝挑选秀女时，秀女们可以一反臣民晋见皇帝的惯例，可以不下跪，站着由皇帝相看。秀女一旦被皇帝选中，就会被留下名牌，按规定还要复选一次，经过复选，被皇帝最后选中者，便可以得到封号，成为皇帝的妃嫔了。而其余落选的秀女，则各自回家，听由各家择婿婚配。

一脸喜气、一脸自信、一脸灵秀的兰儿一下子就引起了咸丰帝的注意。她真的被选中了，被封为兰贵人，住在储秀宫。贵人是一种封号，其地位在皇后、皇贵妃、贵妃、妃、嫔之下，仅在"常在""答应"之上。尽管贵人在后妃等级中倒数第三，数额也没有限制，但她毕竟进宫了。

慈禧这次虽然顺利地进宫了，但前途仍然未卜。后宫美女如云，众多女子犹如众花吐艳，各呈芬芳。乍看上去，很难说出哪一个更漂亮。因为她们各有风采，各有特色。众多佳丽，所要伺候的只是一个男人，天天、个个都对皇帝望眼欲穿，咸丰如何独能记住她呢？所以兰贵人除了在选秀女时见过皇帝的面，以后连个皇帝的影子也没见到，更不用说同皇帝亲近了。而皇帝不仅可以给她们带来幸福与欢乐，更能给她们以权力与地位。数以百计、千计的女人的命运，只系在他一人之手。所以，得宠者可以事事如意，失宠者则一切愿望化为泡影。一旦打入冷宫，则其凄惨之状非一般人所能想象。正是在这样的制度下，后宫中的女子们无一不为自己的前途与命运奔波，而这一切又都围绕着"争宠"来进行。

逐鹿后宫，取宠皇帝，这谈何容易，但是，兰贵人做到了，并且仅仅用了短短的5年时间，就由第五级的贵人而跃升为第二级的贵妃，不能不说她是一位非凡的女人。

逐鹿后宫

慈禧自幼聪明伶俐，自然也很工于心计。

为了吸引皇帝的注意，她首先疏通皇帝身边的太监，因为他们是离皇帝最近的人。为此，她广结人缘，频繁地给他们一些好处，很快结交了皇帝的几个贴身太监，并从他们嘴里了解到皇帝爱听歌曲、爱看舞蹈，还有喜欢独自散步的习惯。而她也根据这些信息，找到了自己接近皇帝的方法。

这一天，天气炎热，咸丰皇帝因为太平天国之事感到烦闷，又到外面散步。跟班的正好是慈禧买通的小太监，于是，三绕两绕，就把咸丰皇帝领到了储秀宫外。储秀宫的小太监远远地就看见皇帝朝这边来了，立即报告了兰贵人。兰贵人一听皇帝驾到，不由得喜上眉梢，歌喉婉转，按计划唱起了自己颇为擅长的江南小曲。一路闷闷不乐、信步走来的咸丰皇帝，不由得一愣，停下了脚步，听惯了宫廷乐曲的咸丰皇帝被这从未听过的民间小曲迷住了。好容易醒过神来，咸丰第一句话就问："这小曲是谁唱的？"拿了慈禧不少好处的小太监趁机把她提起，皇帝在好奇心的驱

大清后妃故事

使下，走进了储秀宫……从此以后，咸丰皇帝经常驾临储秀宫，兰贵人日益受到宠幸。进宫两年后，在咸丰四年（1854年）二月二十六日，皇帝下旨，晋封兰贵人为懿嫔，升了一级。她凭借自己的美貌、机智与才华成了咸丰皇帝宠幸的妃嫔之一，在荣华富贵的道路上迈出了关键的一步。

但是，在皇宫里的生活绝对不是平静的，即使皇帝对她宠爱有加，懿嫔依然如履薄冰。她努力避开上自皇后下至寻常妃子的嫉妒，谨慎行事，上下和气，广结人缘。她不仅要小心侍奉着皇帝，还要躲开皇后的家法，不容易呀！不过付出总有回报。在咸丰皇帝的宠幸下，咸丰五年（1855年），懿嫔有了身孕。

咸丰六年三月二十三日（1856年4月27日），懿嫔在储秀宫分娩，头一胎便生下了个胖小子。当时，咸丰皇帝已经26岁了，还没有儿子。懿嫔生了儿子，当然使咸丰皇帝高兴万分，他给儿子取名载淳。中国第一历史档案馆藏有咸丰六年（1856年）三月《懿妃遇喜大阿哥》档册一份，记载了当时的一些具体细节："二十三日巳时，懿嫔开始坐卧不安，随储秀宫服役的太监韩来玉问接生姥姥口氏，说似有转胎之象。三月二十三日未时，懿嫔顺利分娩出阿哥，收拾完毕后，太监带领两个大夫来到储秀宫，一个是给大人查看身体，一个是给刚出生的孩子检查身体。两位大夫给懿嫔母子号脉，母子均安，皇帝大喜。"

母以子贵，懿嫔的地位发生了急遽的变化。当天，咸丰皇帝便发下圣旨，将懿嫔晋封为懿妃；九个月之后，在咸丰七年（1857年）正月初二那天，咸丰皇帝又颁圣旨，晋封懿妃为懿贵妃。这样，年仅23岁的懿贵妃就成了后宫中仅次于皇后的人物。咸丰八年（1858年），玫贵人徐佳氏生下第二个皇子，可惜出生后此子即夭折。从此以后一直到咸丰帝去世，紫禁城内再也没有一位后妃生儿育女了。因此，慈禧所生的载淳被皇帝视若掌上明珠。因为她是皇帝独子的母亲，不仅妃嫔们不敢与她相较，就连皇后钮祜禄氏也要高看她一眼，同她以姐妹相称。

从此，在后宫之中，懿贵妃已是皇后一人之下、万人之上的女主人了。

欲望膨胀

也许，慈禧最初的奋争只为争宠，随着时间的推移，她的奋争就有了新的内容，她不再满足得宠，她不再安分守己，随着咸丰帝的宠爱有加，她的权力欲越发膨胀起来。

其时，清王朝正处于内忧外患的危难时期。太平天国起义爆发于广西，不久，进军湖南、湖北，咸丰三年（1853年）三月攻克南京建都，与清政府分庭抗礼。西方列强以"修约"为名，准备对中国发动新的侵略战争。沙皇俄国在中国东北兴师动兵，强占中国黑龙江以北大片领土。咸丰皇帝本来志比天高，怎奈生不逢时，朝廷内部势力盘根错节，自己的宏图大志完全难以施展。这种情况下，咸丰自暴自弃，沉湎于酒色，不理朝政。

咸丰六年（1856年），英法对中国发动第二次鸦片战争，攻占广州。咸丰十年（1860年），英法联军攻陷天津，向北京进逼。咸丰帝整日寻欢作乐、荒于朝政，此时更是无计可施，只得以"木兰秋狩"为名，携带皇后、懿贵妃及儿子载淳等人，匆忙逃往热河承德避暑山庄。咸丰帝本已龙体渐弱，再加上路途颠簸，精神紧张，到达承德时，暑气也已消散，咸丰帝一时难以承受，便一病不起，而且病情一天比一天严重。慈禧本来很受皇帝信任，这时更趁机帮他批阅奏折，处理朝政。如此一来，慈禧不但熟悉了朝政，也对朝廷里争权夺利、钩心斗角的形势，了解得一清二楚。

咸丰十一年七月十六日（1861年8月21日），阴云笼罩热河行宫。咸丰病危，但头脑还是十分清醒的。他做出了三大决定：一是立他唯一的儿子、6岁的载淳为皇太子；二是命怡亲王载垣、郑亲王端华和肃顺、景寿、穆荫、匡源、杜翰、焦佑瀛八人为赞襄政务大臣，在自己病逝后赞襄一切政务；三是赐皇后钮祜禄氏"御赏"印，赐皇太子"同道堂"印为以后下达谕旨的符信，"御赏"章为印起，"同道堂"章为印讫，规定凡一切诏谕只有盖有这两个方印时才能生效。因为皇太子才6岁，所以，"同道堂"印由其生母懿贵妃掌握。如同前面分析过的，咸丰在临死前设计了多方牵制的政治格局，其指导思想是权力制衡。这样设计的目的是为了避免政局动荡，实现权力的顺利交接与过渡。

咸丰十一年七月十七日（1861年8月22日），咸丰皇帝病死。七月十八日（8月23日），皇后钮祜禄氏被尊称为母后皇太后。懿贵妃因是新皇帝的生母，自然而然地被尊称为圣母皇太后。

但是，事情的发展并不像咸丰皇帝设计的那样。因为他留下了一个大隐患。

他将朝政大权分成两半，使之互相牵制，必然引起双方的对立。有牵制就会有矛盾，但矛盾双方不可能永远势均力敌地僵持下去。矛盾总会有激化，激化的结果就是双方的彻底决裂以及你死我活的斗争，而且必然以一方的被消灭为结束。他还忽略了一个手握大权的重要因素——他的皇弟奕䜣。

所以，在清朝的政坛上，其实存在了三股势力，一是以小皇帝为中心的两宫太后集团，一是以顾命八大臣为核心的大臣集团，另外就是以恭亲王为首的王公大臣集团。三股势力钩心斗角，互相倾轧，构成了当时复杂多变的政局。由于皇帝年纪尚小，慈禧又不便直接出面干预朝政，大部分朝政便由辅政的八大臣掌管。咸丰龙驭上宾以前，慈禧就深知要抗衡肃顺这些权贵，一定要有同盟。她非常谨慎地迈出的第一步就是同皇后结盟。而皇后对肃顺的跋扈也非常愤恨，这就是二人结盟的基础。经过慈禧的一番努力，慈安相信不联合起来对付肃顺等人就不会有好日子过。

从此以后，慈禧、慈安的两宫联盟逐渐形成。

为了摆脱两位皇太后的控制，八个赞襄政务大臣提出新皇帝年幼，不解政事，老皇帝有遗诏命他们赞襄政务，新皇帝发布圣旨由他们拟文发出即可。开始，慈安对此模棱两可，慈禧却极力反对，她认为这是很严重的事情，任其这样就会使皇帝被架空，导致大权旁落。慈禧指着咸丰皇帝临终前留给小皇帝载淳的"同道堂"印说："先帝给皇太子这颗印，就是签发上谕用的！"接着，她又指着咸丰皇帝留给慈安的"御赏"印说："先帝的用意很清楚，宾天时留给太后这颗印明明也是为了签发上谕用的！""新皇帝发布圣旨时，可以由八个赞襄政务大臣拟稿，但一定要经过太后和皇帝过目认可，方能发出，这也是先帝的遗愿。"一番透彻的分析，听得慈安连连点头称是。慈禧见慈安赞同自己的主张，立刻把八个赞襄政务大臣叫进来，斩钉截铁地说："往后，皇上的旨意，照例由你们草拟发出，但是，必须送呈太后过目，否则不准发出。先帝对此早有安排，赐有'御赏'和'同道堂'两方印信，这你们都是知道的，今后，凡有上谕，拟稿首尾分别盖上'御赏'和'同道堂'印信，然后方可发出。"慈禧这番话说得是有理有据，八位赞襄政务大臣无言可驳。他们虽然不愿两位太后干预政事，但一时又找不到合适的理由进行反对，只得认可了。当下，慈禧便吩咐八个赞襄政务大臣把这个意思拟稿，作为新皇帝的第一道上谕发往全国。

就这样，在咸丰皇帝死后，在与八个赞襄政务大臣的第一个权力冲突中，由于慈禧联合慈安，才能迫使八个大臣妥协，使她获得了首次夺权斗争的胜利。第一个回合的交手，慈禧暂时占了上风。

然而，权力的争夺永不会停止。两位太后虽然有节制朝政的印章，但国家的大部分权力还是掌握在八大臣手里。真正到了僵持的时候，双方的势力更不可同日而语，毕竟，没有了两位太后，八大臣完全可以以皇帝为幌子，把持朝政；可如果没有了这八位大臣，恐怕朝政就会陷入瘫痪，有一件事印证了这种可能。

御史董元醇于八月初八日（9月12日）上的一道奏章，请求皇太后垂帘听政。董元醇的这个请求，自然是正中慈禧下怀，让慈禧大喜过望。但是，太后要是垂帘听政，无异也就是剥夺八个赞襄政务大臣的政治生命，这是八个大臣绝不能妥协的事情，也是他们一直都在小心防范着的事情。所以，对董元醇请皇太后垂帘听政的奏章，八个赞襄政务大臣反应非常强烈。他们持完全否定的态度并建议皇上降旨痛责董元醇。八个赞襄政务大臣之一的焦佑瀛亲自动笔起草了一道口气十分严厉的上谕，斥责董元醇心怀叵测，太后垂帘听政尤不可行。另外七个赞襄政务大臣依次传阅了焦佑瀛起草的这道上谕，个个拍手叫好，即刻，命人抄清后就给两位太后送去了，请她们用印发布。慈禧看完这道上谕稿，感到事态严重，但她也不愿轻易就让步，所以，她给东太后出了个主意，把董元醇的奏章和这道上谕稿一并压下，暂不签发。这样一来，两位太后与八个大臣的矛盾又激化了。气愤已极的载垣等人就曾当面驳斥两位太后："奉命赞襄幼主，不能听命太后。请太后看折，亦系多余之事。"当慈禧怒斥他们："难道皇帝之命你们也敢不尊吗？"杜翰更是直接顶撞："若听信谗言，臣不能奉

垂帘听政半世纪
——晚清女主慈禧太后

命。"肃顺更是怒气冲冲，挥手跺脚，把倒在慈安怀里的小皇帝吓得出了洋相，直气得慈禧手颤不已。争执良久，两位太后拿定主意就是不签发。但从气势上，八个大臣占了上风。第二天，上谕稿仍未签发，八个赞襄政务大臣一商量干脆以搁车（不办公）相威胁。双方僵持到中午，两位太后担心，事情再僵持下去可能有变，于己不利，才不得不做了让步，把叱责董元醇的上谕签发下来了。八个大臣一看两位太后让步了，这才长长地出了一口气，一个个笑逐颜开，照常办起公来。这一次的较量，是真正实力的较量，结果，八个赞襄政务大臣取得了暂时的胜利。

通过这一次的较量，慈禧认识到靠一个软弱无力的慈安去实现其垂帘听政的设想，无异于孤军奋战，是绝对不行的。根据她对朝廷形势的把握，她把希望寄托在了清廷的第三股力量上，即以恭亲王奕訢为首的王公大臣集团。

当时的奕訢借与英法联军及其他列强议和之机，与列强建立了联系，已成了留守京师大臣们的核心。咸丰皇帝一死，奕訢不在赞襄政务大臣之列，很自然地成了留守京师与在热河的八个赞襄政务大臣相抗衡的政治集团的领袖。慈禧看中的正是这一点，她就是要利用奕訢与八个赞襄政务大臣的矛盾，依靠以奕訢为首的这派政治力量，铲除八个赞襄政务大臣，为自己垂帘听政扫平道路。奕訢是道光皇帝的第六子，深得道光皇帝宠爱，甚至曾想立他为皇太子。奕訢没能继承皇位，自然心中不服。另外，奕訢与咸丰皇帝的矛盾也是举朝皆知的事。但是，矛盾归矛盾，他毕竟姓爱新觉罗，作为皇室的一员，他对肃顺等八大臣把持朝政也颇为忌恨，更重要的是，他自从咸丰死后就一直蓄谋重掌朝廷军政大权，他也明白要想重握军政大权，除掉政敌载垣、端华、肃顺等心腹之患，必须借助于两位太后这个尚方宝剑不可。所以，他们的联合成了互惠互利的事。双方一拍即合，奕䜣上奏要求前往热河叩谒梓宫。

八大臣也心知肚明，在当时的朝廷里能以权力与他们相抗衡的不是太后，而是奕䜣，因此对他早有防范。咸丰皇帝在位时，肃顺等人就设法说服咸丰，不允许奕䜣到热河来；咸丰皇帝咽气后，奕䜣要求到热河奔丧，更是遭到了载垣等人的拒绝，这也是为了阻断两位太后与他的联系，防止双方互相通气，连成一派。但慈禧此时正要借重于恭亲王，所以她联合慈安，坚持批准了奕䜣要求前往热河叩谒梓宫的奏请。于是，奕䜣于咸丰十一年八月初一日（1861年9月5日）终于到达了热河，哭奠过咸丰皇帝之后，便得到两宫太后的宣谕召见。老谋深算的奕䜣为了打消八个赞襄政务大臣的疑虑，故意请端华陪自己一道去拜见两宫太后。端华一时没了主意，两眼瞧着肃顺，肃顺心犹不甘，也只好笑着说："老六，你与两宫太后是小叔子和嫂子，见面何必用我们陪同呢！"这样，奕䜣得以单独同两宫太后见面。这是两位皇太后对奕䜣的第一次召见，也是他们在没有旁人的情况下进行的第一次的政治性磋商。他们说的什么，外边无人知道，只是在这一次召见之后，奕䜣再也不与两宫太后接触了，只有他的弟弟奕谟及弟媳（西太后的妹妹）出入内宫。

在八月十三日（9月17日）那天，慈禧突然宣布新皇帝在十月初九（11月11日）正式登基，届时在紫禁城太和殿举行登基大典。对此，八个赞襄政务大臣没有任何思想准备，明知事出有因，又没有合适的理由阻挠。于是，慈禧定于九月二十三日（10月26日）离开热河，返回京师。八大臣殊不知，放慈禧回京，不亚于放虎归山、放龙归海，也拉开了自己一干人等覆亡的序幕。原来，两宫太后与恭亲王的那次会见，不但是"密商诛三奸之策"，而且确定了发难地点应在京师。在这次商谈中，奕䜣不仅同两宫达成了一致的意见，而且也打消了慈禧对列强的疑忌而不敢还京的心理。奕䜣于八月初七日（9月11日）离开热河，兼程返回京城，就是为了落实政变计划。就这样，慈禧在宫内联合了慈安，在宫外联合了恭亲王奕䜣等人，为八个赞襄政务大臣编织了罗网，只等时机一到，便要行动了。

辛酉政变

自古以来，对于一个政变者，除了要有发动政变的理论基础，还要有足够的军事实力，否则绝不会顺利。慈禧等人围绕在皇帝周围，理论原因自然不难找，而她们联络奕䜣，则是为了加强己方的军事力量。奕䜣回京后，先后做了手握重兵的胜保、僧格林沁的工作，使他们在朝廷中枢的权力斗争中，鲜明地站在了太后的一边。

而慈禧在离开热河前夕，也非常巧妙地剥夺了八个赞襄政务大臣手中仅有的一点兵权。

她以小皇帝载淳的名义下令给八个赞襄政务大臣加官晋爵。八个赞襄政务大臣不知是计，在谢恩的时候，言不由衷地说："臣等兼职过多，恳请皇帝、太后减去臣等一些兼差。"太后眼看八个赞襄政务大臣上套了，立刻顺水推舟，在褒扬八个赞襄政务大臣识大局、以国事为重的同时，宣布"俯允所请"，收回给八个赞襄政务大臣加官晋爵的命令，而且还免去载垣、端华、肃顺三人的步军统领、管理火器营、健锐营、扈从护卫等重要兼职。这样一来，八个赞襄政务大臣手中的兵权便被剥夺了。两宫太后削去八个赞襄政务大臣兼差以后，为了打消他们的疑虑，立即又责成载垣、端华、肃顺等起草皇帝登基时封赏众臣的诏书，为赞襄政务大臣预拟了一系列封号。慈禧这一招的厉害之处就在于，既夺了八个赞襄政务大臣的兵权，又另给他们以虚衔，使其受挫于前，获得安慰于后，虽有不满但又不能决裂。

至此，肃顺等人成为政变者俎上之肉的命运已经注定。

慈禧夺了八个赞襄政务大臣的兵权以后，就暗中命令奕谟起草解除八个赞襄政务大臣职务的圣旨，奕谟很快便将圣旨草拟完毕，给八个赞襄务大臣定了三大罪状：

其一，去年英法联军火烧圆明园是肃顺等人筹划不当造成的结果，使咸丰被迫巡幸热河；

其二，英法联军退兵后，载垣等人阻挠皇帝回京，致使皇帝患病，不能及时治疗而去世；

其三，皇帝去世之后，八个赞襄政务大臣专权跋扈，阳奉阴违，擅改谕旨，反对垂帘。

据此，免去载垣、端华、肃顺一切职务，令景寿、穆荫、匡源、杜翰、焦佑瀛5人退出军机处，分别按律治罪。奕谟把这道圣旨叫自己的福晋偷偷地带进宫中，呈给慈禧看罢，然后交给慈安，缝在了衬衣里面密藏。慈禧感到一切都准备停当了，便在九月二十三日（10月26日）按计划离开热河。小皇帝和两宫太后在载垣、端华的护卫下，坐快轿昼夜兼程向京师进发；咸丰皇帝的灵柩则由肃顺护送，随后慢行。这个安排，是慈禧的主意，颇费了一番心思。因为她深知载垣、端华、肃顺是八个赞襄政务大臣的中心，而这三人又以肃顺为核心。把载垣、端华和肃顺分开，便于各个击破；两宫奉皇帝先行回京，可以赢得时间，便于行动。而八个赞襄政务大臣却没料到慈禧这种安排的用心，尤其是肃顺素以老谋深算著称，

垂帘听政半世纪
——晚清女主慈禧太后

关键时刻竟把应该紧紧抓住的一张王牌——皇帝先放走了，忘记了自古以来挟天子以令诸侯的利害关系，他们还沉浸在赞襄政务大臣的美梦中，毫无戒备地上了路。

九月三十日（11月2日），两宫太后及小皇帝载淳回到了北京。慈禧马上召集会见群臣，一边流着眼泪，一边数落八个赞襄政务大臣如何欺君罔上、专权抗命、心存不轨。奕诉等人异口同声地表示效忠太后和皇帝，声讨八个赞襄政务大臣，要求慈禧"重置其罪"。像胜保等咸丰皇帝在位时不得宠的大臣，也纷纷斥责肃顺等人，说他们"揽君国大权，以臣仆而代纶音，挟至尊以令天下，实无以副寄托之重，而餍四海之心"，紧跟着提出"为今之计，非皇太后亲理万机，召对群臣，无以通下情而正国体"。慈禧见此情形，内心欢悦。但是，她仍明知故问："他们八个人是赞襄政务大臣，能一下子就治罪吗？"早已成算在心的周祖培连忙接过话茬说道："皇太后可以下令先解除他们的职务，然后再处置他们！"慈禧装作恍然大悟的样子，连声说好，边说边朝慈安示意。慈安立即从衬衣里拿出奕谟起草的那道圣旨，递给了奕诉。奕诉接过圣旨，高声朗诵了一遍。谕旨历数八大臣的罪状，派恭亲王奕诉会同大学士、六部、九卿、翰詹科道，将他们应得之罪，分别轻重，按律秉公具奏。以周祖培为首的众大臣连连高呼万岁。慈禧等大家平静下来，又对奕诉说："六爷再草拟一道将他们革职拿问的上谕。"奕诉毕恭毕敬地说："奴才遵旨。"慈禧扫了众人一眼，斩钉截铁地说道："此举关乎我大清的江山社稷，也关乎我们母子的性命，更关乎诸卿的前程，望诸卿好自为之，凡事请恭亲王便宜行事吧。"奕诉和众大臣齐刷刷地跪下，齐声说："请太后放心。"

打击肃顺党人的斗争正式开始。

慈禧等返京的第二天，八个赞襄政务大臣除了肃顺因护送咸丰皇帝灵枢未到京城外，其余七人都早早来到了军机处，着手处理政务。可没过多久，奕䜣就带着圣旨来抓他们，奕䜣还没念完圣旨，七个大臣中的载垣和端华就高声抗辩："这诏令不是我们起草的，无效！"边喊边站了起来。奕䜣朝载垣、端华看了一眼，慢声慢语地说："二位不要急躁，这里还有一道圣旨！"说罢，不紧不慢地从怀里又掏出一道圣旨，高声念道："前旨仅于解任，实不足以当罪。命恭亲王奕䜣、桂良、周祖培、文祥即行传旨：将载垣、端华、肃顺革职拿问，交宗人府会同大学士、九卿、翰詹科道严行议罪。钦此。"载垣和端华气急败坏地大叫："我们没有起草，这圣旨是从哪里来的？"奕䜣提高了嗓门，朝屋外喊道："将此二逆拿下！"话音未落，从门外冲进来十余名早已整装待命的禁卫军。奕䜣厉声说道："摘去他们的顶戴花翎，押往宗人府。"冲进来的侍卫们雷鸣般地应道："嗻！"不由分说，冲上来把七个赞襄大臣的缨帽摘了下来，这就等于宣布他们已不再是赞襄大臣，也不再是什么亲王了，只不过是一介平民而已。七个赞襄大臣就这样被捆绑着押进了宗人府。

所谓"擒贼先擒王"，搞政变也是一样，辅政八大臣已经抓起来了七位，剩下一个核心人物肃顺还没有落网。慈禧等人当然会乘胜出击，就在当天晚上，当肃顺护卫着咸丰皇帝的灵柩走到密云时，被从京城赶来的醇郡王奕譞、睿亲王仁寿逮捕了，连夜押回京师。到京后，肃顺也被关进了宗人府，肃顺一见载垣、端华二人先被关了进来，不由得长长叹了一口气说："你们若是听我的话，何至于有今天！"载垣、端华懊恼地说："事情到了这个地步，还有什么话说呀！"原来在咸丰帝刚驾崩的时候，老谋深算的肃顺曾暗中对载垣和端华说过，慈禧为人狠毒，一心想独揽大权，如不将她干掉，将来我们不会有好的结果。只是当时，载垣和端华不同意肃顺的想法，没有先发制人，而后来事态的发展果然应验了肃顺的说法。

到了这个时候，他们只能悔之已晚、抱恨九泉去了。肃顺集团败就败在他们轻看了两宫，认为她们不过是年轻女子，有何能为？他们也轻看了奕䜣，自认为有咸丰皇帝的遗诏，奕䜣又能有何为呢？

在收拾了八大臣之后，慈禧明白，控制人心、稳定大局乃是当务之急。

为此，慈禧组成了以奕䜣等留守京师的人员为主的新政权领导班子，任命奕䜣为议政王兼军机大臣、宗人府宗令，奕䜣为御前人臣兼正黄旗领侍卫内大臣，同时，对其他有功人员如桂良、沈兆霖、宝鋆、周祖培、文祥等人也都分别给予加官晋爵。这个新班子给从前的八个赞襄政务大臣定了罪。结果，载垣、端华、肃顺以大逆不道的罪名，被判处凌迟处死。慈禧以皇帝的名义分外开恩，最后令载垣、端华自尽，将肃顺弃市，将景寿革职，将穆荫革职充军边疆，将匡源、杜翰、焦佑瀛革职。更为绝妙的是，两宫皇太后连下三道上谕，以宣布其不究肃顺党羽之意。其实，慈禧何尝不想铲除这些人？但如果一一究查，势必弄得人人自危，不利于稳定政变后的局势。两宫皇太后就这样利用政变的方式，为垂帘听政扫平了道路。因为这场政变发生在咸丰十一年（1861年），按干支纪年为辛酉年，所以被称作"辛酉政变"；又因咸丰皇帝死后，新改年号为祺祥，所以又称"祺祥政变"。在这次惊心动魄的政变中，慈禧太后在政治上初试锋芒，显露出超凡的心计与手腕，表现出了她在政治上的成熟性。

太后垂帘

在稳定了政权之后，慈禧的权力欲望并没有减弱。

十月五日（11月7日），慈禧通过奕䜣下令，取消八个赞襄政务大臣在咸丰皇帝死后为新皇帝拟定的"祺祥"年号，而代之以"同治"年号，以第二年为同治元年。十月九日（11月11日），新皇帝同治在太和殿举行登基大典。同时，给皇太后上尊号。钮祜禄氏被尊称为慈安皇太后，那拉氏被尊称为慈禧皇太后。新皇帝还发布圣旨，规定各省和各路军营的奏折都必须首先送呈两宫皇太后过目，然后交给议政王和军机大臣详议，提出处理办法，之后报请两宫皇太后批准，由军机处按照两宫皇太后的意见草拟圣旨，最后经两宫皇太后审定颁发。这样一来，两宫皇太后对朝政便有了最后裁决权，而议政王奕䜣则具有了行政权。这也就等于宣布了两宫皇太后主政。顺理成章，水到渠成，之后就是要垂帘听政了。十一月初一日（12月2日），两宫举行垂帘听政大典。两宫垂帘之后，第一件事就是重组中央领导核心，授予了奕䜣许多要职。咸丰十一年十月一日（1861年11月3日），就是发动政变的第二天，破清代先例，独授奕䜣一人为议政王，在军机处行走。同一天，又发第二道谕旨，奕䜣又被补授为宗人府宗令。宗人府宗令掌管皇族事务，位居内阁六部之上。十月二日（11月4日），又发两道上谕，补授总管内务府大臣，并管理宗人府银库。加之总理各国事务衙门大臣的原职，此时的奕䜣已经集军、政、外交、皇室事务大权于一身了。不过在他之上，有垂帘听政的两宫皇太后，没有她们的同意，奕䜣其实什么事也干不成。

慈禧在给予奕䜣重大行政权力之后又命他组阁军机处。根据奕䜣的建议，两宫太后在咸丰十一年十月一日（1861年11月3日）发布上谕，任命大学士桂良、户部尚书沈兆霖、户部右侍郎宝望在军机大臣上行走。鸿胪寺少卿曹毓英，在军机大臣上学习行走。原军机处人员，只有户部左侍郎文祥，着仍在军机大臣上行走。清政府对内实行统治的核心机构是军机处，对外则是总理各国事务衙门，这是在英法等国的强烈要求下，奕䜣等在咸丰十一年（1861年）奏请设立的一个清政府办理外交的机构。这样，中国历史上第一个专门处理外事的外交机构便正式成立了。在这之前，中国没有近代意义的外交机构。而总理衙门的成立，使中国的外交制度开始向近代化迈进。

慈禧还重用汉族地主官僚。慈禧重用信任曾国藩及一批汉臣，对挽救摇摇欲坠的封建地主阶级统治起了关键性的作用。《清鉴》说："听政之初，军事方亟。两宫仍师用肃顺等专任汉人策。内则以文祥、倭仁、沈桂芬等为相，外则以曾国藩、左宗棠、李鸿章等为将。自军政吏治，黜陟赏罚，无不咨询。故卒能削平大乱，开一代中兴之局。"这个评价是有一定道理的。

另据《慈禧外记》记载："曾国藩之名，妇孺皆知而称之，然其所以能成此事业者，实慈禧知人善任，明于赏罚而有拔识之。当无事之时，盈廷济济，而独赏鉴于言行之表，尤非具卓识者不能。曾国藩之才能及其忠诚，太后信任极深，故卒能成其功也。除荣禄外，中外大官，无若曾国藩得圣眷之隆者。"这段评价也是比较中肯的。在这种情况下，慈禧在垂帘听政的位置上越坐越稳，对清朝权力的掌控也越来越紧。慈禧采取的这一系列措施，对于挽救清朝的统治确实起到了巨大的作用。

不过，当大清朝刚刚渡过统治危机，慈禧与奕䜣等人之间的矛盾便开始凸显出来。为了最高权力，慈禧罢免议政王，逼死同治帝，毒死东太后，控制光绪帝，改组军机处，最终确立了唯我独尊的政治地位。同治四年（1865年），清廷发生了一场以争权为中心的斗争，这场斗争的双方，就是四年前为打倒赞襄政务八大臣而联盟的盟友，如今则一方为垂帘听政的皇太后——慈禧，另一方为主持军机处的议政王——奕䜣。在奕䜣看来，北京是他的天下，是他苦心经营的势力范围。况且，是他精心策划，并依靠他强大的势力打败了肃顺，如今大功告成，就应该执掌大权。所以一边是慈禧上谕屡下，一边是议政王我行我素，气势熏天，也全然忘记了功高震主的忌讳。他小看了慈禧，在两宫和皇上面前慢慢地就少了一份尊敬。慢慢地，慈禧越来越不能容忍奕䜣的傲慢气焰，她决心甩开奕䜣，结束两人在对等地位上互相监视的历史，要让文武百官包括奕䜣在内，明白她才是这个王朝的最高主宰。她亲自动笔写了一道上谕，不交由奕䜣控制的军机处，而是直接交内阁明发，宣布罢免奕䜣。慈禧与奕䜣在事发之后，各有所虑。慈禧见到许多大臣为奕䜣请命，且洋人也露出干涉之意，知道奕䜣确实是个不好惹的人物，也恐怕这样下去，于己不利。慈禧屡次三番地召见大臣，说明她很想得到大臣们的支持，然而，满朝文武，上至亲王，下至御史台谏却众口一词，要求奕䜣复职，是完全出乎慈禧意料之外的。慈禧感到罢黜奕䜣的时机尚不成熟，有些骑虎难下了。恭亲王奕䜣起初以为慈禧不能把他怎么样，待见上谕明发天下，他这才真正认识了这位太后的铁腕，况且皇帝在她手里，万一事情闹大说不定更糟，于是他决定对慈禧让步。当他通过其他大臣转达了这个意思后，正好给了慈禧一个台阶。于是，四月十四日（5月8日），慈禧传旨召奕䜣晋见，面加训诫。这一次奕䜣已悉弃傲气，进门之后，双膝跪地，痛哭谢罪。慈禧也许动了恻隐之心，也许打击奕䜣的目的已经达到，也许军机处确实还需要奕䜣这样的人选，于是，慈安、慈禧又对奕䜣作重新处理："今恭亲王既能领悟此意，改过自新，朝廷于内外臣工用舍进退，本皆廓然大公，毫无成见，况恭亲王为亲信重臣，才堪佐理朝廷，相待岂肯初终易辙，转令其耽安逸耶！恭亲王著仍在军机大臣上行走，毋庸复议政名目，以示裁抑！"在这场斗争中，慈禧找了一个借口，轻而易举地罢免了奕䜣议政王的头

衔，使其名位和权力较前都大为削弱，从此，奕䜣不能同慈禧再处于
"准平等"的地位，亲王辅政与太后听政的制约机制一去不复返了。不
过，慈禧此时对权力的争夺已不是为了清朝的统治，而是为了满足自己
的权力欲望了。

为了完全掌控权力，慈禧对自己的儿子也绝不宽待。

在为同治皇帝选择皇后的问题上，慈禧认为应该立凤秀之女，理由是
凤秀之女年轻貌美，聪慧超群。慈安则认为崇绮女雍容端雅、习规知礼，
应为皇后。结果，同治皇帝竟然拂慈禧之意将崇绮女阿鲁特氏立为皇后，
封号嘉顺；凤秀之女立为慧妃。对于不从命的人，慈禧从来都是愤恨和不
留情的，即使亲生儿子也是如此。同治皇帝婚后与阿鲁特氏感情很好。慈
禧虽然容忍了慈安和同治帝的选择，可肚子里总是窝着一股火，她就把气
撒在皇后身上，经常给她难堪。看到同治帝与皇后恩爱有加时，更是嫉恨
阿鲁特皇后，对同治帝冷落慧妃也是一肚子不高兴。她曾把同治皇帝叫到
跟前，板着面孔教训他：你身为一国之君，不思祖宗的基业，成天一味地
在后宫厮混，成何体统？再者说，慧妃论模样儿、论人品，哪一点差？你
怎么能冷落她呢？皇后年纪轻轻的，不懂礼法，往后皇帝不要动不动地就
到皇后宫里去，那样是会妨碍处理朝政的。同治皇帝听了慈禧这番不通情
理且自相矛盾的教训，敢怒而不敢言，口里只得连连称是。

从此，慈禧经常派太监暗中监视同治皇帝是否不听她的话仍与皇后亲
近。在这种情况下，同治皇帝不敢违背慈禧的旨意，就很少再到皇后的宫
中去了。他以为慈禧训斥自己，是由于慧妃妒忌皇后，搬弄是非的结果，
为此，他记恨慧妃，也不到慧妃的宫中住宿，宁可长年在乾清宫独宿，从
而为其"冶游"以致早死埋下了祸根。同治皇帝毕竟年轻，血气方刚，受
不了寂寞，就经常夜里化装出宫游荡。因名妓聚集的八大胡同是朝臣们经

常出没的地方，担心被朝臣们认出，所以同治皇帝在心腹太监的带领下，只能到城南的下等妓院去，久而久之，染上了性病也不足为奇。同治皇帝得了性病，碍于皇帝的威严，慈禧不能如实说出病情，而御医们虽然诊断出皇帝患了梅毒，可谁敢说真话呢！一旦说了实话，难免不以欺君之罪祸灭九族，所以只能按照慈禧的意思按天花来下药。同治皇帝患了梅毒非但不能及时治疗，反而竟吃错药。这样一来，同治皇帝的结局也就可想而知了。他于同治十二年十一月（1873年12月16日）卧病在床，到同治十三年十二月初五日（1874年1月12日）夜里驾崩，这期间，慈禧虽然数次亲问病药情况，但是，对同治皇帝的病毫无作用，她眼睁睁看着自己的独生儿子浑身流脓淌血气绝身亡。

同治之死对晚清政局产生了重大的影响。

由于同治皇帝之死，造成了慈禧弄权的好机会。早在同治皇帝病危之时，慈禧就开始考虑由谁继承皇位的问题了。同治皇帝没有儿子，按常规，只能从宗室挑选一个人，过继给同治皇帝当嗣子继承皇位。但如果这样的话，同治皇帝有了继承人，阿鲁特氏就成了太后，慈禧便成了太皇太后；过继的儿子若是年龄大，能够处理朝政，慈禧从此就失去了最高的权力；若是年龄小，需要太后垂帘听政，那也是阿鲁特氏的事情，慈禧作为太皇太后只能退居深宫颐养天年了。而视权力如生命的慈禧，当然不可能在此皇位交替的重要时刻无所作为。所以，慈禧太后挑选醇亲王奕𫍯4岁的儿子载湉为帝，实行第二次垂帘听政。慈禧在宣布载湉继位当皇帝后，即连夜派人到醇王府去迎接载湉入宫。当夜，4岁的载湉就继承了皇位，改元为光绪。光绪元年十二月初七日（1875年1月14日），即载湉入宫的第三天，两宫向全国臣民下达旨意："垂帘之举，本属一时权宜。惟念嗣皇帝此时尚在童龄，且时事多艰，王大臣等不能无所秉承，不得已姑如所

请，一俟嗣皇帝典学有成，即行归政，钦此。"

慈禧费尽心机，终于实现了第二次垂帘听政，牢牢握住大清国的最高权力不放。

罢免了奕䜣的议政王封号，实现了二次垂帘听政，能与慈禧在权力道路上平分秋色的人就只剩下慈安东太后了。一般人认为，慈安生性懦弱，无权力欲，"才不足以御政"，虽贵为正宫太后，但并未给慈禧揽权造成障碍。事实上恰恰相反，这一名分反倒成了慈禧发号施令的重要阻力。就慈安来说，因为她在咸丰二年（1852年）便立为皇后，备位中宫，而慈禧不过是咸丰帝的一位贵妃。咸丰帝死后，其子载淳继承帝位，因母以子贵，才封为皇太后的。慈安、慈禧两人名分上的这种差距，在等级森严的封建社会里，它本身就成为慈安的一个巨大政治资本，一个足以压制慈禧，使其地位永远低于自己的无穷的政治力量。而慈安与慈禧之间的矛盾，最初就是从这里产生的。于是，在慈禧大病一场，刚刚痊愈之后，光绪七年三月初十日（1881年4月8日），慈安太后却暴病身亡。慈安太后是怎么死的？传说不一，有说是慈禧害死的，有说是暴病而死的。但不管怎么说，从慈禧与慈安长期的矛盾发展及其争斗的蛛丝马迹来看，慈安之死慈禧难脱干系。

由此一事之后，慈禧开始建立完全听命于自己的政府班子。

光绪十年三月十三日（1884年4月8日），慈禧没有像往常一样召见军机大臣，而只单独召见领班军机章京，按她的意思，御前拟旨，下发全国。谕旨将奕䜣开去一切差使，并撤去恩加双俸，家居养疾。宝望著原品休致。协办大学士、吏部尚书李鸿藻、兵部尚书景廉均获开去一切差使，降二级调用。工部尚书翁同龢革职留任，退出军机处，仍在毓庆宫行走。一道懿旨，将军机处全班人马全部罢斥。罪名是"委蛇保荣""因循日

大清后妃故事

甚""谬执成见""昧于知人",等等。同一天,慈禧又颁发上谕:"礼亲王世铎著在军机大臣上行走,毋庸学习御前大臣,并毋庸带领豹尾枪。户部尚书额勒和布、阎敬铭,刑部尚书张之万均著在军机大臣上行走。工部侍郎孙毓汶在军机大臣上学习行走。"这就组成了以礼亲王世铎为首的新的军机处。三月十四日(4月9日),慈禧又发一道懿旨:军机处遇有紧要事件,著合同醇亲王奕𫍯商办,俟皇帝亲政后再降懿旨。这就是说醇亲王奕𫍯成了幕后首席军机大臣。军机处的改组完成后,慈禧又对部院大臣、总理衙门、八旗都统做了重大的变更与调整。礼部尚书徐桐接任李鸿藻的吏部尚书一职,左都御史毕道远接任礼部尚书。理藩院尚书乌拉喜崇阿接任景廉的兵部尚书一职,左都御史延煦接任理藩院尚书,吏部左侍郎昆冈、祁世长接任左都御史。总理各国事务衙门由奕劻管理,内阁学士周德润、军机大臣阎敬铭、许庚身后也在总理衙门行走。慈禧在不到半个月的时间内,大规模改组政府,完成了清廷最高领导层的重大人事变动。因为这次变动发生在甲申年,史称"甲申易枢"或"甲申朝局之变"。

甲申易枢后,慈禧有了不受任何制约的至高无上的权力,唯我独尊的政治地位至此完全确立,从此开始了慈禧对中华大地的绝对统治。不过此时的慈禧,放在励精图治上的精力已不如用于享受权力乐趣的多了。

尽管她后来主持了清朝的第一次自强运动,改革同文馆为近代中国培养了一大批翻译人才、外交人才和科技人才;派遣首批留美学生学习西方的先进科技文化,打击了当时弥漫全国的顽固守旧的风气,促进了西学在中国的传播,开创了中国近代选派留学生的先河;发展近代交通、电报事业;兴办近代军事工业,建立新式海陆军拉开了我国国防近代化的序幕,如此种种,似乎都显示了慈禧改革图强的努力,但她软弱的外交却彻底地葬送了中国的颜面和利益。她痛恨列强,同时又惧怕列强。对入侵者,她始终在战与和之间徘徊。在对待列强发动的一系列侵略战争上，作为虚弱的大清国的主人，慈禧持着求和的心态，采取了委屈的外交政策，始终游移在战和之间，以战求和，息事宁人。每一次实力悬殊的较量，她都以失败而告终，一败再败的经历，彻底吞噬了慈禧对列强再战的信心。最终，为了能够维持自己苟延残喘的统治，慈禧只好去"量中华之物力，结与国之欢心"了。

光绪三十四年十月二十二日（1908年11月15日）下午，统治中国近代历史几达半个世纪的慈禧，终于在中南海仪鸾殿永远合上了她的双眼。

弄权误国

慈禧太后是晚清同治、光绪两朝的最高决策者，她以垂帘听政、训政的名义统治中国47年。这段时期，正是中华帝国走向衰暮、内忧外患、风雨飘摇的时期，是中国历史上最沉痛的一页。在人们心目中，她已成为一个昏庸、腐朽、专横、残暴的妖后，是祸国殃民的典型。

她固然也做了一些正确的事，比如重用汉族大臣、开创"同治中兴"、支持洋务等。但总的来说，她误国甚深，这是没有疑问的。

作为政治人物，慈禧既是成功的，也是失败的。

她凭借自己的手段，夺得了本应由男人把握的最高权力，并且按照自己的意志，做出了一番事业，可以说，她毕竟有一些过人之处。但她过于迷恋权力，独断专行，只顾一己私利，心胸狭窄，且文化水平有限，目光短浅，在中国面临西方文明挑战的关键时刻，反应迟钝，应对失策，结果让中国滑向半殖民地半封建社会的深渊。这实在是中国的悲剧，也是她个人的悲剧。

她虽然熟悉权力场上的帝王术，但这些本事在新的历史潮流到来时，显得无能为力，不过是雕虫小技！鲁迅先生说过："捣鬼有术，也有效，然而有限。以此成大事者，古来未有。"当今社会仍有很多人迷恋权术、阴谋诡计，看看慈禧太后的一生就明白，这些东西到关键时候真派不上什么用场，徒为天下笑。

作为一个女人，慈禧既是幸运的，又是不幸的。

她的幸运在于她获得了那个时代女人难以得到的地位。慈禧并非出身于世代簪缨、钟鸣鼎食的显贵之家，她不过是当时一个中级旗籍官员的女儿。若不是在她17岁的时候凭着选秀的偶然机遇进入紫禁城，从而为她搭建了扭转乾坤的政治平台，她的命运与千千万万普通女孩子又能有多大差别？慈禧靠着一步步的钻营，从贵人到嫔，又靠着幸运生下了咸丰帝唯一的皇子，从而"母以子贵"，被晋封为妃、贵妃，直到皇太后，并借此垂帘听政半个世纪。

慈禧又是不幸的，她的不幸在于作为妻子和母亲：青年丧夫，中年丧子。虽然她拥有至上的权力，使无数王公大臣匍匐在脚下顶礼膜拜，却无法得到一个普通女人所能得到的男欢女爱，也无法获取一个正常的母亲所拥有的儿女绕膝、含饴弄孙的幸福。唯一的儿子载淳生活在她的威严之下，与她并不亲近，且染病早死，令她伤心不已。我们很难想象她是如何在深宫高墙之内孤独地度过那漫长的日日夜夜的。

慈禧的一生给人们很多启示。她让我们看到，不受限制的权力是多么的危险，把天下托付给孤家寡人、把希望寄托于皇天圣明是多么不可靠。她让我们看到，权力和欲望会使人丧失本性，到了多么荒谬的地步，为了

垂帘听政半世纪

——晚清女主慈禧太后

固权，她可以随意剥夺他人的幸福甚至生命，包括自己的亲人。在她眼里，一切都是棋子，难怪她选定自己的外甥载湉为帝时，载湉之母（慈禧的亲妹妹）号哭不已，因为这等于入了火坑。她让我们看到，幸福是一种很重要的东西，而不幸的生活往往会使人性格扭曲，难以用正常的心态看世界。那些权力场上的强者，可能正是需要治疗的病人。

奢靡的生活

慈禧是有名的"奢侈太后"。但正如曾给慈禧画像的美国画家柯尔女士在《慈禧写照记》中所说：中国皇帝之尊严，仅次于天。臣下以犬马声色奉者，自然穷奢极侈，唯恐不得主上之欢心。而皇帝则自以为贵为天子，富有天下，区区数千百万金之供奉，自亦无所用其顾惜也。所以皇宫奢靡之习历来如此，并不仅仅是慈禧太后。有关慈禧衣食住行、生活起居的具体情况，史料中有不少披露，以下简要作一介绍。

慈禧的饮食。

清代管理皇帝膳食的机构有内务府下属的御膳房、御茶房、内饽饽房、酒醋房、菜库等。其中仅御膳房就有正副尚膳、正副庖长以下370余人及太监数十人。宫中膳食有份例规定。皇帝每日份例为：盘肉22斤，菜肉15斤，猪油1斤，羊2只，鸡5只，鸭3只，时令蔬菜19斤，各种萝卜60个，苤蓝、干闭瓮菜各5个，葱6斤。调料玉泉酒4两、酱及清酱各3斤、醋2斤。8盘240个各种饽饽用白面32斤、香油8斤、白糖核桃仁及黑枣各6斤，芝麻、沙橙若干。皇后及皇贵妃以下妃嫔、皇子等依等次递减。如无特殊情况，严格按份例供应，不得擅自增减。宫中正餐为早膳（早6时至7时）和晚膳（午12时至下午2时）。晚上6时另有一次晚点。其他时间可随意加餐。御膳膳单需由御膳房在皇帝用膳数日前开出，交由内务府主管大臣审批，而后照单准备。皇帝独自用膳。用膳时由御前侍卫向御膳房传膳，御膳房将膳食放在膳盒里或膳桌上，由侍卫抬送至用膳地点。太监按规定布好菜点，经过验膳（插银板）、尝膳等程序后，皇帝始用。用膳时，皇帝坐北朝南，面前为一长方形上下两层大膳桌，桌上布满精美食具和菜肴，太监报菜名，皇帝有中意者，太监便盛入皇帝碗碟中。

慈禧太后用膳与皇帝类同。御膳房集中了全国最好的厨工，又从各地采办"禽八珍"、"海八珍"、"草八珍"等，做成全国最好的名菜名点，供帝后享用。到慈禧当政的时候，御膳房更为她准备了各种各样的菜肴、点心。每日两顿正餐，照规定需上100碗不同的菜肴。另有两次"小吃"，至少也有20碗菜，平常总在40~50碗。慈禧曾乘火车去奉天，临时御膳房即占了4节车厢，其中1节车厢装着50座炉灶，每灶负责做两种菜，共用厨师100名，杂差不等。每餐备正菜100种、糕点水果糖食干果100种。用餐时，慈禧一个人坐着独享，有时命身边女官裕德龄等陪她同吃，裕德龄等也只能站着吃。这么多的菜，除了靠近的几种，其他的菜慈禧很少动。慈禧若爱上了较远的某一种，就吩咐侍膳的太监端近前来。慈禧每餐尝过的菜至多不过三四种，剩下的待她用餐完毕，便一齐撤下。这些菜或当即扔掉，或由女官、宫女、高级太监等依次取食，其中十之八九还是完完整整的，像供祖先撤下来的祭菜一样。

裕德龄在《清宫二年记》中写道："慈禧对于饮食的知识极为渊博，大概可以使当代许多专家吃惊。"慈禧爱吃清炖肥鸭。即将鸭洗净，加调味品装入瓷罐，隔水用文火蒸三天，肉酥骨软，慈禧则只食几筷最为精美可口的鸭皮。慈禧对鸭子似乎情有独钟，据《中国文物报》载：新发现一份慈禧咸丰十一年十月初十晚膳的食单，20多道菜式中，鸭肴就有"燕窝如字八宝鸭子"等7种。熏炙菜肴如烤鸭、烧乳猪、熏鸡、煨羊腿等也合慈禧口味。据慈禧自己说，她年轻时最爱吃酥脆如"响铃"的烧猪肉皮。晚年"樱桃肉"取代"响铃"，成为她特别中意的一道菜。

遇到节日，比如重阳节，御膳房还额外为慈禧做枣泥、八宝等各种花糕上供，还有各式饽饽。据说，这天慈禧要到颐和园排云殿吃一种她最爱吃的专用木炭和松枝烤出来的"烧饼夹烤肉"。慈禧小食爱吃小窝头、臭豆腐。小窝头，据说是八国联军打到北京，慈禧狼狈西逃时没得吃，见一群逃难的人正在啃窝窝头，一个足有四五两重，讨来一吃，十分可口。回宫后命御膳房做窝窝头，却再也没有挨饿时吃的那种美味。御膳房绞尽脑汁，用栗子面加白糖做出一两一个的小窝窝头，慈禧虽觉还是没逃难时吃的窝头那么香那么甜，也总算将就了，御膳中也就多了一品佳点。臭豆腐，必是王致和的臭豆腐，慈禧每顿饭都离不了，而且必须当天从"王致和南酱园"买来。

现流传有一份慈禧过生日的菜单：火锅二品：猪肉丝炒菠菜、野味酸菜；大碗菜四品：燕窝"万"字红白鸭丝、燕窝"年"字三鲜肥鸡、燕窝"如"字八仙鸭子、燕窝"意"字什锦鸡丝；中碗菜四品：燕窝鸭条、鲜虾丸子、烩鸭腰、溜海参；碟菜六品：燕窝炒烧鸭丝、鸡泥萝卜酱、肉丝炒翅子、酱鸭子、咸菜炒茭白、肉丝炒鸡蛋。只十六品（或者只列主菜），菜名也无甚出奇，除燕窝外，以寻常鸡鸭肉为主，有如今日普通小菜馆都能吃到的家常菜。

饮品，慈禧爱饮花茶。她嗜茶成癖，特别讲究。泡茶用的水是当天从玉泉山运来的泉水；所饮的花茶不是经过火焙的茉莉、玫瑰，而是刚采摘的鲜花，掺入干茶里再泡入茶盅，饮起来既有茶香又有花香。慈禧饮茶用白玉茶杯。金茶托上放三盏白玉杯，中间是茶，两边是花。两名太监双手将茶托共捧至慈禧面前，口呼："老佛爷品茗了！"慈禧方才饮用。

慈禧的服饰。

慈禧御前女官裕容龄在《清宫琐记》中写道："慈禧的衣服、首饰、衣料、绣花鞋等，都是分门别类地登在册子上，平常用的和临时赏人的物件归内库，由两个太监总管和四个首领共同管理。赏出去的东西都要写明年月日，赏给某，交到内务府注册。"

慈禧的服饰很多。她乘火车去奉天时，有专门一节车厢载运她的服装。她并不预备在那边耽搁太久，因此所带的衣服只是晚春时适用的一部分。但这已足以使她的御前女官裕德龄惊叹："它的伟大和富丽几使人目为之炫，神为之夺。除却你能看见的一片彩云似的锦绣之外，你就不用想细细鉴别它们。因为它们委实是太多了，太美丽了！"衣服大概有2000件，鞋子不能算多，也有三四十双。好在太后走路的时候很少，平均一双新鞋可以穿五六天。慈禧既拥有如此之多的衣服，当然可以随时更换。但因为实在太多，就是每天换两三次，仍有许多衣服永远穿不到。而她身边人看到，她平常穿的四季衣服不是很多、很新，"只是她平常常穿的几件"，"观其真实之价值，亦不见十分高贵"。比如在冬天，她常穿的就是一件茶青色缎子皮袄，见客时就另换一件丝的或织锦的新旗袍。慈禧与多数女人一样喜欢检阅和欣赏自己的衣物。有些衣服虽是从不再穿，却因有纪念意义，如数十年前她为贵妃时穿过的衣服等，时常要叫太监取来把玩，追念往日的绮年玉貌、美景良辰。即使在出行途中，"每隔四五天工夫"，她也"总要把所有的衣服等查看一番"。那些衣物每三袭盛放在一个朱红漆的木盘中，由两个太监抬到慈禧面前，全部看完，不啻上千百人的队伍。太后身高中等偏低，喜欢穿高跟的鞋，有的高达6英寸。她有一款大典时才穿的绣花鞋，鞋底很高，四周缀有小珍珠串，如同穗子一样。

慈禧的发式亦即清末宫廷后妃的正式发式——"大拉翅"，据说是她自己所创，后来官宦命妇、民间女子纷纷效仿，一直流传到今天的戏剧舞台上。慈禧的"大拉翅"发髻，实际是一个高一尺有余、内以铁丝为骨架、外包青缎青绒布做成的两把头冠套。摘戴自如，又可美饰头发。两把头的头饰有扁方、簪、头花、流苏等。慈禧夏天最喜欢戴的扁方是六十整寿时张之洞进贡的，用檀香木、金丝和小珠子镶成。头花是"大拉翅"发髻的主要首饰，大多以珠宝镶嵌而成。慈禧许多画像、照片中，都能见到她"大拉翅"发髻正中的大朵珠宝头花。慈禧不但喜欢珠宝头花，还喜欢戴大朵绒花。这是因为汉语"绒花"与满语中的"荣华"音近。她常应时节戴不同绒花，如清明日戴绒柳芽，端午日戴绒艾草，冬至节戴葫芦绒花等。

美国女画家柯尔为慈禧画的油画像中，有一幅身穿黄底绣紫藤萝团寿字氅衣，头上梳的"大拉翅"，簪插了许多珠翠首饰：翠簪、凤钗、金扁方、宝石头花、珍珠头箍及下垂的一串串流苏，显得雍容富贵。但柯尔说，慈禧佩戴之首饰，种类虽多，而终不过珠翠二者。"据说宫里各种首饰都有，但我只看见过慈禧常戴的几种。她最爱的是一个翡翠戒指，一个碧绿戒指，还有头上戴的几朵珠花和一件珍珠串起的披肩。""慈禧还戴一副小珠子耳环，永远也不摘下来。据老太监们说，这副耳环是慈禧进宫时，咸丰皇帝赏给她的。慈禧每次戴两副耳环，因为她有四个耳孔。"

慈禧的住所。

慈禧的住所当然首先是位于北京正中的紫禁城。慈禧大半生居住在西六宫。西六宫位于紫禁城中路后三宫西侧，总称内廷西路，俗称西六宫。

原有十余座宫殿，清中后期改建为4个院落、8座主殿。除东南角永寿宫和西北角咸福宫外，东部的翊坤宫、体和殿、储秀宫及后殿丽景轩为一个四进大院；西部的太极殿、体元殿、长春宫和后殿的"怡情书室"为一个四进大院。同治、光绪皆只有4个后妃，东西六宫均冷落萧条，慈禧遂先后占据了西六宫大部分住所。

咸丰二年（1852年），慈禧奉咸丰谕旨，以"兰贵人"的身份入住紫禁城西六宫的储秀宫，在那里生下了同治。咸丰十年（1860年），英法联军入侵，慈禧等随咸丰逃往热河（今河北承德），驻跸避暑山庄。庄内有烟波致爽殿，殿旁有东西两跨院，分别称为东所、西所，慈安住东所、慈禧住西所，加之在京城时慈安住东六宫的钟粹宫、慈禧住西六宫的储秀宫、长春宫，人们遂私下称为"东太后""西太后"，"东宫""西宫"及"东边儿""西边儿"。同治即位后至光绪十年（1884年）以前，慈禧住紫禁城西六宫的长春宫。光绪十年慈禧五十大寿，又移居储秀宫，耗银63万两（加上赏赐臣仆共计125万两）进行大规模整修，并将同治降生的后殿定名为丽景轩。

储秀宫改造后的四进庭院宽敞幽静，两棵苍劲的古柏耸立其中，殿台基下东西两侧安置一对戏珠铜龙和一对铜梅花鹿。回廊壁上刻满了大臣们恭写的《万寿无疆赋》。正殿装修精巧华丽，正中设地屏宝座，后置五扇紫檀木嵌寿字镜心屏风，上悬"大圆宝镜"匾。东西侧各有花梨木雕竹纹裙板玻璃隔扇，分别将东西次间与明间隔开。东次间、东梢间以花梨木透雕缠枝葡萄纹落地罩相隔；西次间、西梢间以一道花梨木雕万福万寿纹为边框内镶大玻璃的隔扇相隔。西梢间作为暖阁，是居住的寝室。慈禧住储秀宫时，在体和殿用膳，节日在翊坤宫接受妃嫔们朝拜，在翊坤宫为光绪选妃。

长春宫南面设有戏台，与体元殿相连。慈禧常和王公贵妃在此看戏作乐。

西六宫最前面、亦即最南端是养心殿。清代除顺治、康熙两帝住中路乾清宫外，雍正以后历代皇帝均以养心殿后殿为寝宫，在养心殿前殿处理日常政务。同治、光绪时，养心殿前殿东暖阁是慈禧垂帘听政的地方。听政时，小皇帝坐在前面宝座上，两太后坐在后面宝座上，中间挂一块纱帘。

紫禁城宫殿之外，有称为"西苑"的"三海"即中海、南海、北海。三海中有数不尽的楼台亭阁。慈禧常住中南海仪鸾殿，光绪住在附近的瀛台。

慈禧60岁生日前后，常住颐和园的乐寿堂。慈禧在那住了许多年。

慈禧的寝殿有炕有床。德龄说，太后睡觉所用的炕也不怎么特别，只是下面铺的软褥比普通的厚一些，冬天要铺三重，春天铺二重，夏天也要铺一重——这也许是她年事已高，比较怕冷的缘故。软褥上罩着一条绸毯，每隔两三天更换一次。她的寝宫内，除却夏天，平常总得生一个暖炉，只是冬天烧得旺些，春、秋烧得弱些。德龄《清宫遗闻》中提到，慈禧有一奇枕，长约12寸，其上有一个3寸见方的小洞，其中填以曝干之花。据德龄说，这是因有一次抓住了一个偷进颐和园想加害慈禧的人，其后，除加添卫士之外，慈禧还将枕头改成了这个样子。她认为，这样可以使她在睡觉时能听到附近的声息，便于防范。德龄曾亲自躺上去试过，觉得这枕上的一孔，确有几分扬声筒的功效。

慈禧的车舆。

慈禧出行，除传统的皇舆、凤辇、御船外，还增加了近代新式交通工具。其中有东洋车、火车、汽车。

大清后妃故事

慈禧常坐东洋车出游，"车制绝精美。其把手处盘以金龙二，作昂首遐观状。二轮为橡皮所制，轻快流利，得未曾有。一宫监在前曳之，又有一宫监则在后向前而推。太后坐其中，极以为快"，但慈禧说，还是不如乘轿舒服。

火车除慈禧曾改造了一列专车乘之赴奉天外，紫禁城内也设有短距离轻便轨道，起于宫门入口，终点为慈禧寝宫之外。车上一切设备俱全，只比平常者略小。然慈禧不喜欢坐火车出游，觉得机车声音过于震荡，车座又太狭窄。

大内所有汽车不下十余辆，都是清朝出洋官员进呈以博慈禧欢悦的。其中有一辆为黄色，绘以双龙，玻璃室内设宝座，是慈禧的御用汽车。但慈禧从未坐过，因为驾驶汽车的车夫须坐于慈禧之侧，就中国传统而言，此大为不敬！又怕有意外危险，故宫中诸人商量甚久，终莫能决。虽慈禧极欲一试为快，终为他人谏阻。

北京颐和园"德和园"现今停放着一辆袁世凯作为祝寿贡品献给慈禧的中国头号老爷车。这辆古典汽车是敞开式黑色木质车厢，两轴四轮，车轮车辐条均为木质，轮胎实心，铜车灯，酷似四轮马车。横置式气缸、10马力汽油发动机巧妙地置于座席之下，最高时速为19公里。据说，此车慈禧曾乘坐过一次，司机名叫系福龄。

慈禧的起居。

慈禧起居大致可分为两种：垂帘听政时期，早5点至6点即起，有时4点即起，夙兴夜寐，常恐王公大臣说闲话；还政时期，常驻中南海和颐和园，每天早过8点起，晚过子时睡。

信修明著《老太监的回忆》说：还政期间，平日，太后早膳后即出殿。在各处步行约半小时，回殿中踢毽子，有时静坐，念佛，或书或画，

169

吃水烟，喝茶，在殿内稍稍活动。12点钟后，进寝宫歇午觉。午觉醒来，喝茶吃烟，然后出殿绕大圈子。下午五六点传膳，膳后仍绕一小圈，回殿掷骰子。玩法即旧时"升官图"变相，名"庆寿图"。八人各占一仙，会亲的王妃和格格均加入。如无会亲者，仅有四格格、元大奶奶、崔玉贵和当班的御前首领，人数不够，一人可兼二仙。司房太监执笔记点。如闻高喊，吕仙四豹子，那就是太后赢了。而后即准备归寝宫。有时，太后归寝后，与坐更人一起编戏，以升平署的昆腔高腔剧本为蓝本，翻成二黄，并命青年太监排戏，专为万寿及节令赏王公大臣听戏。当时有年轻即守寡、善诗文绘画的南方人缪嘉蕙（称缪太太）及另一宦妇选进宫中，侍奉太后编戏、读诗、绘画。又选江南女子、工匠数名，在中南海养蚕、缫丝，设绮华馆，织造绸缎。有会织布的太监李某唤"布李"者，太后命其为头目，率领太监中会织布的在中南海内集灵囿中设立了一个织布厂。太后驻中南海时，每日均到集灵囿中看织布，其积存的棉线与布，放在咸福宫同道堂有一屋子之多。

慈禧爱遛弯儿。据冯剑茹《慈禧爱遛弯儿》一文介绍，慈禧经过长期摸索，总结出了一个强身健体的独特方法：每年二月惊蛰一过，即顺应节令，开始遛早弯儿。早晨梳洗完毕，吃一小碗百合银耳，走出寝宫，由李莲英陪伴、崔玉贵跟随，带着四个侍女排成两行遛弯儿。这时太后几乎不说话，静悄悄地数着脚步走，不愿有任何事情打扰她的宁静。一边遛，一边还有规律地摆首、停步、吸气、调气。同样，晚膳后，太后也必绕寝宫巡行一周。慈禧太后之所以能保持旺盛的精力参与政事，执掌政权长达47年之久，与她懂得强身健体之法并旷日坚持锻炼有很大关系。

慈禧洗脚、洗澡都有讲究。金易、沈义羚著《宫女谈往录》说："老太后洗脚不仅是为了卫生，更重要的是为了保养，说深了，有点小病小灾的，洗脚比吃药还便当。""储秀宫里把给老太后洗脚看成是很重要的事。洗脚水是极讲究的。譬如：属三伏了，天气很热，又潮湿，那就用杭菊花引煮沸后晾温了洗，可以让老太后清心明目，全身凉爽，两腋生风，保证不中暑气；如入三九了，天气极冷，那就用木瓜汤洗，活血暖膝，使四体温和，全身柔暖如春。当然，根据四时的变化、天气的阴晴，随时加减现成的方剂，这也可以算是老太后健身的秘密了。"

宫中的花费。

据清王朝最后一任总管太监小德张回忆：慈禧当年一天的宫中费用大致是纹银四万两。这意味着清宫半月之费可购甲午海战时日方吉野级巡洋舰一艘；两月之费可购一超级主力舰；一年之费可装备一支居当时全球六七位的海军舰队。

据康有为调查，宫中一切费用都是三七开，这是例规。即报销十成之中，三成为实际费用，七成为层层分润。至于三成是否是真的花费，也并不一定。如慈禧在颐和园赏王公大臣看戏，为防雨搭了个凉棚。这凉棚就报销了30万两白银，三七开，实际花费是9万两。但一个凉棚无论如何奢华也是用不了9万两白银的。

慈禧时，宫中贿赂公行。皇帝每日问安一次，尚索贿五十金，后妃以下各有差别。百官就更不用说，《李鸿章年（日）谱》载，左宗棠在新疆立了大功，返京受两宫召见。太监们要左氏出陛见关节费三千两，左宗棠不出，李鸿章代出。召见后，为奖有功，慈安赐以先帝（咸丰）墨晶眼镜一副。太监奉旨颁赐，按例又索礼金数千两，左宗棠宁肯不要眼镜，李鸿章又替他以半价买下了事。

清朝皇家财务与国家财政分开，前者由内务府掌管，后者为户部掌管。同治四年（1865年）定，大内费用由户部拨交内务府30万两。仅过3

年，即同治七年，又加30万两。后内务府每年常向户部支取二三十万两不等。到光绪十九年（1893年），忽降旨以后每年再添50万两，粤海关每年供用30万两，杀虎口、张家口、淮安关所收税课亦归内用。此外，户部每年奉太后18万两、皇上20万两，称作"交进银"。皇上的20万两于二月初交，太后的18万两，年下交8万两，端午、中秋各交5万两。

千古帝制收场人

——王朝终结者隆裕太后

　　隆裕皇后叶赫那拉氏，于光绪十四年十月初五（1888年11月18日）由慈禧太后做主嫁给光绪皇帝为后。此后，在帝后斗争、后妃斗争中，慈禧太后处处都向着她，但终究成了封建王朝内部斗争的牺牲品。她是封建王朝的末代皇太后，被迫下诏同意共和，结束了清王朝对中国长达267年的统治，也结束了长达千年的中国封建社会。

无爱的婚姻

宣统三年十二月二十五日（1912年2月12日），宣统帝的退位诏书宣告了大清王朝的灭亡。代为宣读诏书的，就是光绪帝的皇后叶赫那拉氏。

叶赫那拉氏出生于同治七年（1868年）正月初十，比光绪帝大3岁。她姓叶赫那拉，这在别人看来，简直是前世修来的好福气。因为慈禧正是这位叶赫那拉氏父亲的同胞姐姐，也就是说，她是慈禧太后的亲侄女。虽说姓氏高贵，不过这位皇后的闺名，倒是鲜为人知，而且在史书和清官档案中也无法找到答案，只有德龄在《瀛台泣血记》中提到她叫"静芬"。在近年出版的《我所知道的末代皇后隆裕》中，慈禧曾孙叶赫那拉·根正说："静芬只是她的大名，她的小名儿叫喜哥，后来被家里人叫白了，都叫她喜子，所以后来干脆就叫喜子了。入宫选秀女的时候，她的名牌上写的就是喜子这个名字。"宣统帝即位以后，为她上徽号"隆裕"，所以世人习惯用"隆裕太后"称呼这位清王朝的终结者。

光绪十三年（1887年），光绪帝选妃的时候，19岁的隆裕成了后妃候选人：不过在参加后妃选拔的秀女中，隆裕几乎没有任何优势，因为当时的亲贵朝臣们对隆裕的评价就是"貌不出众，言不惊人"。隆裕皇后究竟如何"不出众"，后人可以来看看赫德兰在《一个美国人眼中的晚清宫廷》中的描述：隆裕皇后长得一点也不好看，虽然面容和善，但是表情总是很悲伤。她很瘦，而且还有些驼背。她肤色不好，还有不少蛀牙。若隆裕真是这般容貌，恐怕纵有惊世才学也难以在众多美人中脱颖而出，更别提能成为后妃候选人了。不过隆裕虽没有生得一副好容貌，却有个无人能及的好后台，因而相貌平庸的隆裕在反复筛选中顺利通关，最终和江西巡抚德馨的两个女儿及礼部侍郎长叙家的一对姐妹花成为宫妃候选人。

　　关于光绪帝选秀的情形，黄濬在《花随人圣庵摭忆》中做了详细转录：选秀在体和殿进行。当时备选的五名秀女在光绪帝面前依次排开，站在首位的就是隆裕，其次是德馨的两个女儿，最后是长叙的两位千金。清朝皇帝选秀的时候需要准备如意和荷包，被皇帝授予如意的人就是皇后，得到荷包的就是妃嫔。在互相推让之后，慈禧坚持让光绪帝自己手持如意上前挑选皇后。但在光绪帝正准备把如意赐给江西巡抚德馨的女儿时，慈禧大喝一声"皇帝！"并暗示光绪帝把如意赐给自己的侄女隆裕。光绪帝不敢反抗，只好委曲求全地将如意给了他很不中意的隆裕。而剩下的两个荷包，也被慈禧擅自做主给了礼部侍郎的千金。因为慈禧担心皇帝中意的德馨家的两个女儿入宫后跟侄女隆裕争宠，就只有让她们落选了。这场完全在慈禧导演下的选秀终于有了结果：光绪十四年（1888年）十月初五，桂祥之女叶赫那拉氏被立为皇后。

　　以上细节暂且不追究是否属实，不过可以明显看出，五人中毫无优势的隆裕并没有得到光绪帝的青睐。德龄曾讲过，立后之事慈禧早在十年前就开始谋划了，慈禧还曾安排隆裕跟光绪帝见过面，但当时的光绪帝就没有表现出对隆裕的喜欢，他只看了隆裕一眼，就判隆裕"出局"，因为这个女孩完全不符合他理想伴侣的形象。不过就算光绪帝再不喜欢，也不敢反抗慈禧的强权，他只能抛开个人意愿，屈从慈禧的安排。

　　堂堂一国之君娶个老婆也无法自己做主，真是可怜可笑。估计老天对此也有些看不过眼，因而用一场大火砸了场子。大婚庆典定于光绪十五年正月二十七日（1889年2月26日），两三个月时间，虽不仓促，却也够内务府忙活的。庆典的准备工作紧锣密鼓地进行着，然而就在大婚一天天临近的时候，一场意外发生了。光绪十四年十二月十五日（1889年1月16日）深夜，太和殿前的太和门被一场大火烧毁。临近新年，一场大火确实很不吉利，但令内务府众人更加头痛的却是被烧毁的太和门。皇帝大婚乃天下大事，娶后仪式必然要严格按祖制礼法进行，皇后的轿子是要走过大清门，再过午门和太和门之后才能抬入后宫的。如今皇后入宫必须经过的太和门被烧毁，这无疑是影响皇帝大婚的重大事故。假如皇后从已成废墟的太和门入宫，那就太失皇家体面了。可是离皇帝大婚只剩一个多月，要重建太和门根本来不及。更麻烦的是皇帝大婚的日期已定，清朝历史上从未有过更改大婚日期的先例，若是更改，又是大大的不吉利。面对如此进退两难的情况，慈禧毅然决定：皇帝大婚庆典如期举行，而且皇后入宫也一定要按照祖制，经过太和门后再入后宫。既然太和门来不及重建，那就搭建一个太和门彩棚。懿旨一下，内务府广寻工匠，众多工匠连夜赶工，在太和门原址上扎了一座和原来太和门一模一样的彩棚，足以以假乱真，就是长期在内廷行走的人，一下子也难辨真伪。这样一来大婚庆典面临的大难题就此解决。也许，隆裕真是天生的皇后命，慈禧要把她嫁给皇帝，就是老天也拦不住。

光绪十五年正月二十七日，光绪皇帝的大婚庆典如期举行。隆裕的轿子稳稳当当地从大清门进入紫禁城，经过了午门和太和门进了后宫。或是为了弥补当年从偏门入宫的遗憾，或是为了巩固势力，慈禧强势干预，终于让她其貌不扬的侄女隆裕进宫当了皇后，从此隆裕"飞上枝头变凤凰"。

婚后守寡

光绪眼睛里只有珍妃，即使没有珍妃，光绪也懒得搭理皇后，因为他很清楚这位表姐就是老佛爷安插在自己身边的耳目。

慢慢地，长期受冷落的皇后，内心深处也开始失去平衡……实际上隆裕皇后的命运早就由慈禧决定了……她是知道姑母的厉害的，对于慈禧的命令，她只能绝对服从。

慈禧太后对亲政后的光绪是一百个不放心，夹在太后与光绪之间的皇后必须做出选择，要么站在太后一边对付皇帝，要么尽量讨光绪的喜欢，成为名副其实的夫妻。

利益的权衡以及光绪对珍妃的宠爱，最终使皇后匍匐在慈禧的淫威下。

她是皇后，就得在珍妃面前摆皇后的谱，以至狐假虎威、撺掇慈禧惩治珍妃。

一次，叶赫那拉氏竟在光绪面前数落珍妃的不是，忍无可忍的光绪一气之下打了叶赫那拉氏，叶赫那拉氏又跑到太后那里去告光绪的状，至此，皇后已经完全倒向太后的一边，命中注定她要守一辈子活寡了。

戊戌政变爆发了，这个突如其来的政变让皇后又惊又怕。太后不仅把光绪囚禁在瀛台，还要废掉他的帝位。虽然叶赫那拉氏同光绪从一开始就不合，可一旦皇帝遭废黜，自己身为废帝之后，就连眼前这点虚荣都将失

千古帝制收场人
——王朝终结者隆裕太后

去……

叶赫那拉氏心乱如麻。突然，慈禧颁发了一道懿旨，说光绪生病，不能日理万机，太后不得已将再次"临朝训政"。这是否意味慈禧要让光绪驾崩？叶赫那拉氏不敢再想下去……虽说他们之间没有夫妻情分，但毕竟是姑舅亲，光绪的生母也是她的姑姑，就是砸断骨头也还连着筋呢。光绪被囚之后，后妃之中，慈禧只允许她信任的皇后叶赫那拉氏偶尔去看望。名曰看望，实为监视。

珍妃已经被囚禁在宫内的北三所，不会再成为叶赫那拉氏同光绪之间的障碍了，但慈禧的淫威却横在他们之间，叶赫那拉氏是绝对不敢违背太后的命令的，但她的心底还有一点点未被泯灭的天良，对光绪的处境动了恻隐之心……只见瀛台三面环水，通向陆地的一路有士兵把守，虽是隆冬时节，湖面的冰却不成块，因为光绪曾想带着小太监在冰面上走走，慈禧听后，马上命人将冰面敲碎了。

卧室之内，窗户上的纸早已破烂，四处漏风，被褥甚至都露出了棉絮，早应该更换了，叶赫那拉氏看后不免心酸，虽然光绪不是亡国之君，却沦落到如此地步，同亡国之君也没什么不同了。叶赫那拉氏虽然同情光绪，但也只能藏在心里……她和光绪能说什么，光绪肯同她说什么？她是慈禧的内侄女，光绪是慈禧的亲外甥，慈禧认为光绪背叛了自己，竟然如此残酷地惩罚光绪，如果她也做了让慈禧不痛快的事情，命运又会比光绪好多少？叶赫那拉氏不免兔死狐悲，同病相怜起来。

光绪可怜，她也同样可怜——都是慈禧手中的傀儡，没有爱情、没有婚姻、没有自由，任何事情都要以慈禧的意志为转移，说得好听点，她是大清国的皇后；说得不好听，她也不过是慈禧身边一个奴才罢了。任何

大清后妃故事

时候，只要老祖宗不高兴，她同样可以被推到万劫不复的深渊！她不由得悲从中来。入冬后，寒风刺骨，瀛台冷得就像冰窖一样。内务府出身的户部尚书立山实在看不下去，就瞒着慈禧帮光绪把窗户糊好了。不想此事到底还是传到了慈禧的耳朵里，她把立山找去打了一顿耳光，还把光绪叫到跟前说："祖宗起漠北，冒苦寒立国，汝乃听朝而畏风耶？"言下之意，这点风寒都受不了，怎么对得起艰难起家的列祖列宗？此事之后，更无人敢对光绪表示同情了。而立山则最终为此付出了生命的代价，在闹义和团时，立山被作为汉奸给处死了，皇后当然知道老佛爷是在借刀杀人。

光绪对慈禧以及皇后已经恨之入骨，他怎会不知道叶赫那拉氏来看他的意图？每次叶赫那拉氏来看他，他大多时候都闭上眼睛不发一言，直到叶赫那拉氏离开。一日，皇后不知哪句话说得不合适，光绪便怒气冲冲地将她头上的发簪拔下来扔到地上掷碎，那个发簪是太后赏给她的乾隆时期的遗物。她知道光绪的一腔愤怒实际是冲着慈禧发的，光绪始终把她当成太后的替身，实际上她比光绪还可悲，只不过她的囚所是无形的。

光绪三十四年十月，慈禧病重。

当慈禧听说，光绪得知太后病重后面带喜色时，不由得勃然大怒，决定一定要让光绪死在自己前面……在慈禧的安排下光绪亦病重。叶赫那拉氏胆战心寒：光绪没有儿子，下一位继承人如果是同治的后嗣，就意味着新皇帝不再与光绪有关联。那么，以后自己这个老皇后该怎么办？

太后最终择定醇亲王载沣的儿子溥仪为同治的继承人。虽说载沣是光绪的弟弟，但他的福晋是荣禄的女儿，慈禧要酬谢帮她发动戊戌政变的人，便把皇位继承人赏给了荣禄的外孙。溥仪虽是光绪的侄子，却不是他的继承人，还是庆王再三恳求，慈禧才同意兼祧光绪，叶赫那拉氏这才长长舒了口气。

给皇上看病的太医换了一轮又一轮，诊断并不一致，各持一说，宫里只好又请到一位德国医生来看诊，洋医生走后，宫里纷纷传言，西洋大夫说光绪并不是平常的病，而是砒中毒，此话当然只能瞒着慈禧。

隆裕眼看着婆婆不行了，但是光绪居然还是死在了慈禧前面，年仅38岁。

光绪死后，慈禧立醇亲王载沣的儿子溥仪为新君，指定摄政王为载沣，并把光绪的皇后推上皇太后的宝座，即后世所称的隆裕皇太后。

此外，慈禧以幼帝的名义发布了谕旨："嗣后军国政事，均由摄政王裁定，遇有重大事件，必须取皇太后懿旨，由摄政王面请施行。"

力不从心的太后

三岁的溥仪即位，改元宣统，隆裕太后像当年的慈禧一样，在宣统皇帝溥仪身后垂帘听政了。

不管隆裕是否意识到，她把慈禧当成了她在皇宫里唯一的老师。慈禧的思维方式、待人接物的态度、把太监当作密探监视宫里任何一个人的手段，都深深印在隆裕的脑海中。但她的权术、手腕都比慈禧差远了，就算学到一点，也只能算是邯郸学步。

晚清的皇族，就像民间所说的："黄鼠狼下崽，一窝不如一窝"，大清国的气数真是尽了。隆裕本是一个优柔寡断的人，她当上太后以后，非常信任一个名为"小德张"的太监。小德张在慈禧活着的时候就非常得宠。他聪明乖巧，从南府戏班总提调一直当到御膳房掌案，由于伺候慈禧周到，很讨老佛爷喜欢。一次，小德张卧病在床，慈禧竟然亲自去看望他，并派最好的御医为他治病，以示恩典。在李莲英告老还乡后，小德张便迅速成了慈禧身边的红人。慈禧死后，机灵、有心计的小德张又成了隆裕太后的大总管。

隆裕虽有慈禧的地位，却没有慈禧的手腕，根本控制不了后宫。宣统是同治的继承人，兼祧光绪，同治时期的三位妃子也是宣统的母亲，太后应该在同治三位妃嫔中产生，而且慈禧也是以贵妃的身份成为太后的。隆裕不过是仗着是慈禧的内侄女才得到太后之尊的。慈禧下葬后，同治的三位妃子瑜妃等人赌气说不回宫了，要在东陵为慈禧守陵。面对这种突然发生的情况，隆裕乱了方寸。

虽然自己现在已是太后，但是她在皇宫多年，只学会了一件事情，那就是：察言观色，无条件服从慈禧的意志。以前后宫之事都有慈禧太后为自己做主，她早就习惯了请示和服从，现在慈禧死了，隆裕根本没有独立解决问题的能力，她顿时不知所措，不知该如何对付三位皇嫂。还是小德张反应快，他赶忙对三位妃嫔说，既然这样，皇太后就马上替各位在东陵盖房子，成全各位守陵的孝心。瑜妃等人并非真心想要守陵，不过是不愿意从此开始受隆裕的管制，半是赌气半是让隆裕难堪罢了，结果小德张却让她们哑巴吃黄连。三位妃子心有不甘，又在身边太监的怂恿下，决定赶在隆裕回宫之前抢回太后的金印。可小德张却事前听到了风声，以最快的速度将隆裕护送回宫，抢先一步拿到皇太后的金印，并和载沣一起完成了太后册封的正式仪式。

隆裕被册封为太后之后，小德张向隆裕进言，认为三位同治妃子平日安分寡言，突然在太后名分这件事上闹得如此沸沸扬扬，全都是身边那些高级太监惹的祸。他们无非是希望主子们中有一个当上太后，自己也好鸡犬升天，因此必须把那些有野心的太监赶出宫，否则难得安宁。小德张拟了一张单子，上面列有以三品总管杜兰德为首的36名高级太监的姓名，小德张说这些人在宫中号称"三十六友"，平日拉帮结派，朋比为奸，经常向各自的主子进谗言，不除去不足以整顿后宫。隆裕并不是会弄权之人，真要将这些太监遣返，未免有些不忍。而且如果加上由他们管理的小太监，后宫因此空缺了1/3的职位，数量太多了。但她禁不住小德张反复的劝说，最后手谕内务府，将36名太监和与之关系亲近的太监，共932人遣散出后宫。

　　头脑简单的隆裕万万没有想到，小德张通过这个手段，固然让同治三妃身边少了出谋划策之人，更重要的是，他趁这次事件，将自己在后宫中的异己通通都清除干净，而且还在后妃身边全都安插了自己的亲信。小德张从此权焰冲天，后宫上下简直无人能敌。隆裕在抢先当上太后之后，对小德张不仅信任，而且更加依赖和纵容。而小德张也仗着隆裕对自己的恩宠，拼命为自己牟私利。

　　隆裕刚成为太后，还需要为光绪和慈禧守孝，应该将自己黄色的轿子换成青色的，这本不需要多少钱，但是由于是小德张经手，最后结算下来，制轿费竟然高达70万两，大量白银被小德张中饱私囊。此事过后，小德张又故伎重演，要求重新装修宫中数座破败的佛殿。这些佛殿，慈禧在时就已经废弃不用了，小德张乘机向隆裕进言，希望重新装修，报销的花费超过200万两，当时有熟悉装修的内务大臣弹劾小德张报销不实，暗中为自己牟取私利，还拿着贪污的钱在外开了不少当铺和绸缎庄。隆裕却沉默不言，对奏折置之不理，实在被大臣们的奏折逼得没办法了，就说比小德张严重的人多得是，一个穷太监弄几个钱算不了什么，只要不干涉朝政就可以了。

有了隆裕的这句话，小德张的胆子越来越大了。他看到隆裕寂寞空虚，就趁机劝隆裕在北海建"水晶宫"。

所谓"水晶宫"，就是将外墙做成玻璃幕墙，是墙体透明的宫殿，而且宫殿打破过去传统建筑依水而建的模式，准备让"水晶宫"四面环水，这样景色更宜人。这在当时是非常新奇的建筑，隆裕本来长年深居内宫，不谙国事，现在好不容易熬到太后，也有了享受之心。

自己现在也是太后，新建一座宫殿也不算什么。于是她不顾国库空虚，下诏预备拨出巨款兴修"水晶宫"。诏令一出，满朝哗然，摄政王载沣最终以革命军风起云涌，军费严重缺乏为由，总算阻止了这场闹剧。而且隆裕也明显感到不管是摄政王，还是文武大臣，都对自己的执政能力表现出隐隐约约的不满和担心。此事之后，隆裕再也没有提出过修园的事情。

政治上的波谲云诡让缺乏文韬武略的隆裕经常感到力不从心。光绪死后，隆裕立志要为丈夫报仇。民间传说的原因很多，一种说法是隆裕曾发现了一张光绪所书的"必杀袁世凯"，另一说法是光绪在死前，曾在隆裕手中写下"杀袁"二字。一日夫妻百日恩，虽然隆裕在光绪生前与他的关系并不好，但是丈夫的遗愿不能不完成。隆裕悄悄将此事交予载沣处理。载沣同样也是个优柔寡断之人，他思前想后，不敢杀袁世凯。当时袁世凯正好患上足疾，载沣就强迫他退休回家了事。隆裕虽有为夫报仇之心，却缺乏一个政治家的胆略，她也许万万没有想到，她的心慈手软为自己留下无穷后患。最后，逼宣统退位的正是袁世凯。

隆裕太后虽有垂帘听政之名，却无垂帘听政之实。她手握着权力，却不知道该如何治理国家，每遇难题就推到了她信任的小德张、载沣身上。前者贪得无厌，只会为自己的利益打算；后者胆小怯懦，不堪担此重任。

大清帝国到了此时，竟找不到治国安邦之人了。而此时中国的时局早已是四面楚歌了：南边的民主党人声势也越来越大；列强对中国觊觎已久；袁世凯此时虽然返乡，随时准备东山再起。在隆裕治理下的清王朝，一步一步走向灭亡。

无可奈何花落去

隆裕当上太后以后，处处效仿慈禧，但继续"预备立宪"已经安抚不了天下。于是，她和载沣一起炮制出了一个"皇族内阁"的怪胎：不仅最终解释权属清王朝，而且最后确定的13名内阁成员中皇族倒占了5名（一说7名），满族有8人。这样不伦不类的"立宪"，让全社会为之哗然，"皇族内阁"成了隆裕制造的一个政治笑话。

隆裕虽然希望能够像慈禧一样垂帘听政，但她没有驾驭局势的能力，也控制不了日益高涨的革命舆论，更控制不了地方军事势力的发展。

宣统三年（1911年），辛亥革命随着武昌起义的枪声终于揭开了序

大清后妃故事

幕。随之而来的，是南方各省纷纷宣布独立，不再受清政府统治。隆裕身边已找不到一人可以帮她镇压"暴乱"了。以内阁总理大臣奕劻、协理大臣那桐为首的大臣不顾摄政王载沣的反对，趁此机会也纷纷向隆裕进言，要求将袁世凯召回。而此时，西方列强也担心中国境内再一次爆发类似"义和团"的运动，这将使他们在中国的贸易额骤减，在他们看来也只有起用袁世凯才能稳定局面。在内外的压力下，隆裕已经完全没有主意，情急之下，她又将问题抛给了载沣。载沣最后顶不住压力，万般无奈地对奕劻、那桐等人说："你们既然这样主张，姑且照你们的办"，"但是你们不能卸责"。那桐回答他说："不用袁，指日可亡；如用袁，覆亡尚希稍迟，或可不亡。"隆裕听到这一番辩解，顿时心都凉透了，连高级大臣都如此悲观，自己皇太后的位置还能坐多久？

袁世凯回京后，开始在革命党人和隆裕面前玩弄他的权术。他一方面宣称坚决保皇，既然"深荷国恩"，就绝不会"欺负孤儿寡妇"；另一方面，袁世凯打着护卫清廷的幌子，要求隆裕立即下令，让摄政王载沣下野，永远不准干预政事。隆裕本来就是头脑简单之人，根本不是袁世凯的对手，她在混乱的政局面前已经完全慌了手脚，将兵权在握的袁世凯当成了唯一的救命稻草，于是立刻照办，赶走了摄政王载沣。

接下来，袁世凯还要在这个衰落的帝国身上再捞最后一把，他宣称军饷不足，不能对革命军开战。上奏隆裕说"库空如洗，军饷无着"，隆裕百般无奈，要求王公大臣购买短期国债，"毁家纾难"以筹得军饷，但多方筹措，得款有限。袁世凯还不甘心，以军饷不足，恐军心不稳为由再一次警告隆裕：若一边催促抗敌，一边又吝啬军饷，"是置我于死地"。

在袁世凯的步步紧逼之下，隆裕只好动用国库内存，将八万两黄金交予袁世凯。隆裕原本以为，自此袁世凯能够安心替大清帝国效力了，根本没有想到袁世凯此时不过是在坐收渔人之利。

在玩弄权术方面，袁世凯绝不比慈禧逊色。对革命军他也使用了同样的手段：一方面他利用革命党的势力向隆裕施加压力，另一方面又利用手中掌握的清朝军队迫使革命党人妥协，并最终同革命党人秘密达成协议：一旦他成功使清帝退位，孙中山就要拥戴他当民国总统。1912年1月16日，袁世凯同早已串通好的内阁大臣上奏隆裕，冠冕堂皇地鼓吹起革命来："环球各国，不外君主、民主两端，民主如尧舜禅让，乃察民心之所归，迥非历代亡国可比，"接下来又对隆裕引经据典，以大义晓之，暗示隆裕如果不同意宣统退位，恐怕性命都将不保："……读法兰西革命之史，如能早顺舆情，何至路易之子孙，靡有孑遗也……我皇太后、皇上何忍九庙之震惊，何忍乘舆之出狩，必能俯鉴大势，以顺民心。"袁世凯在出宫时正好遇到了革命党的袭击，便趁机在家养病，再也不上朝，由他在朝中的亲信继续"逼宫"。

局势愈演愈烈，隆裕每天都食不甘味，左右为难。载沣已不在身边，她只有请教最信任的小德张。不料此时小德张已被袁世凯用三百万两白银的重金收买，他不仅不再为大清国效命，还暗地里与后来的许多民国大官称兄道弟，为自己留好了退路。小德张一边故意向隆裕夸大革命军的势力，一边又细数袁世凯开出的退位优待条件，暗示太后应该退位。

孤儿寡母，无依无靠，连亲信都劝自己接受退位。于是，她想到王莽逼汉朝太后交出传国玉玺；想到隋文帝逼自己的女儿，北周的太后和小皇帝退位；她想到赵匡胤陈桥兵变、黄袍加身……如今也轮到了自己。正当隆裕五内俱焦之时，"宗社党"首领良弼遇刺去世了。

所谓"宗社党"，是由满族贵族组成的保皇党，他们在多次与袁世凯的爪牙激烈争辩后自发组织而成，良弼是宗社党中最强硬的一位，他在袁世凯表明希望隆裕共和之后，曾公开宣称要与袁世凯同归于尽。良弼遇刺是被革命党的炸弹炸断一条腿，在送进医院后又被袁世凯派去的爪牙用药酒给毒死了。良弼的死更让隆裕失去了抵抗的信心，她一筹莫展，除了哭泣，没有任何办法。

她当然听说良弼的死和袁世凯有关，此时她已经顾不上皇太后的尊严，对袁世凯手下干将梁士诒、赵秉钧哭着说："你们回去好好对袁世凯说，务必保全我们母子两人的性命。"现在，她除了拉拢袁世凯，已经没有别的办法了。为了让袁世凯不背叛清朝廷，她立刻宣布封袁世凯为一等侯爵，袁世凯马上就要当民国总统，清朝的任何封赏对他来说都已经是包袱，他坚决不接受，一连四次上奏请辞。但是，隆裕对袁世凯依旧抱着一丝希望，无论袁世凯如何请辞，她坚决不允。袁世凯早已不把这个太后放在眼里了，他的目标是当民国总统……一个即将灭亡的王朝侯爵对他来说已没有任何吸引力。

大势已去的隆裕再如何拉拢，也不能留住袁世凯的心了。

在清朝王公的建议下，隆裕向袁世凯提出保留君主政体，也就是允许君主存在，但君主不干预政治。结果这个折中的办法都没有得到革命党和袁世凯的同意。走投无路的隆裕只好做出了皇帝退位的选择。在正式退位之前，隆裕还授权袁世凯与革命党进行谈判，希望革命党能网开一面，优待清朝的遗老遗少。

谈判的最后结果包括两份文件：第一份文件列举满蒙回藏各族待遇条件，第二份文件列举了清帝退位后的优待条件和此后清皇族的优待条件。隆裕流着泪读完退位文件，提出了三点要求，第一，保留"大清皇帝尊号相承不替"十字；第二，不提"逊位"两字；第三，宫禁和颐和园可以随时居住。

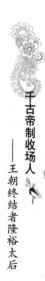

千古帝制收场人
——王朝终结者隆裕太后

隆裕的这三点要求，其实是想为将来满族东山再起留下后路。只可惜，尊号"相承不替"，不等于清朝皇帝真的就可以永远保留；不提逊位，也不意味着还能够继续统治中国。

清王朝的衰落并非一朝一夕，隆裕最后的要求也挽救不了清王朝的命运了。

1912年2月12日，隆裕召开了她一生中最后一次御前会议，宣读了宣统皇帝退位诏书。退位诏书以宣统皇帝的名义拟出："朕钦奉隆裕太后懿旨，前因民军起事，各省响应，九夏沸腾，生灵涂炭，特命袁世凯遣员与民军代表讨论大局，议开国会，公决政体。两月以来，尚无确当办法……徒以国体一日不决，故民生一日不安。今全国人民心理多倾向共和，南中各省既倡议于前；北方诸将亦主张于后，人心所向，天命可知，予亦何忍因一姓之尊荣，拂兆民之好恶。用是外观大势，内审舆情，特率皇帝将统治权公之全国，定为共和立宪国体……袁世凯前经资政院选举为总理大臣，当兹新旧代谢之际，宣布南北统一之方，即由袁世凯以全权组织共和政府，与民军协商统一办法……仍合汉满蒙回藏五族完全领土为一大'中华民国'，予与皇帝得以退处宽闲，优游岁月，长受国民之优礼，亲见郅治之告成，岂不懿欤！钦此。"

退位诏书写得虽然冠冕堂皇，而隆裕又哪里是心甘情愿地"退处宽闲，优游岁月"呢？诏书读至一半，隆裕终于忍不住泪流满面、百感交集、万箭穿心，王公大臣亦呜咽不已。

清王朝260余年的统治宣告结束。

死后极尽荣光

隆裕太后下诏逊位之后，社会各界纷纷盛赞。但是二百多年的大清王朝终结在自己手中，隆裕心中始终难以释怀。共和之后，隆裕便一直深居宫中，整日郁郁寡欢，悲咽连连，最终忧郁成疾。

在民国二年（1913）正月的时候，隆裕胸腹隆然高起，而且逐渐肿胀。经过太医的诊治之后，症状稍稍缓解。转眼到了正月初十她的生日那天，隆裕按惯例在大殿上接受朝贺，结果朝廷的许多王公大臣都借口回避，没有前来庆贺，而前来庆贺的袁世凯专使梁士诒，用的却是外国使臣觐见时的礼节。殿宇依然，江山已换。物是人非的凄凉，令隆裕触景伤情又添伤心，再加上生日当天，又在大殿受了炭气，内外皆伤，使得刚刚缓解的病情又骤然加剧，隆裕自此一病不起。

短短几日，隆裕就已病入膏肓。正月十六日（2月21日），隆裕已到了弥留之际。她看见宣统帝待在一旁，想到他虽生在帝王家，却小小年纪遭逢亡国，如今自己大限将至，留下他一人孤苦无依，不由悲不自胜。隆裕最终留给宣统帝的话是"我与汝要永诀了。沟渎道涂，听你自为，我不能再顾你了"。说完之后隆裕满眼含泪，手指指着宣统帝，想要再说些什么却因被痰哽住，再也说不出一句话。就这样，中国的最后一位皇太后，怀着满腔的亡国恨于民国二年正月十七日丑时（1913年2月22日凌晨2点）薨逝，享年46岁。

千古帝制收场人
——王朝终结者隆裕太后

隆裕死后，她的遗体即被移送到皇极殿。当天申初二刻，隆裕皇后的遗体被放入棺内，送她的只有宣统帝派来的总管谦和以及几位后妃，这是清朝皇室最为冷清的皇太后葬礼。最后，宣统帝为隆裕皇太后拟定的谥号是"孝定隆裕宽惠慎哲协天保圣景皇后"。

已经亡国的大清没能为隆裕举办隆重的葬礼，民国政府却对这位清朝皇太后的逝世十分重视。总统袁世凯在接到清宫内务府的报闻之后，下令全国下半旗致哀3日，文武官员穿孝27日。参议院除下半旗之外，还要在正月二十一日（2月26日）休会一天。在正月二十二日（2月28日）祭奠的时候，袁世凯装得煞有介事，他臂上戴着黑纱，在祭祀的时候表现得十分哀痛，还非常大方地捐出了3万元作为丧葬费用。

隆裕之死，总统尚且如此重视，其他人自然不敢怠慢。各地的军政要员，也都争先恐后发来唁电，表示哀悼。副总统黎元洪唁电称隆裕太后"德至功高，女中尧舜"。山西都督阎锡山唁电称："皇太后贤明淑慎，洞达时机，垂悯苍生，主持逊位。视天下不私一姓，俾五族克建共和，盛德隆恩，道高千古。"参议院议长吴景濂发表公启赞誉隆裕："隆裕太后以尧舜禅让之心，赞周召共和之美，值中国帝运之末，开东亚民主之基。顺天应人，超今迈古。金谓美利坚之独立，受战祸者或七八年；法兰西之革命，演惨剧者将数十载，虽伸民气，实苦生灵。前清隆裕皇太后，默审潮流，深鉴大势，见机独早，宸断无疑。诏书一下，化干戈为坛坫，合五族为一家，大道为公，纷争立解。盖宁可以敝屣天下，断不忍涂炭生民，所谓能以私让国。"

如此"道高千古"的皇太后的身后事绝对是不能含糊的，可是只剩空架子的大清朝廷已没有能力给隆裕大办葬礼了，所以，这是民国政府的绝佳表现机会。在为此召开的国务院特别会议中，袁世凯参照《优待清室条件》中德宗崇陵修缮费用由民国政府承担这一规定，提出：将隆裕太后葬在崇陵；另外因为隆裕太后赞成共和，作出了有利于民国的事，所以丧礼的各方面都要办得隆重，费用全部由民国政府承担，这一提案马上得到了参议院的通过。

隆裕死得凄凉，民国政府却为她办了一场紫禁城内空前绝后的葬礼。

二月十四日（3月19日），由吴景濂主持的国民哀悼大会在太和殿召开。有民国政府的慷慨出资，殿内布置得极为庄严肃穆。灵堂的顶端正中悬挂着"女中尧舜"的白色横幅，灵堂的中央摆放着隆裕的大幅宫装遗像。此外，殿堂内摆满了花圈，四周挂满了挽联，殿壁及梁柱都用白布包裹。灵堂前，一列列仪仗队庄严站立，与隆裕生前寿宴的冷清截然不同。不过仪仗队中除了穿着清式丧服的下人，还站着身着现代军服的卫兵，这么个古今结合的仪仗队可以说是清代皇后葬礼中绝无仅有的。吴景濂恭读祭文，盛赞隆裕太后有逊位之德，以尧舜禅让之心赞同"共和之美"，并决定为隆裕塑造铜像，以示表彰。大清皇太后的葬礼还惊动了驻京的各国公使，他们也来到了太和殿祭奠，并下半旗致哀。这份哀荣，可谓旷古未有。

隆裕太后的薨逝不仅受到了民国政府的高度重视，也广受社会各界关注。各大报纸都刊载了她逝世的消息。《中国日报》云："己丑年嫁光绪帝为嫡后，秉性柔懦，失西后欢；尤与光绪感情不洽，抑郁深宫二十余年。既无可誉，亦无可讥。惟清廷退位，后力居多，将来共和史中亦不失有价值之人物也。"《亚细亚日报》云："隆裕太后去岁，不为亲贵浮言所动，力主共和，实为有造民国。今一日崩御，我五族国民，当同情哀悼。"除此之外，在隆裕太后的丧礼结束后，民国政府还出版了一个线装石印的特刊《国民哀悼纪事录》，书前是一幅隆裕太后的御影，附有她宣布清帝逊位的谕旨，接着是太和殿内外哀悼大会的摄影12幅。还有各界发来的唁电、挽联、致祭礼节、祭文、哀悼歌词、皇室答词、外宾名单、工作人员名单等。隆裕葬礼的有关资料全部收录其中，以显示民国政府对她的缅怀。

隆裕太后生前郁郁不得志，而死后却风光无限，这不能不说是一个巨大的讽刺。然而，不管她是贤德还是嫉妒、有才还是无能，在决定一个民族命运的关键时刻，她还是顺应了历史发展的潮流……

大清后妃故事

洞庭深院一点红

——光绪皇帝珍妃

在清朝统治的最后阶段，出现了这么一位妃子，她聪明伶俐、刻苦学习、才能超群，辅助光绪处理政务且深得帝心，可是生活在慈禧太后和光绪皇后的夹击里，她最终在凄凉中死去，成为光绪帝心中一个永远的痛。她就是他他拉氏，珍妃。

入选帝妃

珍妃，姓他他拉氏，满洲镶红旗人。生于1876年（光绪二年）2月27日，死于光绪二十六年（1900年）。她的爷爷是陕甘总督裕泰，父亲叫长叙，官职曾做到户部右侍郎，珍妃的伯父长善为广州将军，珍妃幼年曾跟随伯父在广州生活。长叙有三子、五女。长子、次子、长女、次女、三女均为原配妻子所生；三子、四女、五女皆为妾生。四女就是后来的瑾妃，五女就是珍妃。

光绪十四年（1888年），他他拉氏与姐姐被同选入宫。光绪十五年正月（1889年），光绪帝举行大婚，正式封他他拉氏为珍嫔，她的姐姐被封为瑾嫔。入了宫，二人的命运便不再掌握在自己手中，掌握她们命运的是慈禧。因为整个的选后活动，只不过是慈禧操控下的一场傀儡戏，为的只是达到她控制光绪的目的。因为以前的朝政都是慈禧一手把握，但随着光绪的长大，到了大婚的年龄，太后是不能让皇帝长期打光棍的。但按着封建王朝的惯例，没有亲政的幼帝一结婚，就标志着长大成人了，就要亲理朝政。而慈禧太后是个权力欲极强的女人，经过长时间的垂帘听政之后，再想让她"卷帘归政"是不可能的。她为了既不失去手中的实权，又要造成皇帝亲政的场面，便企图通过皇后、妃子来影响和控制光绪，因此积极为光绪帝选后、妃。不过在她的策划之下，光绪帝的皇后之位，被她内定给了自己的侄女——都统桂祥之女叶赫那拉氏。

经过层层严格、"公正"的筛选，晋级的五名秀女依次排列在布置得庄严富丽的体和殿上。站在第一位的是都统桂祥之女叶赫那拉氏，后边江西巡抚德馨的两个女儿，他他拉氏和她的姐姐站在最后。慈禧故作姿态地把选皇后的证物———一柄玉如意交给光绪帝，让他自己选。在慈禧的淫威下生活惯了的光绪帝面露难色，不敢擅自做主，慈禧却假装坚持要他自己定。光绪事前没经过慈禧授意，还当真要按自己喜欢的选了。他慢慢地走到德馨长女面前，想要把玉如意给她。

慈禧一看皇帝竟然真要自作主张，且与自己的主意背道而驰，竟失态地大叫一声："皇帝！"光绪帝一下子明白过来，只得走到桂祥的女儿面前，无可奈何地把玉如意授给她。这样，慈禧太后的侄女便当选为皇后，即隆裕皇后。另外，慈禧看到光绪喜欢的是德馨的女儿，如果她被选入宫，既有可能与皇后争宠，又助长了皇帝自己拿主意的习惯，断不可行，便草草结束这次活动，把选妃的证物随意地给了站在最后的、光绪帝没有看上又名不见经传的他他拉氏姐妹，以方便自己进行控制。正因为这样，他他拉氏姐妹才阴差阳错地进了宫。到光绪二十年（1894年），逢慈禧太后六十大寿，姐妹二人被晋封为瑾妃、珍妃。

慈禧没有想到，珍妃这么一个名不见经传的小丫头，不仅没能被自己控制，却给自己惹了不小的麻烦。而陷入皇帝与太后的矛盾斗争之中，也造成了珍妃终生的悲剧，以至于最后死得不明不白。

洞庭深院一点红
——光绪皇帝珍妃

初次交锋

　　慈禧与珍妃的关系并不是从头到尾都如此恶劣，相反地，在二人建立关系的初期，感情还是不错的。根据叶赫那拉·根正与郝晓辉所著的《我所知道的慈禧太后》一书中介绍，珍妃年幼活泼，非常有才干，又非常的聪明漂亮。在慈禧看来，珍妃就是一个年轻的慈禧，慈禧总能在珍妃身上看到自己初入宫廷时的影子，这些都让慈禧对珍妃有着一种别样的感情。所以慈禧喜欢珍妃是众所周知的事情。珍妃喜好书画，西太后特令内廷供奉缪嘉惠教她，从此书画大进，写出一手好篆书，尤其擅书梅花。一篇由珍妃后辈人写的《我的两位姑母——珍妃、瑾妃》的文章也提到：珍妃聪明伶俐，宫廷礼仪一学就会，因此替皇后主持继嗣典礼。宫里的典礼礼节很多，如要求皇后要穿着花盆底鞋，头上戴着头饰，走丁字步，一步一安，还要磕达儿头；在请安或磕头时，头饰和耳坠不能不摆，也不能乱摆。头叩的不能太偏，又不能不偏，这个尺度隆裕皇后总掌握不好，可是珍妃一学就会，只好由珍妃代替。试想，在慈禧操纵政府的当时，她不点头，珍妃如何能主持这样一个大典？更何况，对手还是慈禧的亲侄女，一个慈禧想用来拴住光绪的人。所以，只可能是，慈禧开始是十分喜欢珍妃的。

　　但是后来，两人的关系才渐渐疏远，以至于互生厌恶。这一切，在很大程度上是由珍妃的性格造成的。前面说过，她幼时曾长期生活在任广州将军的伯父长善府中。广州是五口通商最主要的口岸城市，开放最早，与西方资本主义世界接触最早最多，受影响也最大，中国古老文化与西方文明在这里汇集，思想比内地便开放许多，这也深深熏陶了年幼的他他拉氏。加之长善本人广交名人雅士，其中多具有先进思想的著名人物，这些都对珍妃的思想和个性形成产生了巨大影响。所以，在入宫之前她先接触、了解了许多新的东西，这些经历使她与所有生活在北方的满洲贵族小姐有所不同。虽然她的姐姐瑾妃也在广州，但姐俩性格完全不同，瑾妃性格内敛，珍妃性格外向、热情活泼、聪明伶俐，学什么都比瑾妃快。而且珍妃的伯父非常重视文化知识教育，特地聘请了当时很有才华的文廷式（光绪进士，翰林院侍读学士）来教授两位侄女学习。珍妃在广州时，她的大哥志锐和二哥志钧也随伯父在广州生活，他们与珍妃的老师文廷式常在一起研究时事，探讨学问，颇有文名，这更刺激了珍妃的学习热情。珍妃姐俩学习刻苦用功，经过几年的努力，珍妃不但诗词文章大有进步，而且琴、棋、书、画无不通晓。再者，他的两位长兄志锐、志钧也都是思想比较开明的人物，她的母亲也很开通，整个家庭对她的熏陶是不可忽视的因素。

这也是一开始慈禧喜欢珍妃的原因之一。但是态度决定一切，珍妃对生活的态度决定了她不可能与慈禧成为一路人，也决定了自身最后的处境。

洞庭深院一点红
——光绪皇帝珍妃

伉俪情深

　　珍妃的生活是自由的、热烈奔放的，很迎合光绪皇帝的胃口。前面提过，隆裕皇后是慈禧内定给光绪的，与皇帝并没有感情基础，相反令光绪感到反感。另外据《正说清朝十二后妃》一书中介绍，光绪皇帝自幼体弱多病，长期患有严重的遗精病，基本上丧失了性功能。所以，光绪帝大婚后，虽然拥有一后二嫔，却很少召幸她们。尤其是对慈禧的侄女叶赫那拉皇后，更是避之唯恐不及。所以在大婚之后，隆裕皇后随即失欢于光绪，而瑾妃性情忠厚，不善言辞，也不会巴结人，所以与光绪相处漠漠，反与皇后走得很近，似乎同病相怜。只有珍妃年幼活泼，讨人喜欢，而且长得白皙无瑕，五官清秀俊美。在经过了多次的礼仪活动之后，光绪发现珍妃不仅容貌秀美，而且聪明伶俐，活泼动人。经过几次单独召见后，更觉得她不仅志趣广泛，谈吐不俗，而且性格开朗，善解人意。

　　光绪帝4岁时便离开父母，来到宫中，过早失去了母爱的呵护。慈禧之所以选择载湉继承大统，是因为他年纪小，性格温顺柔弱，好控制；再者其辈分与同治相同，避免了慈禧升为太皇太后之后就不能干涉朝政的局面；载湉算是慈禧的外甥，而其父醇亲王奕譞又容易驾驭。慈禧对他又十分严厉，载湉稍有使她不满的地方，便会大声呵斥他，让他长跪。载湉身边没有亲人，又生活在这样的阴影下，自然会形成一种对慈禧的恐惧和软弱的性格。所以他十几年来一直过着呆板压抑、程式化的生活，从未尝到

大清后妃故事

过人生的乐趣，更没有得到过女性的体贴和疼爱，他的精神世界就像一片寒冷的干裂的土地。作为一朝天子的光绪在政治上不能独掌政权，受到以慈禧为首的顽固派的压制，生活上也受到慈禧太后严密控制，心中烦恼非常。当时光绪不过十七八岁，每日凌晨寅时上朝，午时退朝，工作时间长达七八个小时，很是辛苦。珍妃的出现，就像一股甜甜的暖流，滋润着光绪帝寒冷干裂的心田，使他初步尝到了爱情的甜蜜，感受到了生活的乐趣。珍妃每日侍奉左右，也想着法子顺应光绪的喜好。对于光绪来说，在婚后能够有珍妃这样一位美貌多才、通情达理的人陪伴在身边，心中自然很高兴，同珍妃在一起使他忘却了许多烦恼，他的精神上也得到了极大的安慰和解脱。珍妃小时家里曾聘著名文人文廷式当她的私塾老师，因此珍妃的文化水平在同龄人中是比较高的，更和光绪皇帝有了共同语言，这一点也是皇后所不能及的。加之她工翰墨，会下棋，与光绪共食饮共玩共乐，对于男女之事毫不在意，每天任意装束，喜欢女扮男装，常与光绪帝互换装束，宛如少年美差官。渐渐地，光绪帝对珍妃产生了爱意，召她侍寝的次数越来越多，珍妃逐渐被光绪帝视为知音和感情上的依托，二人都视对方为知己，并相亲相爱，产生了真挚的爱情，很快达到了炽热的程度。珍妃还能歌善舞，是以博得光绪专宠，常和光绪帝同居养心殿。"德宗尤宠爱之，与皇后不甚亲睦。"（《国闻备乘》第11页）可谓六宫宠幸，集于一身。光绪对珍妃的爱慕，达到了难割难舍的程度。根据德龄在《瀛台泣血记》中的记载，光绪帝几乎每天都召幸珍嫔，每隔三四天还到珍嫔的景仁宫去一次。聪明的珍妃了解光绪帝处境的艰难、内心的苦楚，对他非常理解和同情。珍妃是一位多情善良的少女，千方百计地体贴关爱光绪帝，竭尽一切使自己的夫君感到温馨和快乐。光绪帝由于深爱着珍妃，在她面前也就撇掉了皇帝的尊严。珍嫔在光绪帝面前也无拘无束，畅

洞庭深院一点红
——光绪皇帝珍妃

所欲言。有时光绪帝放着肩舆不坐，在皇宫大内与珍嫔有说有笑地拉着手步行，犹如民间的一对恩爱夫妻。如果哪一天珍嫔不侍寝，回自己的景仁宫住，光绪帝就像失去了主心骨似的，神思恍惚，颇感冷清，更担心心爱的珍嫔在宫里寂寞无聊。他们俩互为知己，如漆似胶，总有一日不见如隔三秋之感。

珍妃还很大方，对宫中太监时有赏赐，太监们得些小恩小惠，也都竭力奉承这位"小主儿"。如此时间一长，这位"小主儿"也可能被捧得有点不知所以，渐渐失去自我节制。

珍妃性格开朗，活泼好动，猎奇心强。她对皇宫中的繁文缛节以及呆板的生活方式十分厌恶，尤其对宫中尔虞我诈、钩心斗角的争宠斗争极为反感。她喜欢新生事物，喜欢过无拘无束的潇洒生活。珍妃的性格有先天因素的影响，也与她的成长环境有关。这种性格，在规矩多多、礼法森严的皇宫大内显得格外突出和另类。珍妃的许多行为与宫廷礼法对后妃的要求有点格格不入。

据太监张兰德的回忆，光绪曾用库存的珍珠、翡翠串制成一件珍珠旗袍，在阳光下一照，光彩夺目。有一天二人在御花园散步，珍妃穿着那件珍珠旗袍翩翩起舞，正玩得高兴时，被老祖宗撞见。事出突然，珍妃已来不及换衣裳了。老祖宗大怒道："好哇！连我都舍不得用这么多珍珠串件袍子，你个妃子竟敢这样做？载湉也太宠你了。"虽然光绪和珍妃马上跪在地上叩头请罪，慈禧还是让随身的总管太监给扒下来。回宫后还打了珍妃30竹竿子。按宫中惯例，妃子不能乘八人抬的轿子，据清宫刘姓宫女讲，光绪帝出于对珍妃的宠爱，特赏给珍妃乘坐，不料又被慈禧见了，大发其火，搬出祖宗家法把珍妃狠狠训斥了一顿，并下令将轿子摔毁。光绪帝得知后十分不高兴。

照相术于清朝晚期传入中国，却被因循守旧的顽固人物视为"西洋淫巧之物"，认为照相能"伤神"，甚至有人认为照相能摄去人的魂魄，照相多了会"损寿"，所以并不甚流行，尤其在宫中，照相是被禁止的。然而年仅十几岁的珍妃却偏偏迷上了照相术。她在光绪二十年（1894年）前后，暗中托人从宫外买来一架照相机，背着慈禧太后，不仅在自己的寝宫景仁宫，而且在皇帝的养心殿以及她经常去的其他地方，摆出各种姿势，换上各种装束（包括穿上光绪的衣服）拍照，可谓花样翻新。她不仅自己照，还给别人照，同时她还教太监照。据说其中一幅照片是光绪二十一年（1895年）在中南海拍摄的，后来被慈禧无意中发现，认为她举动轻浮，又大加申饬。但这并没有阻止珍妃对摄影的爱好。她把照相作为自己生活中的一大乐趣，可惜珍妃所拍的照片一张也没能留传下来。据说珍妃还私下拿出积蓄，暗中指使一个姓戴的太监在东华门外（即今北京东华门大街附近）开设了一个照相馆。不幸的是，此事被隆裕皇后探知，立刻上报了慈禧。慈禧怒不可遏，立即将那个姓戴的太监召来审问，太监开始不招，但后来在酷刑之下隐瞒不过，招了实情，照相馆被查封，戴姓太监被打死，珍妃也受到责罚，从此以后，宫中再也没有人敢谈照相了。

但珍妃无拘无束的自由性格却没法改变。皇后是皇帝的正妻，主管后宫，各等妃嫔必须无条件地听命于皇后，这是几千年来封建社会皇家处理家务事时奉行不变的原则。然而珍妃却不理这一套，我行我素，绝不去刻意逢迎、巴结皇后。本来皇后就因珍妃与皇帝的恩恩爱爱、几乎夜夜专宠而吃醋，珍妃这样的态度更让皇后嫉恨不已，为了泄愤，皇后经常在慈禧面前说珍妃的坏话，告她的状。

在《我的两位姑母——珍妃、瑾妃》一文中，也提到了一些光绪和珍妃与慈禧和皇后之间的矛盾冲突。珍妃因受光绪皇帝的宠爱，而引起了隆裕皇后的忌恨，加之珍妃性格倔强，不会奉承慈禧，隆裕经常在慈禧耳边吹风，慈禧就千方百计地找她麻烦，为内侄女出气。前面说过，珍妃长得很漂亮，并擅长书画、下棋，双手能写梅花篆字，而且聪明伶俐，常代替皇后参加宫里的一些大典，这些就更引起了隆裕的忌恨。隆裕为了报复，就和李莲英及珍妃宫内的太监勾结起来，把一只男人靴子放在珍妃的宫里，妄图污蔑她有奸情；后来又因珍妃有一件衣服的料子和经常进宫演戏的一个戏子的衣料一样（据说戏子的衣料是光绪送的），隆裕抓着这件事又大做文章，致使珍妃遭受廷杖（扒开衣服，用涂有黄油漆的竹竿打）。珍妃喜欢照相，慈禧命人到珍妃宫中搜出照相机和穿男装的相片，大怒，为此珍妃又受了"掌嘴"之罚。

因隆裕皇后经常在慈禧面前说珍妃的坏话，光绪帝怒斥了她。这件事传到慈禧那里，慈禧以为这是珍妃受宠之故，更是恼恨珍妃。总之，慈禧与光绪和珍妃之间的矛盾越来越深，嫌隙越来越大。

得罪慈禧

清宫有制，皇后每年例银1000两，递减至妃这一级别，每年仅300两，嫔为200两，分月例支。珍妃的祖父与父亲、伯父都是高官，珍妃自幼即生长在伯父府中，享尽钟鸣鼎食之家的奢华。入宫之后每年区区二三百两银子怎够她用度？用度不足，又不会节省，亏空日甚，遂不能不寻找生财之道。怎么办？解决之道就是利用皇帝对她的宠幸，串通奏事处的太监，私卖官缺，而主谋则是其胞兄志锐。整个卖官的流程大致是这样的：奏事处乃是太监与朝廷官员传达沟通之处。先由奏事处太监探知哪里有官缺，然后告知志锐等出面寻找买家，双方敲定之后再通过太监转达珍妃。因为有利可图，当时太监中最有势力的有郭小车子、奏事太监文澜亭、慈禧掌案太监王俊如诸人，均染指其中。因珍妃住景仁宫，所以景仁宫太监也多有涉及。珍妃要做的则是选择一个合适的时候，向皇帝进言。比如皇帝脸上现出苦恼之色，珍妃便上前询问："皇上今儿个怎么了？"如果碰上皇帝是因用人之事而苦恼，便正中珍妃下怀，她只似无意地说一句"某某人听说人不错，也是有才干的。"皇帝对她已宠幸无比，加之她在广州伯父府中见闻颇广，皇帝便深信不疑了，立时擢用某人，整个卖官鬻爵之过程就大功告成。私卖官职所收的贿款，一部分供给珍妃挥霍用度，其余由各层分肥。珍妃的主要"任务"是向光绪求情，以便最后搞定，自然"功劳"最大，分赃亦最肥。然这种事时日既久、涉及便广、胆子越大，风声便不知不觉地流传开了。有一次他们甚至卖到上海道员，搞出风传一时的鲁伯阳被劾案，惹得外界舆论纷纷。胡思敬《国闻备乘》记载："鲁伯阳进四万金于珍妃，珍妃言于德宗，遂简放上海道。江督刘坤一知其事，伯阳莅任不一月，即劾罢之。"

这件事被无声无息地压了下去，也没造成什么后果，但别的事情还是有泄露消息的。光绪二十一年（1895年），有一个叫耿九的人，想谋取粤海关道的职位，便贿赂慈禧身边的小太监王长泰（即王有儿）、聂德平（即聂十八），王、聂二人在宫中和珍妃关系不错，平日里很受珍妃喜爱，经常和他们在一起，时不时还赐给他们食物，此时王、聂二人受耿九之托，私下里请求珍妃向光绪帝说情，毕竟珍妃比慈禧要好说话得多。同时还有一个叫宝善的人，乃是慈禧侄儿的岳父，驻兵于凤凰城，日本进

洞庭深院一点红
——光绪皇帝珍妃

攻时，兵败失守，想花钱活动，以免除罪责，也托王、聂二人向珍妃请求。他还进呈珍妃背心及大衣衣料两件。可是这两件事都因为保密不严而外泄，被慈禧知道后，大怒，将珍、瑾二妃都打了板子，命令将王、聂两个太监充军于黑龙江，遇赦不赦。当行至营口，却将二人一并杀掉了。可以理解，权欲熏天的慈禧太后身边竟然出了别人的心腹，她不可能忍得下去。但她并没有对珍妃做出过大的惩罚举动，因为这两件事的影响还不够恶劣，慈禧无法使皇上不为珍妃开脱，只得先放她一马。

真正使珍妃落人口实的，缘于光绪召见出于珍妃举荐，即将出任四川盐法道的玉铭。按例，这一级别的新官放任，都要由皇帝亲自召见一下。光绪在召见时问玉铭原先在哪一衙门当差？玉铭居然回答说"木厂"。光绪闻之骇然，于是命他写一份自己的履历，那玉铭竟半天写不出一个字来。光绪大惊，原来是一文盲，于是另下一旨："新授四川盐法道玉铭，询以公事，多未谙悉，不胜道员之任。玉铭着开缺，以同知归部铨选。"由对玉铭的处置，可见光绪对珍妃的庇护，因为以玉铭作为文盲而被举荐的情况，便可治珍妃以欺君之罪了，可是光绪未声张，仅仅将他"以同知归部铨选"，对玉铭来说也并非一无所获。可是珍妃卖官鬻爵之事却再也无法就此掩盖过去。此事传播朝廷内外，慈禧闻后立即切责光绪，要求他必须追究责任。说朝廷明令规定：后宫不得干预朝政。何况居然推荐一个文盲去当道员，也实在不像话。此时，就是光绪有意庇护珍妃，也很不好办了。

随后，慈禧令光绪下了一道旨："本朝家法严明。凡在宫闱，从不准干预朝政。瑾妃、珍妃承侍掖庭，向称淑慎，是以优加恩眷，游陟崇封。乃近来习尚浮华，屡有乞请之事，皇帝深虑渐不可长，据实面陈。若不量予儆戒，恐左右近侍藉为寅缘蒙蔽之阶，患有不可胜防者。瑾妃、珍妃着降为贵人，以示薄惩而肃内政。"据说在降珍、瑾二妃为贵人的前一天，光绪帝在给慈禧请安时，慈禧铁青着脸不理睬他，光绪帝竟在地上跪了两个多小时。最后慈禧恶狠狠地说："瑾妃、珍妃的事，你不管，我来管。不能让她们破坏家法，干预朝政。下去吧！"根据清宫档案记载，证实珍妃在十月二十八日这天遭到了"褫衣廷杖"，即扒去衣服打的刑罚。皇妃遭此惩处，这在有清一代是极为罕见的。翁同龢曾在慈禧面前为珍、瑾二妃求情，建议缓办，但遭到拒绝。结果，不仅珍妃受到惩处，连瑾妃也受到妹妹的牵连。慈禧不仅将姐妹二人都降为了贵人，还对珍妃手下的人进行了残酷的打击。那帮拉官纤的太监均被处以极刑，珍妃手下的太监高万枝被处死。在这桩事件中，先后受到株连的珍妃手下的太监还有永禄、宣五、王长泰、聂德平等数十人，有的被发配充军，有的被秘密处死，有的被立毙杖下。就连伺候珍妃的白姓宫女也被驱逐出宫。

其实，当时的清廷腐败昏庸，拉官纤、私卖官缺之事，屡见不鲜。清朝晚期，卖官鬻爵不仅是公开的秘密，甚至已经合法化。当时的捐纳制度，实际上就是卖官，以解决朝廷财政的紧张。不过珍妃的所作所为侵犯了另一个集团的利益，那就是以李莲英为中心的另一个卖官团伙。李莲英是慈禧的亲信太监，势力很大，许多王公大臣都不敢惹他，有时还要巴结、贿赂他。可是珍妃却不买他的账，多次与他发生冲突。在珍妃"入行"之前，肥缺的鬻卖一直由李莲英一手垄断，可是珍妃的出现抢走了他的一大部分"客源"。毕竟，皇帝越来越大，管的事情越来越多，而皇上又如此宠幸珍妃，每晚常吹的枕头风，使得珍妃的办事效率远大于李莲英团伙，使他和靠他发财之人财路受阻，甚至一度出现两方同争一个客户，买家讨价还价之事：你要不愿意我找珍妃去。李莲英如不落井下石，则无法保证买家对他的信任，亦无法保持他的权威。

洞庭深院一点红
——光绪皇帝珍妃

所以，趁玉铭事件，李莲英在慈禧面前煽风点火，终于使作为竞争对手的"珍主儿"失去了竞争力。慈禧处置珍妃也有她自己的原因：慈禧为光绪选后、妃，只是想作为自己控制光绪的工具，慈禧将自己的侄女定为皇后就是铁证。可是皇后与皇上十分疏远，毫无感情可言，失去了影响皇帝的能力，偏偏珍妃又非常得光绪宠爱。慈禧或许曾想拉拢珍妃，通过她完成自己侄女完成不了的任务，所以对她表示过好感。可是珍妃是个无拘无束的人，思想开朗、性格豪爽、敢作敢当，不但丝毫不看自己的脸色办事，还让自己的侄女吃尽了醋。珍妃还向光绪帝极力推荐她早年的老师——江南著名学者文廷式。文廷式乃江南才子，在光绪十六年（1890年）大考中擢居榜眼，以一等第三升侍讲学士，在文化知识界颇有影响。他被提拔重用，为光绪帝的变法扩大了影响，在一定程度上给光绪帝增添了实力。更有甚者，夫妻二人还搭档做起了买卖，珍妃收钱、皇帝封官，如此一来，皇帝的亲信越来越多，难免不威胁到慈禧的统治。

光绪二十年（1894年），中日甲午战争爆发，文廷式和珍妃的堂兄志锐上奏李鸿章对日态度怯懦。与此同时他们又通过珍妃影响光绪皇帝，采纳主战派意见，对日宣战。珍妃、文廷式、志锐的行动引起了主和派的忌恨，加之文廷式、志锐又奏过李鸿章一本，因此李鸿章授意其心腹——御史杨崇伊，反奏文廷式企图支持珍妃夺嫡，取代隆裕皇后；反对慈禧听政，支持光绪皇帝自主朝纲。这样，慈禧恨透了文廷式、志锐和珍妃。她本来就想废掉珍妃，正无碴儿可找，借此机会正可解心头之恨，在李鸿章的挑拨下，慈禧将三人分别处理：下旨以"交通宫闱，扰乱朝纲"的罪名，将文廷式革职，赶出毓庆宫，永不录用；志锐从礼部侍郎被贬职，出任乌里雅苏台（蒙古境内，距乌兰巴托正西1800里）参赞大臣；以卖官干预朝政之事把二妃降为贵人。否则以慈禧的所作所为，哪还有脸说出"从不准干预朝政"的话来。虽然一年之后，慈禧就恢复了姐妹二人的妃子头衔，但珍妃与慈禧的关系已经大大的恶化。

囚禁冷宫

有的书中说在这一年，珍妃就因为此事被慈禧囚禁，直到投井。但有一篇名为《为珍妃平反》的文章考诸档案后，发现具体的史实情况是这样的。

光绪二十年（1894年），因慈禧六旬万寿的大庆典，珍妃姐妹由嫔晋升为妃。懿旨档案如下：正月初三日光绪皇帝奉慈禧懿旨："本年六旬庆典，妃嫔平日侍奉谨慎允宜，特晋荣封，瑾嫔著封为瑾妃，珍嫔著封为珍妃。"但之后1894年的十月二十九日，姐妹二人又双双降为贵人，真正原因前面也说到了。懿旨说"朕钦奉慈禧皇太后懿旨，本朝家法严明，凡在宫闱，……皇帝深虑渐不可长。……以示薄惩，而肃内政。"就是前面提到的，不再全文转述。圣旨是不会妄拟的，每句话每个词都是"微言大义"，从这道圣旨的语气看绝对不像要把珍妃打入冷宫的样子，因为一来表扬了珍妃以前的表现还是很不错的，"承侍掖廷，向称淑慎"——有淑慎的字样，评价算很可以的了，这是为她们日后复升为妃留的后话。她们只是近来出了点问题，所以要"薄惩"一下——如果说打入冷宫囚禁起来只是薄惩，那什么算是严惩呢？过了两三天下的另一道谕旨就证明了这一点："光绪二十年十一月初一日，奉皇太后懿旨，瑾贵人、珍贵人着恩准其上殿当差随侍，谨言慎行，改过自新。平素妆饰衣服，俱按宫内规矩穿戴，并一切使用物件，不准违例。皇帝前，遇年节照例准其呈进食物，其余新巧稀奇物件及穿戴等项，不准私自呈进。如有不遵者，重责不贷。特谕。"这道圣旨里面，话说得非常清楚明白，"奉皇太后懿旨，瑾贵人、珍贵人着恩准其上殿当差随侍，谨言慎行，改过自新"。这就已经无可置疑了，虽然被降为贵人，还是可以照常侍奉皇上和太后，相当于是给了个戴罪立功的机会。还能够上殿当差随侍，这就直接证明了珍妃当时并未失去行动自由，被囚禁到北三所的冷宫。

接下来约一年后，光绪二十一年（1895年）十月十五日，敬事房传下的慈禧太后的另一道懿旨也能证明："着加恩瑾贵人，赏还瑾妃。珍贵人，赏还珍妃。"因为假如1894年珍妃即被囚禁入冷宫，那是不可能为囚禁在冷宫的戴罪嫔妃恢复名号的。

珍妃利用光绪卖官鬻爵是事实，但不能否认，光绪帝还是那个她最敬最爱的人。

在与光绪帝相处的日子里，珍妃发现光绪帝不是甘当傀儡的人，他也希望能够励精图治，治国安民，只是由于长期受慈禧的压制，手中无权，大志难伸。早在光绪二十年（1894年），中日甲午战争爆发，中国惨败，与日本签订了丧权辱国的《马关条件》，大小帝国主义国家乘虚而入时，光绪帝面对甲午战争后日益沉重的民族危机，祖宗江山日益沦落的形势，对慈禧的专权就极为不满。他曾愤愤地说："如果太后不把大权交还给我，我宁愿退位，也不做这亡国之君。"光绪和慈禧中间便开始了争夺权力的斗争。那些愤恨太后干预朝政的朝廷中的正直之士，出于愤懑与不平，便把光绪帝作为自己的寄托，向光绪帝靠拢，希望能做出一番救国救民的大事业。他们在清廷统治集团里逐渐形成一股新的政治势力，即帝党。帝党支持资产阶级维新派，掀起了戊戌变法运动。

珍妃对慈禧揽权干政，使光绪不得一展抱负的不满，也是显然的。所以她坚决支持皇帝变法，是"帝党"的重要成员，为皇帝出谋献策，不仅在精神上给光绪帝以巨大的支持，而且在行动上为变法做了很多实事。据珍妃的侄女在回忆中说："珍妃支持戊戌变法，她常通过我父亲（即志锐的幼弟）把宫中的一些秘事告知维新党人。"另据太监张兰德回忆说："甲午年以后，光绪皇上要变法，每次召见完王公大臣，退朝后总到珍主儿那里商量国事，珍主儿也总帮他拿主意。"

不愿做亡国之君的光绪，发动了戊戌维新运动，希望通过变法自强，从慈禧手中夺回政权。可惜的是变法的参与者只有官衔没有实权，所以遭到了以慈禧为首的顽固势力的竭力反对。在变法后期最困难的时刻，身居九重宫禁的光绪帝，身边只有珍妃一个知己，珍妃成了他的精神支柱。由于袁世凯的告密，慈禧太后操纵朝政，变法很快失败了。同年九月，西太后发动政变，囚禁光绪帝于瀛台，也把珍妃打入了冷宫。

关于囚禁珍妃的冷宫在何处，历来众说纷纭，莫衷一是，至今仍是一大疑案。根据《清史研究》中的一篇文章《囚禁珍妃的冷宫在何处》介绍，《崇陵传信录》《清代轶闻》等书说："囚景运门外之三所。"或说"在皇宫东南角的一个院子里"。也有人说囚于西三所。《清宫述闻》等书根据刘姓老宫女所说，认为珍妃幽禁于建福宫。还有不少人说珍妃囚于北三所，如金水河在《旅游》杂志发表《冷宫在何处》的文章，说她关在"景棋阁北的北三所，在珍妃井旁西边的山门里。"但经过仔细推敲，以上说法都不成立，具体分析不一一列举。

现在有较多的人认为她囚于景棋阁后的西小院，位于后宫东路宁寿全宫的最北侧，现在珍宝馆的北面，它的西边就是珍妃井。分析者认为这个说法是正确的。第一，这个小院紧靠后宫东北侧宫墙，地方偏僻，人迹罕至，又是一个独立的小院，便于看管，适合作冷宫；第二，这个小院原是宫女住房，并无重要用场，便于改作冷宫；第三，珍妃投井不会舍近求远，其住所必定在被害地点附近。此小院即在珍妃井东邻，近在咫尺；第四，据说是亲身闻见珍妃被害的旧宫监唐冠卿等证实，珍妃是从景祺阁后被慈禧派人叫出，并命崔玉贵将她投入珍妃井的。可见冷宫极有可能就在景祺阁后的西小院。

据说珍妃被打入冷宫之后，不但失去了行动自由，还经常遭受慈禧所派太监的虐待，生活很凄惨。她住的冷宫是紫禁城内最差的地方，连起码的生活条件都没有，据传当时她的头、脸都很脏，身上长满虱子，形如乞丐。珍妃之所以能在这样的环境中顽强地活下去，可能因为她还对光绪帝抱有希望，她期盼光绪帝有朝一日能重整朝纲，成为一代明主，到那时她就有了出头之日。有人说珍妃一直到死，也未能再见她心爱的夫君光绪帝一面。也有人说，后来在同情光绪皇帝的太监的帮助下，光绪帝曾不止一次地在月夜中偷偷地来到囚禁珍妃的地方，隔着被紧紧封锁的门窗，相对而泣。不过，珍妃再也没能和光绪帝一起生活，接下来等待她的是死亡。

堕井而死

对于珍妃的死，目前有两种说法，一是珍妃是被慈禧命人推入井中。

光绪二十六年七月二十日（1900年8月14日），八国联军兵临城下。城外炮声隐隐，宫中人心惶惶，乱作一团。慈禧在签订了许多不平等条约的情况下，又作出了一个错误的决定，携带光绪等一行人出逃至西安。慈禧太后改变了装束，打扮成村妇模样。在挟持光绪逃走之前，慈禧命令御前首领太监崔玉贵把珍妃从冷宫提出来，想带她一起走，对她说："洋人就要进城，兵荒马乱，在这里万一受到污辱，丢了皇家的体面，对不起祖宗。"珍妃却说："老祖宗可以离京暂避一时，但皇上应该坐镇京城，力挽危局。"慈禧听后训斥她说："你死在眼前，还敢胡说！"慈禧指着院里的那口井说："赐你一死，下去吧！"慈禧大声命令崔玉贵："把她推下去！"崔玉贵连挟带提地把珍妃拉过去。珍妃泪流满面，厉声高喊："我罪不该死！皇上没让我死！你们爱逃跑不逃跑，但皇帝不应该逃跑！"在悲惨的号哭声中，"扑通"一声，珍妃被扔到井里。可怜的珍妃遇害时年仅25岁。随后，西太后一伙人仓皇地走出神武门，逃离京城，绕道到西安了。珍妃死后不久，为了掩人耳目，慈禧太后发布谕旨："去年京师之变，仓促之中珍妃扈随不及，即于宫中殉难。"并称赞珍妃节烈可嘉，追赠贵妃称号。次年，即光绪二十七年（1901年），慈禧与光绪从西安返回。为了掩盖她残杀珍妃的罪行，对外宣称珍妃是为了免遭洋人污辱而投井自杀，并给珍妃恢复了名誉。又知会内务府备办棺材，命珍妃的家人打捞出尸体，装殓入棺，埋葬在阜成门外恩济庄太监公墓南面的宫女墓地。

据此，有人认为珍妃的死是由于珍妃的才貌出众，受宠于光绪帝，使慈禧的侄女失宠，并引起一些后、妃争斗，慈禧对珍妃倍加嫉恨；也有人认为这是戊戌政变的余波。自从戊戌政变后，心狠手辣的慈禧对维新派和光绪帝恨之入骨，屡次想对光绪帝下黑手。但她碍于国内外舆论压力，怕引起封疆大吏的不满，更怕帝国主义国家出面干涉，所以未能如愿。在亡命之前，便把这口怨气一股脑地发泄到珍妃身上。更有人说，慈禧之所

洞庭深院一点红
——光绪皇帝珍妃

以下狠心杀珍妃，不是因她原来的"习尚奢华""屡有乞请"，也不是因她后来"赞襄新政"，而是因为她主张光绪留京。光绪若能留京主持住大局，则慈禧"西狩"便成流放，永无回京之望！为了恐吓光绪帝，断了留镇京师之谈，便杀鸡儆猴了。

慈禧死后，瑾妃为纪念被害的妹妹，在珍妃被害的那口井北面的小房里布置了一个小灵堂，供奉着珍妃的牌位，上面挂着一块匾额"精卫通诚"，颂扬珍妃对光绪的一片真情。珍妃被害的那口井从此被叫做"珍妃井"。

另一个说法是根据慈禧太后的曾孙叶赫那拉·根正先生口述：珍妃是自己跳下去的。出逃那天，大家都换了百姓布衣聚在寿宁宫，领班太监崔玉贵、王德环奉慈禧之命提前将珍妃带到乐寿堂的颐和轩。当时的珍妃非常气盛，不服从慈禧太后的指挥，并当场顶撞慈禧太后。珍妃对慈禧太后说："我是光绪的妃子，我要跟着去。您有偏见，皇后是您的侄女，所以您带她走。所以我也请求你带我走。"这就让一直高高在上的慈禧太后非常难堪。慈禧太后当时气得脸色发白，直打哆嗦。慈禧太后也是一个非常要脸面的人，所以气得当时抬脚就走，珍妃一直跟着慈禧太后说自己的理由，于是就来到了距离珍妃住所不远处。并继续对慈禧太后说："我是光绪的妃子，就要跟皇上在一起，不在一起，宁愿死。活着是皇家人，死了是皇家鬼。"慈禧太后一听，就更加生气，本来火烧眉毛的事情，哪还有时间吵架啊，于是就对珍妃说："你愿意死就死去吧。"当时离说话的地方不远处就有一眼井，于是珍妃紧走两步，说："那既然这样，我就死给你看。"于是直接就奔井口去了。老太后一看情况不对，这孩子跟我顶撞两句，怎么还真的去死啊。于是对崔玉贵说："赶紧去拉住她。"但是这个时候已经晚了，当崔玉贵跑过去的时候，珍妃已经跳下去了。老太后一看没办法了，于是没来得及管她，就走了。

据说从珍妃死后，光绪就再也没有接近过其他女人，对皇后和瑾妃依旧是冷冷淡淡，后来他要来了珍妃在景祺阁挂过的一顶旧帐子，常常对这顶帐子出神。以一代帝王之尊，对爱情百折而不变，百年之后，也使人忍不住长叹。

光绪临死前，心中积怨无法消除，又拿慈禧没有办法，只求慈禧太后将残害珍妃的崔玉贵逐出宫，把其家产充公。慈禧面对弥留之际的光绪，不好让他太死不瞑目，便答应了他。光绪帝对珍妃之仇临死不忘，也可见他对珍妃的思念之情。光绪帝死后，葬于清西陵的崇陵。

民国二年（1913年），45岁的隆裕皇后逝世，与光绪合葬崇陵。珍妃的姐姐瑾妃此时已升为皇贵妃，因上面已经没有皇后管着，就成了后宫最大的长辈，成了宣统必须尊敬的皇太贵妃，对宫中事务有了相当的决定权，于是趁机将妹妹从宫女墓地迁葬光绪陵妃嫔园寝。皇家规定，皇帝皇后的墓地称陵寝，嫔妃的墓地称园寝。瑾妃还让溥仪为珍妃立碑，追封"恪顺皇贵妃"，总算为妹妹争到了她应有的名分。

珍妃的叛逆和另类，引起慈禧太后和皇后等人的切齿痛恨，但在光绪皇帝眼里，珍妃许多出格的举动却别有一番韵味，成为吸引他的独特魅力。作为一个皇帝的女人，珍妃是幸运的，因为她得到了皇帝的真爱，但同样，作为皇帝的女人，她又是不幸的，在内外局势动荡的清朝后期，她爱上了一个柔顺软弱却又想奋发图强的皇帝。她的情感因卷入了宫廷内部争权夺势的斗争而遭到倾轧。她爱上的是皇帝，而皇帝又被慈禧控制着，最终造成了珍妃一生的悲剧。

也有人说是因为珍妃的个性十分刚烈，所以亲手断送掉了自己的幸福乃至生命。说她应该明白一个道理，那就是，最高掌权者是慈禧而不是光

洞庭深院一点红
——光绪皇帝珍妃

213

绪，光想借着光绪这棵大树乘凉是行不通的。在人人都奉承慈禧的时代，她却偏和慈禧对着干，所以最后丢掉了性命。或许，持这种观点的人，只会从利益关系的角度来审时度势，却根本无法明白男女之间的真爱。

何苦嫁入帝王家

——末代皇后婉容

　　婉容，郭布罗氏，达斡尔族，正白旗，1905年出生于内务府大臣荣源府内。1922年，已满17岁的婉容因其不仅容貌端庄秀美、清新脱俗，且琴棋书画无所不通而在贵族中闻名遐迩。同年，被选入宫，成为清朝史上最后一位皇后。然而婉容的当选并不是因为她的美丽与才干，而是因为皇帝溥仪随手在她的照片上画了一个圈，同时也就圈定了婉容凄苦的一生……

出身世家

　　"婉容你好福气！""婉容你真让人羡慕，以后肯定大富大贵！""说不定以后婉容会当娘娘呢！"许多年前的晴朗的一天，一群女孩子聚在位于旧城中心，毗邻什刹海的一条"帽儿胡同"里，玩"丢针儿"的游戏。一个叫"婉容"的女孩把松针轻轻地放在阳光下的一盆清水里，伙伴们便从针尖指向的方向来判断她的巧拙或是凶吉，结果针尖最后居然定在了紫禁城所在的正南方向。

　　"说不定以后婉容会当娘娘"——童言无忌，却没有人会料到孩子的玩笑话居然成了现实。这个"婉容"，就是后人通常所说的"末代皇后"，郭布罗·婉容。

　　郭布罗·婉容，字慕鸿，白号植莲，出身世袭贵族之家，原籍讷河市龙河乡满乃屯。郭布罗家族所属的达斡尔族在后金天聪九年（1635年）十月，皇太极建立满洲的时候，被编入了上三旗之一的正白旗。清朝入关后在北京实行旗民分城制，其中正白旗居东直门内，北到东直门大街，南达朝阳门大街，西起皇城根，东止城根。在这一区域里离紫禁城很近的位置上有一条"帽儿胡同"，婉容的曾祖父郭布罗·长顺，就把自己的宅院建在了这里的37号院。在当时，只有高官贵族才能够把自己的宅院建在离皇宫不远的地方，所以说郭布罗家的宅院可以建在这里，也足以证明其地位的显赫。

郭布罗家族的显赫地位与郭布罗·长顺一生的丰功伟绩是分不开的。作为一名历经了咸丰、同治和光绪朝的三朝元老，长顺镇守边疆，平定暴乱，抗击侵略，一步一步地从侍卫晋升为将军。然而他的功绩却远非这些。光绪二年（1876年），沙俄企图占领我国新疆南路一部分领土，于是长顺"陟蝇岩，披蒙茸，获见高宗御书界碑，俄使始无异辞，乃定"。他历尽千辛万苦，克服了重重困难，最后终于寻找到乾隆亲笔题写的中俄界碑，从而直接粉碎了沙俄的妄想，保卫了祖国的河山，这是他对历史最大的贡献。另外在后来担任吉林将军时，长顺不仅治理有方，更亲自主持编辑了《吉林通志》。直到今天，《吉林通志》都是十分宝贵的文献资料，对于吉林省地方志书的编纂有着不可替代的作用。长顺于光绪三十年（1904年）去世时，被朝廷追封为"太子少保"，获谥号"忠靖"，人祀贤良祠，他的后人则被恩赐世袭一等轻车都尉。

之后，他的儿子郭布罗·锡林布虽弃武从文，但世袭了爵位，郭布罗仍然是令人羡慕的贵族家族。再到下一代，也就是到了婉容的父亲郭布罗·荣源时，朝廷不复存在了，官位和俸禄自然也就没有了。于是荣源便开始来往京津两地之间经商。他为人豪爽仗义，加上有祖上留下的产业，生意也算红火，至此，郭布罗家族虽没有鼎盛时期那般辉煌，却也依旧是富室大家。

嫁入皇宫

荣源是个思想开化的人，主张男女平等，认为男孩女孩都应该接受教育。他给婉容创造学习条件，请来老师教她。婉容学习琴诗书画的同时，也学习英语和西方文化，英文老师还给她起英文名"Reasa"即瑞莎，而这些，无疑成了拉近婉容和溥仪关系的重要条件，当然，这是后话了。有良好家庭环境的熏陶，婉容出落得气质优雅，温柔善良，正应了父亲给她起名时对她"翩若惊鸿，婉若游龙"的期冀。很快，婉容就到了碧玉之年，而此时父母也开始考虑她的婚事，以他们贵族的地位，自然希望能给女儿寻个门当户对的人家。

1921年春天，宫里传来要为溥仪选择皇后的消息。载涛贝勒和荣源交往甚厚，他跟荣源说可以让婉容试试，并表示自己愿意帮婉容牵线。荣源觉得这对待嫁闺中的女儿是个难得的好机会，而且载涛与端康太妃，与溥仪之父载沣的关系都很好。于是，考虑再三后，荣源决定让女儿参选。可是最初溥仪并没有选婉容，因为他只能凭照片挑选，见不到本人，而照片效果又欠佳，溥仪看不出女子的模样，只是根据照片衣服的颜色随手选了文绣。不过在端康太妃的干涉下，溥仪最终在婉容的照片上画了个圈。也有传闻说，这个"圈"是荣源用二十万两黄金给女儿买来的，这后人就不得而知了。重要的是，这一圈，就圈定了婉容凄苦的一生。

因为早在1913年荣源就举家迁往天津，婉容也一直在天津的教会学校读书。所以得知被册封的消息后，婉容便在家人的陪同下又回到北京的帽儿胡同，做进宫前的准备。待嫁的这半年里，婉容每天要向宫里派来的太监宫女们学习宫中礼仪。婉容一直接受的是西式教育，哪受得了这些繁文缛节。她发过脾气，也掉过眼泪。润麒后来回忆说："姐姐当着太监、宫女及众人面前，红着脸、含着眼泪说'不练了、不练了'，然后扭身儿就走。"

哭归哭，闹归闹，1922年12月1日，这场隆重的婚礼如期举行。迎亲的人都到了门口，少不更事的润麒看着姐姐跟母亲掉眼泪，还觉得好玩。当时的情景他历历在目："出嫁的当夜，姐姐头戴双如意，身着红喜裙，外罩龙凤同和袍。在听正天使载振宣读圣旨后，婉容亲自接旨，然后行了一套复杂的礼仪，这礼仪是最尊崇的跪拜，有六次手臂下垂、头部微抬的起身，三次下跪和三次鞠躬。"按照习俗，婉容蒙着红盖头、手拿着如意和苹果，由宫里派来的命妇、女官搀扶着，伴着喧天的鼓乐声迈进了凤舆。凌晨三点，吉时一到，婉容便在迎亲仪仗队的陪护下，走出了伴她度过美好童年的帽儿胡同，走进了开启她悲剧命运的皇城之门。

琴瑟和乐

虽说依照民国政府给予的优待条件，溥仪的婚礼仍可以称为"大婚礼"，所有仪式全都按照清朝的旧例来办，但这个婚礼却还是留有一个遗憾。按清朝惯例，奉迎皇后入宫，迎亲队伍要经过大清门。这个大清门，在平时除皇太后、皇帝外，任何人都不能擅自行走，就连皇后也只有在大婚之日才能享用一次。而婉容却没有享受到这份荣耀，她走的是东华门。因为当时溥仪的生活圈已经被限定在紫禁城的后半部，所以不要说大清门，就连东华门也是为婉容而特别破例开放的。从这点说来，她这个逊帝之后，与大清帝国的真正皇后到底还是不一样的。不过不论怎么走，婉容终究走进了那红墙黄瓦的紫禁城中，开始了她"一人宫门深似海"的"皇后"生涯。

"洞房花烛夜"自古以来就被人们传诵为人生四喜之一，可对于怀着

何苦嫁入帝王家
——末代皇后婉容

满腔热情而来的婉容，这一夜却变成了"空房寂寞夜"。溥仪到底为什么在礼成之后就把她扔下，独自走了呢？难道真如人们所说的"皇上因为谕旨免去了文绣对婉容应有的跪迎礼，所以被婉容拒绝入房"吗？其实面对着绣有"龙凤呈祥"字样的大红缦帐的双人床，还有那花容月貌、婀娜多姿的新娘，溥仪并没有像普通人一样充满激情，他反倒觉得还是刚托人买回来放在养心殿的那套水晶家具更有吸引力。年少的溥仪哪里想到去考虑新婚之夜被他晾在一边的新娘会是怎样的心情。

不过还好，因为婉容活泼聪明，又接受过西方文化的熏陶，而溥仪也是个崇尚西方文化的人，所以很快两人就亲近起来。美国记者布拉克尼说她"是一个满洲美女，和皇帝在思想上很对劲"。宫廷生活对婉容这样的女子来说，显然过于枯燥乏味，于是溥仪为她请来马修容和英格兰木两位外国女教师。她们教婉容英语，还有西方的文学、艺术等，借以充实无聊的生活。婉容英文水平提高很快，不仅口语好，而且还能写简单的书信。在宫中，她给溥仪写过不少抒情短信，而溥仪在他自己的外国教师庄士敦的指导下也用英文给婉容回信。溥仪还给婉容起了个英文名字——伊丽莎白。这个名字，婉容每次都工整地署在落款。仅通过这简单的通信，就可窥见这对年轻夫妇的亲密程度。

他们不仅学习西方的语言，对于西方文化，尤其是西方饮食文化，他们也颇有兴趣。西餐，在当时被称作"洋饭"。作为中国帝王的溥仪完全不懂这"洋饭"的讲究。他曾经让太监到六国饭店去买西餐。到了饭店，太监不知道应该买多少，只是说："反正多拿吧！"然后还不让饭店的人来给摆盘，要拿回宫自己摆。结果摆了满满一桌子。这里面有一碟黏糊糊的东西（其实是黄油），溥仪不知道该怎么吃，就让太监们先尝。他们只吃了一口就觉得难以下咽，都说："太难吃了，太难吃了！"而后来正是有了婉容的影响，他才一点点地从对西餐一窍不通，慢慢地到会吃，再到爱吃，而且一直到特赦之后还经常去吃西餐。对于婉容教他西餐知识的情形，溥仪记忆犹新：有一天他提议吃西餐，婉容和文绣都十分赞成。于是他和那次一样，让太监去买来并又摆了满满一桌。而当他正要伸筷子去夹时，却被婉容拦住了。在婉容看来，溥仪的"笨样"十分好笑。在场的人只有婉容了解吃西餐的讲究，于是这个"扫盲"的任务自然就落在了她的身上。从各种食物应该怎样分盘摆放到刀叉如何使用，婉容不仅讲得很细致，还耐心地做了示范。溥仪虽不甘心被这么多的讲究拘束着，但他却真正领会到了品味西餐的乐趣，并慢慢地学会了这些规矩。

溥仪和婉容都是在西方思想熏陶下成长起来的，热衷于讲英语、吃"洋饭"的他们，又怎是小小的紫禁城能够禁锢得了的呢？他们已渐渐对"宫廷小圈子"的生活感到厌倦，宫内的景致已经被他们玩遍了，御花园天一门内的连理柏前还留下了他们挽手的合影。他们迫不及待地想出去看一看外面的新鲜景色。于是他们想方设法，希望从自己狭窄的生活中走出去。直到有一次溥仪的老师陈宝琛病了，他们便以"探师"为理由，名正言顺地走出宫门，尝到坐汽车走大街的"快乐滋味"。接着他们又一步一步地试探着扩大访问的范围，最后甚至都走到颐和园和玉泉山了。其中一次去颐和园的经历最滑稽，给溥仪留下的印象也最深：他不停地命令司机把汽车加速，以至于车速竟达到每小时六十至七十千米。这可把当时也在车上的绍英老先生给吓坏了，这位内务府大臣紧张得不敢睁眼，双手合十，拼命高声念"南无阿弥陀佛！南无阿弥陀佛！"那一时期溥仪与婉容一同出宫的事情在社会上备受瞩目，报刊也经常报道。比如1923年6月3日的《大公报》就刊登了前一天溥仪陪婉容省亲一事，并详细描绘了提督和警局派多人在路边维持秩序的情景。

何苦嫁入帝王家
——末代皇后婉容

溥仪和婉容亲近了，就必然会疏远小他三岁的文绣。不过两个女子的差距也确实明显。论相貌，文绣不丑，却也比不上婉容的优雅大方；论性格，文绣温柔婉约，却没有婉容那般开朗活泼；论才气，文绣挑花一流，却不能和婉容一样给溥仪讲解西餐的礼仪。所以婉容那儿，溥仪有时会去住，至于文绣那儿，他则是"偶尔去看看，待一小会儿就走"。虽然婉容在皇上面前占了上风，但那时的婉容和文绣都还是小姑娘，从史料的记载来看，婉容也并没有像很多文章中说的"欺压"文绣，而更像是跟文绣开一些小姑娘之间闹着玩的小玩笑——这倒也符合她活泼好玩的性格。润麒当年经常进宫陪溥仪玩耍，那会儿他也总看见或是文绣到婉容那里玩，或是婉容拉着溥仪去找文绣玩，她们在一起说说笑笑的，相处很好。若说两人的矛盾，那是在她们走出皇宫之后才渐渐凸显的。

　　在皇宫的时候，两人还经常相互写信，从这一点上也可以看出她们的亲密程度。另外，因为她们经常相互写信，所以从她们互通的信件中也能看出两人的亲密程度。文绣虽然性格内敛，不如婉容写得多，但和婉容一样，她也给自己起了个笔名——爱莲。而婉容是植莲。婉容曾写给文绣一首《致爱莲书》："明月何凄凄，照我丝竹居。问君何所思？吾以（亦）无所意（忆）。无所思无所忆，是何烦事使君悲？君悲没（莫）非思亲远，无人怜我对月凄。无所依，思亲思友无知己，亚似离燕南飞。归故乡，归故乡，见爷娘。"淡淡忧伤，却又隐隐透露出两个女孩儿同病相怜、惺惺相惜之意。还有一首婉容写给文绣的《赠淑妃》："明明月，上东墙，淑妃独坐在空房。娇弱飞燕常自舞，窈窕金莲（文绣母为汉人，所以缠足）世无双。"看上去婉容是在调侃文绣"坐守空房"，实际上她又何尝不是在自嘲呢。文绣的英语虽不是十分得好，但婉容偶尔也会在给她的信中夹杂几个简单的单词，比如有一次，可能婉容的调皮惹恼了文绣，她便写信道歉："爱莲女士惠鉴：昨接来函，知you之兰楮现以（已）痊愈，甚欣慰之。至诸君勿怕me错误，是于（与）君互相立誓，彼此切不得再生误会。不拘何事，切可明言。所以君今不来，以sure稍有误会之处。只是君因病不得来，此实不能解也。君闻过中外各国有you不能见之理么？若有何获罪之处，还望明以见告为幸。不过白叹才德不足，难当君之佳偶耳。请罪人植莲启。"从这里不难看出婉容很是珍惜和文绣的关系，尤其是她以"佳偶"自居，并署以"请罪人"之名。另外婉容还曾经写给文绣一封很有意思的信："爱莲女士吉祥，爱莲女士弹琴弹得好，爱莲女士歌唱得好，爱莲女士的娇病好点了？爱莲女士进药了吗？爱莲女士进的好，拉的香。"看到这，不禁令人感慨万千。如果不是以后的日子充满曲折坎坷，让她纠结在权力政治之间，婉容应该不会落个那么悲惨凄凉的境地吧！

可是现实终究是容不得假设的，住进皇宫仅仅两年，在1924年11月5日，当溥仪和婉容等人正吃水果聊天时，内务府大臣绍英突然慌慌张张地跑入宫内报告：冯玉祥的军队进入紫禁城，要求溥仪接受修改后的"优待条件"，并在三个小时内搬出皇宫！而身为北京卫戍司令的鹿钟麟已经带着二十几名警察来到内廷。皇宫里顿时一片慌乱。溥仪一言不发，文绣也满面愁容，只有婉容像她往常一样倔强不屈，说什么也不同意。但她的抵抗微乎其微，也难怪，历史的车轮要碾压过来，岂是她一个小女子的叫喊就能抵挡的。几个小时之后，溥仪不得不交出皇帝印玺，收拾好私物，带着婉容他们，暂时投奔了父亲载沣。就这样，婉容刚刚享受了两年"皇后"的日子，就跟随她的"皇帝"夫君一起被驱出皇宫，永远地告别了紫禁城。而当故宫对公众开放后，参观者看到婉容储秀宫桌子上的那半个苹果和那敞着口的饼干盒等遗物时，仿佛被带回到了那个初冬的午后……

何苦嫁入帝王家——末代皇后婉容

天津生活

1925年2月，待到溥仪伪装成商人被日本人护送到天津之后，婉容便和其他一些皇室成员一起追随了过去。他们在张园会合，并在4年后又移居到附近的静园。静园原名乾园，本是民国时期参议院议员、驻日公使陆宗舆的宅院。溥仪等人住进来之后，把这里改叫做"静园"，其意义并非表面上的"清静安居、与世无争"，而是寓意"静观其变、静待其时"，以"恢复祖业"。

离开紫禁城到天津，对溥仪是个不小的打击，但对于在天津长大的婉容，则是一个全新的、令她愉快的开始。倘若能够换取到自由，就是让她用"皇后"这一名号做代价也值得。果然，在天津的日子成为婉容一生中最快乐的时光。天津不仅有自由、有快乐，还有各种她想得到的时尚。她尽情地穿时装，烫头发。而且由于自身的气质使然，婉容似乎也更适合这样的装扮，她变得容光焕发，也更加优雅动人。

时尚和昂贵总是密不可分。不过在天津，婉容只需要考虑怎么花钱，埋单的事自然有溥仪负责。她拽着溥仪买所有新鲜时髦的东西，去所有高档昂贵的娱乐场所，尽其所能地把享受的水平保持在最高点。看到婉容过着如此纸醉金迷的日子，文绣这个虽然传统却同样地位高贵的"妃子"也不甘心被落在后面。溥仪给婉容买的东西，不管是什么，她都要一样的。她买了，婉容又拿出"皇后"的架子，总要求比她花更多的钱。通过这种后来被溥仪称作"竞赛式"的购买，只用了短短几个月，两人就把各自的房间堆满了：钢琴、收音机、钟表、眼镜……净是些奢侈却没用的东西。这一点，溥仪在《我的前半生》中也大为感慨：自己虽说是皇室出身，但毕竟已经落魄，财政上早就入不敷出，而为了应付这一后一妃，不得不出卖早先和弟弟费尽周折用了半年时间从宫里转运出来的那些文物。即便这样，溥仪也还是左支右绌，于是他决定对这种"竞购"采取措施，限制两人的花费，然而婉容对此十分不满，她觉得自己是"皇后"，不能限制自己的开销，要限制也只能限制"妃子"文绣的，这样才有尊卑之分。

这样一来，婉容与文绣之间的矛盾日益显现，溥仪也因为和婉容更有共同语言，而多袒护婉容、责怪文绣。在宫里时，他出入一般会同时带着文绣和婉容，也还算是不偏不袒。可到了天津，他把文绣安排在楼下独自居住不说，还从来不带她出门，就算在家吃饭也不让她上桌，甚至都不跟她说话，把她当空气一般。而此时婉容的思想要比在宫里时更为西化，她也越来越觉得西方的一夫一妻制更合理，加上溥仪的偏爱，慢慢地，婉容开始欺压文绣，并为此和溥仪闹脾气。连设坛扶乩她也要溥仪写上"万岁（指溥仪）与端氏（指文绣）并无真心真意"。后妃争宠，不仅溥仪疲惫不堪，而且文绣心中的怨恨也越积越深，她对溥仪、对这段得不到宠爱更得不到尊重的婚姻也越来越失望。终于，在1931年秋，文绣心中的愤恨爆发了：我要离婚！在当时，离婚本就是件新鲜事，更何况她离婚的对象还是备受瞩目的逊帝溥仪！这场轰轰烈烈的"淑妃革命"顿时闹得满城风雨，而作为"革命对象"的溥仪也毋庸置疑地在这场离婚风波中龙颜扫地。离异后的溥仪心情颇不平静，他固执地认为这全是婉容的专横造成的。加之当溥仪满心热情地专注于自己的"复辟"事业时，婉容却极

何苦嫁入帝王家

——末代皇后婉容

力阻拦他去东北给日本人做傀儡。这些，无一不导致了溥仪和婉容关系的恶化。

静园中的婉容，尽管在家庭生活中没有表现出"皇后"应有的大度，但从某些意义上说，身为"国母"她倒也有些"母仪天下"的风范。比如1931年盛夏时节，"溥浩然夫人捐珍珠赈灾"一事就被广大百姓传为佳话。当时气候反常，造成"南起百粤北至关外大小河川尽告涨溢"，中华大地遭受了19世纪灾害范围最广、灾情最重的一次水灾。而身在天津，靠着溥仪典当国宝维持体面日子的婉容看到消息后，不仅捐款，还拿出了自己心爱的珍珠项链用以赈灾。这件事很是轰动，各地的报纸争相刊登，《大公报》还为此做了专题报道。

如果不是后来时局的动荡，也许本性善良的婉容可以就这样一直稳稳当当地做她的"皇后"。但是1931年11月，这一切都改变了。当她得知溥仪瞒着她，在日本人的掩护下逃往东北后，她的心都碎了。溥仪宁愿被日本人利用，也要尽快完成自己的"大业"，他哪里还来得及去理会婉容的感受！好强的婉容又怎能接受这样的事实，没有了溥仪，她该怎么办？她伤心、她恐慌，但在溥仪离开两个月后，她毅然抓住一个难得的机会，选择了北上。她要和溥仪在一起！哪怕要把昔日金贵的"凤体"，屈藏于日本女间谍为掩护她而准备的一副棺材里；哪怕等待她的，将是长春冬天里那凛冽的寒风……

身陷牢笼

历尽周折到了长春之后，婉容发现自己和溥仪都钻进了一个美丽的圈套。日本人并没有履行诺言让溥仪做皇帝，而只是让他做一个执政的傀儡，并且没有丝毫商量的余地。尽管他们住的"行宫"被装修得十分豪华，但他们没有丝毫的人身自由，做任何事都要经过日本人同意，所有举动也都被日本人严密监视着。日本人要溥仪做的批文，溥仪只需要也只可以画个圈，写个"可"——这让溥仪感到非常愤怒，他所有的批文都在厕所里批："我连看也不看，你不就是叫我画可吗？好，我就在这个，蹲着要尿尿、要大便这个时候，我才给你画这个可，而且我要给你扔到地上，这是一种发泄。"他用这样的方法发泄，也只能用这样的方法发泄。可是发泄过后呢？他又只好屈从了，因为他知道自己的愤怒渺如沙粒。而婉容身为一名女子，却在此时比溥仪还要坚强、还要勇敢，她想方设法地想要逃出这个鬼地方！

婉容明白，让溥仪逃出去是不可能的，除非自己能够先逃出去，再来说服溥仪。于是她想尽各种办法，希望能找到出路。她希望能联系上一些可信的人，可是她身边一个中国人都没有，就连侍女也都是日本人。即使是在这种孤立无援的状态下，婉容还是找到了两个有可能帮她的人，其中一个就是原北洋政府第一任外交部长顾维钧。在《顾维钧回忆录》里记载着这样一件事：当得知顾维钧要去满洲时，婉容托人化装成古董商人克服

何苦嫁入帝王家
——末代皇后婉容

227

重重困难和他取得了联系，希望顾维钧能帮她逃离目前悲惨的境地。可是因为顾维钧当时在满洲的身份是中国顾问，所以没有办法帮她。尽管这次求助失败了，婉容却并没有气馁，她继续寻找着机会。1933年夏天，她遇到了另外一个有可能帮她的人——来"行宫"赴宴的伪满洲国议院议长赵欣伯的妻子。当时赵妻正准备去日本，婉容就向她求助，希望她能帮自己东渡。结果这次求助又因为身在日本的三格格韫颖给溥仪写信告密而不了了之。这之后，婉容也一直没有放弃，但是，她时刻都有人监视，真的是"插翅难逃"。

1934年日本侵吞了东北三省，溥仪圆"皇帝"梦的机会也终于来了。3月的长春仍然天寒地冻，大风肆虐地翻弄着溥仪身上的龙袍。他如愿以偿地登上了"满洲国皇帝"的宝座，对婉容等人的劝阻，他充耳不闻。这之后，他忙着做他的"皇帝"，也不理会婉容。但到1935年，两人的关系却彻底破裂了。有人说婉容失宠是因她的"风流事件"所致：因为一些事，溥仪被"御用挂"吉冈安植训斥，而这个日本人实际上是负责对溥仪进行监视的。溥仪把所有的愤怒都转嫁到婉容身上，对她一顿痛打。苦闷至极的婉容实在是需要安慰，于是，她和溥仪身边的一个李姓随侍"走得很近"。后来婉容怀孕，溥仪发现后，勃然大怒。溥仪在《我的前半生》中这样写道："1935年，由于她有了身孕并且将近临产，我才发现了问题。我当时的心情是难于描述的，我又愤怒，又不愿叫日本人知道，唯一的办法就是在她身上泄愤。我除了把和她有关系的人和有嫌疑的人，一律找借口驱逐之外，还决定和她离婚，用当时我的说法，是把她'废'掉。由于当宫内府次长的日本人和关东军都不准许，我不敢冒犯日本人，于是又做出一个成心给婉容看的举动，即另选一个'贵人'。婉容也许至死还做着一个梦，梦见她的孩子还活在世上。她不知道孩子一生下来就被填进锅炉里烧化，她只知道他的哥哥在外边代她养育着孩子，她哥哥是每月要从她手里拿去一笔养育费的。"

真也好，假也罢，后人不想再去纠缠这段历史，人们只是看到之后婉容被打入冷宫，没有人敢违抗溥仪的禁令而来看望她。在这个人间地狱里，婉容度过了两年时间。为了麻痹自己，逃避现实，她疯狂地吸食鸦片，也只有在缭绕的轻烟中，她才能享受片刻安宁。她不再打扮自己，不再爱惜自己，丢掉了全部的修养、全部的智慧、全部的尊严。她变得邋遢不堪，神志不清，最终癫狂疯乱。也许从某个意义上说，是鸦片毁了她。不过她并不是这个时候才开始吸毒的。当年在紫禁城，为了帮她止痛（她有痛经，也时有头痛），溥仪就主张她抽大烟。尽管在《我的前半生》中溥仪说是荣源父子出的这个主意，但不管最初是谁的主意，结果都是婉容烟瘾越来越大，她的身体也完全被毁了。她两腿软到不会走路，眼疾也更加严重，怕光刺激，看人的时候还要用扇子遮着。世事无常，皆如梦一场。对于婉容，后人只能说命运实在太残酷。

当风华正茂的她满怀欣喜走进紫禁城时，她只看到了"皇后"这顶凤冠的璀璨光芒，却不料想光芒褪去，徒留身后一片伤悲。在难得清醒的时候，她会哭着责怪父亲爱慕虚荣，而把她当做换取富贵的筹码。她也感叹，为了自己能幸福，她在天津欺负比她更无助的文绣，直到逼得文绣和溥仪离了婚，可这之后她的下场呢？正如溥仪后来说的："她如果在天津时能像文绣那样和我离了婚，很可能不会有那样的结局。"

何苦嫁入帝王家
——末代皇后婉容

惨死东北

　　1945年8月15日，因日本投降，溥仪不得不宣诏退位，这之后他就扔下婉容独自走了。他先到了沈阳，本想从这里飞往日本，却不料在机场被苏联红军俘获。于是沈阳，这个清王朝的发祥重地，承载着溥仪光复祖业梦想的地方，却又带给他一个王朝彻底覆灭的结局。而那个已经半痴半疯的可怜的婉容，又一次被丈夫抛弃之后，在她曾祖父屡立功绩的吉林被人民解放军带走了。

　　不久，婉容就死了，但是人们对于她死亡的地点说法不一。溥仪在《我的前半生》这本书的初稿和正式版中说的就不一样。初稿中他写道："'八·一五'以后，她虽然也和东北人民一样，得到真正的身心解放，无奈病势已深，终于病死在哈尔滨，而了结了她那极其不幸的一生。"这种说法显然立不住脚，因为婉容从来没有去过哈尔滨。而正式出版时，这种说法又被修正为："'八·一五'后她和我分手时，烟瘾已经很大，又加病弱不堪，第二年就病死在吉林了。"这个"吉林"，具体是指吉林省，还是说吉林市呢？而溥杰的日本夫人爱新觉罗·嵯峨浩则在《流浪王妃》一书中说，部队把婉容"送到了位于中朝边境的图们市"，"婉容皇后就在那里，一个人孤独寂寞地死了"。"福贵人"李玉琴则说："部队撤出长春时，这位可怜的中国末代皇后，只好跟着部队走了。那时蒋介石发动内战，部队正为解放全中国而南征北战，带着她极不方便，加上她当时又病重，生活不能自理，部队到延吉时只好把她留在那里，以后听说她死在敦化了。"

但就现有资料来看，这些说法都是误传。有一位叫郭长发的老人，他说婉容最后客死延吉，就死在延吉监狱。这位当年在解放军首次进占长春时，第一个冲进伪皇宫的小战士，如今已是白发苍苍。说起婉容，老人对这位"身份不凡的俘虏"记忆犹新。他说当时他在"铁道部队"，他们部队的任务之一就是押送、看管伪满的被俘人员。因为婉容到延吉监狱时的身体状况已经十分糟糕，再加上当时生活条件很差，医疗水平也太低，没多久，婉容就在监狱里病逝。之后，他们把婉容的尸体"用旧炕席卷着扔在北山上"。

之后，一些学者又查阅大量历史资料，并调查走访了一些相关的老同志，最终证实了郭长发老人的说法。于是"末代皇后"婉容人生最后的日子逐渐变得清晰起来：

因为长春没有人愿意收留，所以民主政府不得不带着生活已经不能自理的婉容转移，这与她"皇后"身份无关，政府更没有把她定为"政治犯"。到了吉林，政府曾把她暂时性地安置在吉林市公安局看守所，派人在她身边一直照顾着，而且每天还提供适量的鸦片给她，来维持她的生命。这之后不久，由于国民党军队向吉林市逼近，她又不得不在1946年5月23日夜里，被人用担架抬上火车，同嵯峨浩等6人一起乘火车转移到延吉市的延吉监狱。6月10日，她本应和其他人一样，被送往佳木斯，然后获得自由，但政府考虑到她的身体状况已经不能经受一路的辗转了，只好让她继续留在延吉监狱，而爱新觉罗家族的其他人都走了。10天之后，因经受不住鸦片和精神疾病的双重摧残，最终她孤独地死在延吉监狱。关于她的准确死亡时间，在一份保存良好的原始登记表上有这样的记录："于

6月20日午前5时亡去。"随后，她被葬于延吉市南山。而郭长发所谓的"北山"一说，则应该是按当年所处的方位讲话所致。由于当时的环境所限，她的后事只能简单处理，先给她拍摄遗容并进行死亡登记，然后找个合适的山沟入土为安，就算葬礼了。就这样，郭布罗·婉容，这个原本风采照人的"末代皇后"，竟以一种如此悲凉的姿态匆匆地结束了人生。她的"葬礼"，没有棺木、没有花圈、没有亲人、没有坟碑。当年她在天津奢侈挥霍时，哪里会想到自己死后居然是这般景象。

尽管在2006年的10月23日，后人把婉容和与她离别60年的溥仪合葬于河北清西陵外的华龙陵园，但她的棺椁里仅有一纸相片，而她的尸骨在长白山深处，至今仍然无处可觅……

勇敢追求新生活

——宣统皇妃文绣

　　1909年12月20日（宣统元年旧历十一月初八），在离紫禁城不远的交道口方家胡同，一个女孩降临人世。她就是后来成为溥仪皇妃的额尔德特·文绣。文绣在1931年不堪屈辱，大胆同溥仪离婚，在当时引起轰动。这一步对文绣来说是幸运的，因为她及时脱离了苦海，没有陷入伪满洲国那个牢笼。

少时文绣

文绣的家族隶属于上三旗之首的满洲镶黄旗。她的祖父叫额尔德特·锡珍。《道咸以来朝野杂记》里，就记载过一则关于锡珍的小故事"粉侯捉御史"：官居都察院副都御史的锡珍有一次乘马车在路上碰见粉侯（恭亲王奕䜣的女儿荣寿公主），因没有及时给粉侯让路而被扣留。为了被放行，这位三品大官不得不亲自跪求粉侯。尽管在威势赫赫的粉侯面前，锡珍无半点尊严可言，但他的确是当朝炙手可热的一位大人物。他做官一直做到了吏部尚书，还曾给后来的民国大总统徐世昌当过老师。他在方家胡同里置了五百多间房产，和六个儿子住在一起。额尔德特家族在他这一代，可谓辉煌至极。

文绣的父亲是锡珍长子，叫额尔德特·端恭。他年轻时多次参加科举考试，却一直榜上无名，后来在内务府做了一个主事的小官。第一任妻子去世后，他续娶汉女蒋氏。蒋氏是文绣的生母，为人温柔善良。蒋氏后来又给端恭生下一个女儿，取名文珊。文珊出生没多久，端恭便撒手人寰，把文绣、文珊以及前妻的女儿"黑大姐"扔给年轻的蒋氏。由于兄弟六房都在一起住着，所以有这个封建大家庭的照应，起初母女四人的日子倒也算是过得不错。然而好景不长，当清朝被推翻后，额尔德特家族急剧衰败，以至于分家时，蒋氏只分到了少得可怜的财产。她不得不带着三个女儿自谋生路。她们在崇文门外花市附近租了个房子住下，靠给人做挑花的针线活维持生计。尽管生活一直十分艰难，蒋氏还是决定把已经8岁的文绣送到学校去读书。

于是1916年9月初，文绣进入花市私立敦本小学初小读一年级，学名"傅玉芳"。之所以姓"傅"，是因为额尔德特家族和其他满族人一样，在辛亥革命后都改用汉姓，并挑中了百家姓中的"傅"字。文绣天资聪颖，勤奋好学。当时学校里开的国文、算术、自然、画图这些课程，文绣大都拿到甲等，"甲上"也时有获得，虽然偶尔失误也会得到"乙上"但"丙"或再低的成绩却从不会出现在文绣的成绩单上。懂事的小文绣，深知母亲供自己读书不易，于是每天白天刻苦学习，晚上回到家就帮母亲做挑花。上学的这几年，尽管日子过得辛苦，但文绣却很快乐。

1921年春暖花开时，宫中大臣们说"皇帝中秋已盛，宜早定中宫"，并和太妃们商议后开始给小皇帝溥仪张罗选后之事。与以往不同的是，为了不让落选的姑娘面子上太过难堪，几位太妃将以前的排车选秀改成了选照片——各个候选者将自己的照片送到内务府，由皇帝亲自过目挑选。消息一传出来，立即在名门贵族中引起了轰动。前来参选的不光有京城的"名门闺秀"，甚至还有天津徐世昌的女儿和沈阳张作霖的女儿，这些秀女的照片把溥仪皇叔载涛贝勒的书桌堆得满满的，她们的家人频繁地出入贝勒府，拜托载涛一定要"玉成"其事。只不过到了最后，那些民国军政要员的女儿都因满汉不能通婚而被婉言拒绝了。

此时，已经没落不堪的额尔德特家族，按照门第要求倒也符合选妃的条件。当家的华堪十分希望能有机会光宗耀祖，于是斟酌再三之后，他决定让文绣去参选。不料这个想法却遭到了文绣的强烈反对，文绣甚至还摆出了一副要她进宫她就去死的架势。后来，经过五叔华堪的反复劝导，文绣自己也考虑到母亲的难处，不想让母亲再这样操劳，这才抱着未必中选的侥幸心理，同意将照片呈交清室内务府。结果，"事与愿违"，她的照片偏偏被选中了。虽在端康太妃的干涉下文绣没有当上皇后，但因溥仪已经在她的照片上画过一个圈，她也不得不进宫去做皇妃。

就这样，文绣的悲剧人生，就从这个圈开始了。为了在皇帝皇后的大婚典礼上向皇后行跪迎礼，大婚的前一天，文绣就被抬进紫禁城成了溥仪的淑妃，也就是我们所知道的"末代皇妃"。

淑妃革命

进宫之初，文绣与溥仪感情尚好，与皇后婉容相处也算融洽。她住在西六宫的长春宫，平时用读书、写字、画画打发无聊的时光，长春宫的西配殿承禧殿就是她的书房。1924年11月5日，冯玉祥发动"北京政变"将爱新觉罗·溥仪及其小朝廷赶出皇宫。文绣只得跟着溥仪到载沣家里暂避。

翌年春天，文绣等人跟随溥仪到了天津，他们先在张园住了四年多，后来搬到静园又住了两三年。文绣虽支持溥仪复辟，但她却反对溥仪为了复辟而投靠日本人，再加上这时她和婉容皇后开始争风吃醋，渐渐地，溥仪疏远了她，对她也再没有感情了。尽管如此，骨子里十分传统的文绣这个时候对丈夫还是很尊重的，在一次顶撞溥仪之后，她甚至写了这样的文字："吾爱呀妾今悔甚，不应言此，切望吾爱原谅。妾实不愿此，吾爱如不相信可屈指算，今已八载有余，妾又何尝言过？即或背地有一句怨词，随吾爱！妾即三尺挂梁间，妾亦瞑目九泉。即言此九载之内，妾之言行吾爱亦所尽知，如有不悦吾爱之心之处，且不悦之色，妾色即不知所以矣。妾日夜所最盼望者，不过即是吾爱快活与喜悦，如有能安慰吾爱者，妾是无所不牺牲。妾今勉强书至处，心力以竭，待至痊愈再接述。"

可溥仪对文绣还是越来越冷漠。他带着婉容出入各种场合，却很少允许文绣出门。他每次向亲族和臣下颁赏，即使是下人们都能或多或少地领到一些，而文绣只能眼巴巴地干看着。然而各种名目的进贡却总少不了文绣。婉容生日时收到的无数"千秋贡品"中，就有文绣进贡的"燕席一桌"、烧鸭一对和饼干两匣。可文绣的生日呢，却不曾有人记得。后来文绣曾痛苦地回忆说："虽然我们住在同一栋楼房里。无事谁也不和谁来往，好像马路上的陌生人一般。婉容成天摆着皇后的大架子，盛气凌人。溥仪又特别听她的话，我被他们两人冷眼相待。我和溥仪的感情也一天比一天坏了。"当时溥仪和婉容都住在二楼东面，而她自己则被安排在西侧——"楼下溥仪会客大厅南边的一间房内"。这一东一西，一上一下，似乎注定了她与溥仪的距离。

因为溥仪很少让文绣出门，所以文绣的妹妹文珊和一个叫玉芬的远房表外甥女就经常来看文绣。她们给文绣带来了外面世界的新鲜空气，也让文绣开阔了眼界。文绣希望自己能离开这个地方，挣脱这段不幸的婚姻。于是三个人聚在一起，酝酿了一个周密的计划。

1931年8月25日，在七夕之后的第5天，文绣想让妹妹文珊陪着外出"散心"，溥仪居然痛快地答应了。下午的时候，姐妹俩坐着溥仪的专车，出了静园的大门，为了不被怀疑，她们出去时还带了一个太监。溥仪万万想不到，他这一次"破例恩准"后，文绣就再也不回来了。文绣他们一出门，立即让司机去国民饭店。姐妹俩下了车直接走进饭店的37号房间。进房间后，容不得跟在身边的太监反应，文珊就声色俱厉地跟他说："你先回去吧！淑妃留在这儿了，还要向法院控告皇上呢！"太监一听这话，吓坏了，赶紧跪在地上苦苦哀求文绣回去。文绣面无表情，没有半点回去的意思，只是拿出三封信让他转交给皇上。在看到三个身着洋装的律师进来之后，惶恐不安的太监只好拿着信连忙回去禀报皇上。

　　这就是大名鼎鼎的"淑妃革命"。文绣的出走，距日本人发动的"九一八"事变只有24天。想必文绣是看到溥仪和日本人的联系愈加频繁，觉察到溥仪会跟着日本人去东北，而她自己要想真正脱离这一切，就必须尽快走出去。文绣的这一走，踩痛了封建统治阶级的神经，也震撼了平津大地。"宫里"，溥仪焦躁不安地和遗老们商讨对策，希望能平息家丑。"宫外"，四面八方的封建舆论如黑云压城一般，打压着这位前无古人后无来者的弱小女子。而文绣的族兄文绮，非但不保护自己的亲人，甚至还在天津《商报》上对妹妹百般辱骂，并说："顷闻汝将与逊帝请求离异，不胜骇诧。此等事件，岂是我守旧人家所可行者？我家受清室厚恩二百余载，我祖我宗四代官至一品。且漫云逊帝对汝并无虐待之事，即果然虐待，在汝亦应耐死忍受，以报清室之恩德。今竟出此，吾妹吾妹，汝实糊涂万分，荒谬万分矣。"威胁文绣"急速回头"。

　　面对如此之大的压力，文绣并没有屈服，她勇敢地回信反驳文绮，并引用民国宪法："查民国宪法第六条，民国国民无男女、种族、宗教、阶级之区别，在法律上一律平等。妹因九年独居，未受过平等待遇，故委托律师商榷别居办法，此不过要求逊帝根据民国法律施以人道之待遇，不使父母遗体受法外凌辱致死而已。不料我族兄竟一再诬妹逃亡也、离异也、诈财也……理合函请我兄嗣后多读法律书，向谨言慎行上作工夫，以免触犯民国法律，是为至盼……"

最后，溥仪不得不请律师出面争取和解，但因双方各不相让，始终达不成一致。于是文绣坚决地向法院提出起诉。接到法院的传票后，溥仪害怕站到法庭上有损颜面，只好妥协。而且当时正是他与日本人勾结，完成"复辟"大业的关键时刻，他只想尽快了结此事。于是，经过了两个多月的磋商后，在1931年10月22日双方终于达成和解，签订了以下协议：

一、文绣自立此约之日起，即与清皇室主人脱离关系；

二、清皇室主人于本件签字之日，给文绣一次终身生活费5.5万元（付款另有收据）；

三、文绣于本件签字之日即将所有随身常用物件（另有清单）全部带走（付物时另有收据）；

四、履行二、三两条件之后，文绣即归北平母家独身念书安度，绝不再向清皇室主人有任何要求；

五、脱离之后文绣不得有损害名誉之事，双方亦不得有互相损害名誉之事；

六、文绣将天津地方法院调解处之声请撤回，此后双方均不得发生任何诉讼；

七、本件自签字之日起生效，共缮四份，双方律师各执一份。

勇敢追求新生活
——宣统皇妃文绣

为了挽回颜面，第二天，溥仪就不惜重金，在各地重要报刊头条登载这样一条"上谕"："淑妃擅离行园，显违祖训。撤去原封位号，废为庶人。钦此。宣统二十三年九月十三日。"

至此，这桩闹得满城风雨的皇室离婚案才算收场。

围城之外

离婚后的文绣又回到了她熟悉的北平。母亲蒋氏已经去世，文绣无处可去，只好在东十四条附近的辛寺胡同租房安身。妹妹文珊也和丈夫离了婚，来北平和姐姐一起生活。姐妹俩每天也不出门，就在房间里读读书、写写字。虽然不再是高贵的皇妃，文绣却还保留着一些皇妃的习惯。她请佣人伺候自己的日常起居，每天都要换衣服，洗手也甚是讲究。如果佣人做得不好，她还要训骂。这样略显奢侈的生活一天天过着，可文绣总觉得精神上少些寄托，于是她想让族兄傅功清帮她谋个教书的差事。

1932年夏秋之交，在傅功清的介绍下，这个昔日尊贵的皇妃走进了北平市私立四存小学，她用回傅玉芳这个名字，成了孩子们国文和图画课的老师。新的生活开始了，文绣体会到了从未有过的快乐。文绣为人善良又有知识，和同事们、学生们的关系都非常融洽，她如鱼得水地享受着这种自由轻松的平民生活。然而好景不长，没过多久学校附近就有好事者发现，这个"傅玉芳老师"居然就是那个和皇上离了婚的落魄皇妃。紧接着便不断有人来一睹昔日皇妃的风采，甚至连记者也来采访。文绣的个人生活和学校的教学秩序都被严重干扰。终于，在过了一年多美好的校园生活之后，文绣不得不离开了。

学校不能去了，就连辛寺胡同的家也因不断被骚扰而不能住了。于是文绣花了一大笔钱在刘海胡同买了一处四合院，打算过隐居的生活。她雇了几个佣人伺候她。妹妹文珊这时已经改嫁，搬到夫家去住了。文绣的日子清闲起来，她开始跟着画家傅儒专心学习国画。这段日子虽说平静，但也时常有人来找她。有来求婚的、有来说媒的，虽然大部分都是奔着她"末代皇妃"的身份和她从宫里带出的金银珠宝而来，但也有几个真心实意的。可年轻的文绣却恪守着离婚时"永不再嫁"的约定，拒绝了所有人。1937年的"七七事变"后，北平沦陷了，她"单身贵妇"的生活也更加不安宁。依仗日本人的势力，各种警察、保长甚至狗腿子之流作威作福，变着法地敲诈勒索文绣，让她为所谓的"大东亚圣战"效劳。在这一时期，还发生了一件让文绣意想不到的事情。据文绣的世交马锡五先生回忆，1942年至1943年的冬春之际，日本关东军让溥仪娶个日本女人，溥仪怕被日本人监视，没有答应，于是又想起了文绣，并送信过来请文绣去满洲再做皇妃，结果文绣断然回绝。当初文绣就是因为厌恶溥仪和日本人同流合污才和他离婚，而今又怎么可能为了虚有的富贵再回去陪他一起与日本人勾结呢？

在如此混乱的环境下，坐吃山空的日子自然长久不了。没几年，文绣就维持不了"富贵"的生活，她辞了佣人、卖了房子，首饰也卖给了一个金店掌柜，不料却被人算计，本应价值连城的珠宝到头来只换回厚厚的一叠伪钞。祸不单行，她身边唯一的亲人文珊又在这个时候病逝了。文绣只得独自一人住进一间破旧的小房子里，重新拿起针线，靠挑花维持生计。

这手艺还是她读书时跟母亲学的，当年也是为了养家。想不到她去做了九年皇妃，到头来又得靠这个手艺养活自己。这个活计，挣得实在是少。走投无路的她只好投靠娘家的表哥。表哥家的日子也很艰难，文绣住进来之后，先是和表嫂一起糊纸盒，后来又去瓦工队里做苦力。没多久，表哥想到在街上卖香烟的这条挣钱门路，文绣虽不愿抛头露面，但她更不愿白吃白住，所以不得不硬着头皮去驸马大街的街头巷尾叫卖香烟。结果附近的地痞流氓得知"皇妃"卖香烟后，不断地过来无理取闹，弄得文绣不光挣不了钱还狼狈不堪。表哥为人老实，他当初只是考虑到可以挣钱，而没有想到文绣的身份不适合上街叫卖。于是改由表嫂出去卖香烟，文绣留在家里继续糊纸盒。

终遇真爱

1945年，抗战胜利后，国民党统治北平。有一次表哥在《华北日报》社做瓦工活时，正赶上报社招校对员，文绣便抓住机会，得到了这份工作。单身生活的痛苦和寄人篱下的尴尬，已经让文绣把自己从那个离婚时荒谬的约定中解放出来，而刘振东的出现也给她的生活带来了新的气息。

刘振东四十多岁，为人善良本分，一直未婚，在北平行营长官李宗仁部下任少校军需官，是文绣所在报社社长的表弟。两人经社长亲自介绍认识，相处了几个月后，刘振东的体贴和专情终于打动了害怕再次受伤的文绣。1947年夏天，他们在北平结婚了。

婚礼在东华门颇具盛名的"东兴楼"里举行，前来庆贺的亲友坐了满满十桌，刘振东的顶头上司副官李宇清还做了主婚人。婚后，夫妻二人把新家安在地安门外白米斜街的三间租住房中。刘振东把自己的积蓄都交给了文绣，让她打理家事。于是文绣辞了工作，专心地做起了国民党的军官太太。她做时髦的头发，穿漂亮的旗袍，经常看书、作画。文绣喜欢京剧，嗓音也相当清亮，一时兴起还会唱几段花旦、青衣戏。空闲时，夫妻二人还一起到离家不太远的前门大栅栏那儿看戏、下馆子。这个真正的家让文绣体会到了前所未有的幸福。曾经的磨难给她带来的阴影，也就这样渐渐淡去了。

第二年夏天，李宗仁到南京去当国民党政府副总统，他手下的北平行营也就名存实亡了。

在和文绣商量后，刘振东决定退役。他用退伍费买了八辆平板车，当上租车吃息的老板。然而这一年中秋节过后，时局突然紧张起来，刘振东就想卖掉家当，去投奔已经撤到台湾的李宇清。虽然文绣舍不得，但这个来之不易的新家还是被卖掉了。他们用八辆平板车和全套家具换回来两张船票。可当他们正准备动身前往天津时，天津已解放，北平也被包围。去不了台湾，刘振东和文绣只好留在北平。他们拿着船票又去换，可这一次，船票却只换回了粮食，换不回家具。在真的是"家徒四壁"的空房中，刘振东很是忐忑，倒是文绣不断地安慰他说："不管怎么样，我们都在一起。"

1949年1月，北平和平解放，并由中国共产党领导下的人民政府接管。刘振东非常不安，他害怕政府会让他坐牢，甚至把他枪毙。最后在文绣的劝说下，他决定去市公安局登记自首。吃完早饭临出门前，刘振东跟文绣说，如果幸运判得轻的话，他出来后一定让文绣过几年好日子；如果判重了，文绣就再找个伴，别委屈自己。丈夫走后，文绣终于忍不住哭了，她很伤心：好日子才过了几天呀，这个家就遭到了这样的劫难，以后可怎么办啊！谁知接近正午之时，文绣正在家里手足无措的时候，刘振东居然回来了！"我还以为再也见不到你了，没想到还能回来！"他一进门就兴高采烈地跟文绣说道。原来，公安局的人听他交代完后，向他保证不抓他，只是让他回去等待处理。文绣这才反应过来，夫妻俩高兴坏了。没几天，结果出来了：特给予刘振东从宽处理，戴上"历史反革命分子"帽子，实行监督管制。文绣也主动去公安局交代自己当"皇妃"的经历，公安局的人则告诉她没事，让她回家安心过日子。

1951年，因为表现好，政府结束了对刘振东的审查，也解除了管制，还给他安排生活出路，让他到西城区当清洁工人，清扫公厕。为了上班方便，刘振东带着文绣把家搬到了西城区辟才胡同西口的一间小房子里。刘振东有了工资收入，他们的生活就有了保障。虽然没有孩子，但两人的感情很好，他们在这个十平方米的新家里相濡以沫。清贫却安定的生活让这对饱经沧桑的夫妻感觉很踏实、很幸福。

一天晚上，文绣做着家务的时候，突然摔倒在地上。刘振东赶紧过去，想扶她起来，却发现妻子已经断气了。那是1953年9月17日，文绣的死因后被证明是突发心肌梗死。文绣的去世，让刘振东很伤心。他很想给和自己共患难的妻子办个像样的葬礼，可是却力不从心。

后来，在清洁队的帮助下，刘振东用四块木板给文绣打了一口简陋的棺材，并把她安葬在安定门外的土城义地里，没有墓碑，也没有任何仪式。风吹过，扬起一层黄土，曾经的末代皇妃，就这样离开了这个世界。